KB136286

라이프스타일 혁명

건강하게 사는 63가지 비결

지은이의 말

행복은 마음이 만들어 낸다

그대 오늘 하루는 어땠나요? 복잡한 세상을 살면서 모든 것이 무의미하게 느껴지고, 매너리즘에 빠지고, 고통스러운 하루는 아니었나요?

이제 우리는 '행복의 비결 63가지'를 배움으로써 정신과 육체에서 오는 고통을 멋지게 해소하고 하루하루 평범한 일상생활 속에서 새로운 가치, 새로운 의미를 찾아내어 '생활의 재발견, 행복의 재발견'을 해보는 것이 어떨까요?

21세기 초반 지금 한국사회는 사회 양극화, 치열한 경쟁, 취업난, 조기퇴직 등으로 많은 사람들이 불안과 우울증에 시달리고 있습니다. 서양에서 수백 년에 걸쳐 이룩한 민주주의와 시장경제를 50-60년 사이에 압축 성장으로 따라 잡으면서 누적된 모순과 상대적인 빈곤으로 사회적인 모순과 갈등 레벨(level)이 상당히 높아, 한국은 고(高)스트레스 국가군(群)에 속합니다.

최근 몸이 아파 병원을 찾는 사람들의 발병 주요 원인이 정신적 고통에 기인한 것이라고 합니다. 한국사회와 같이 경쟁이 심한 사회에서는 정신적인 고통이 건강을 해치는 가장 주요한 원인이라고도 할 수 있는데, 정신적인 고통이 육체적인 질환을 일으키거나, 쉽게 일으키는 주원인이 되고 있습니다.

손자병법에 이르기를 지피지기하면 백전백승(知彼知己 百戰百勝)이라는 말이 있습니다. 정신적 불안에서 오는 고통을 극복하려면 그 고통이 근본적으로 무엇인가를 잘 알아야 합니다. 그리고 효과적으로 정신적 고통을 극복하는 방법과 그것을 인식하고 그것에 대처하여 자기 자신에 대해서 잘 알게 된다면 그에 따른 고통을 이겨낼 수 있을 것입니다.

사람이란 똑같은 외부 상황이 발생하더라도 그것에 대해서 영향을 많이 받는 사람도 있고, 별로 영향을 받지 않는 사람도 있습니다. 우리가 좋지 않은 일이 생겼을 때 그 상황을 어떻게 받아들이느냐, 어떤 의미를 부여하느냐, 어떻게 대처하느냐, 하는데 따라 우리가 느끼는 정신과 육체의 고통이 달라진다는 사실을 아는 것이 그것을 극복하는 데 있어서 중요한 시작입니다.

이 같은 고통을 다스리기 위해서는 그것에 대한 인식의 변화와 마음을 다스려야 할 필요성이 있으며, 인생을 행복하게 살려면 이러한 정신과 육체에서 오는 고통을 어떻게 관리하고 해소하느냐 하는 노하우를 배우는 것이 필요합니다.

서양의 심리학자들이 연구한 바에 의하면 일반사람들이 느끼는 정신적 고통이나 불안, 고민의 80~90%는 본래 걱정할 필요가 없는 것이라고 합니다. 이미 지나가 버린 일, 자기 힘으로 어쩔 수 없는 일, 발생할 가능성이 거의 없는 일을 가지고 걱정을 한다고 합니다. 그것이 인간입니다. 대부분의 불안, 걱정, 고민은 자기 마음이 스스로 만들어내는 허상(虛像)입니다. 이것만 확실하게 이해한다면, 인생의 반은 이미 성공일 것입니다.

우리가 복잡한 사회를 살아가면서 정신과 육체에서 오는 고통을 받지 않을 수는 없지만 그것이 지나치면 병이 됩니다. 우리는 그것을 이겨낼 정신적인 그리고 육체적인 힘을 길러야 합니다. 우리가 일상생활에서 받는 고통에 대해 그것이 실체가 없는 것임을 바로 자각하는 연습을 꾸준히 해나간다면 마음의 평화를 얻고 점점 편안한 마음을 가질 수 있게 될 것입니다.

이 같은 고통을 이기기 위해서는 우선 몸과 마음이 건강해야 합니다. 그래야만 그것을 극복하고 자기실현도 할 수 있으므로, 이 책에서 우선 육체와 정신을 건강하게 하고, 인생을 즐기며, 그것을 해소하는 다양한 방법으로서 국내외 명소 여행, 국내외 체험여행, 건강에 좋은 먹거리, 정신력을 강하게 하는 한약재, 허브차, 최면 요법, 명상, 로맨틱 영화, 새로운 일에 도전, 긍정적인 생각, 웃음의 10가지 법칙, 잠 잘자기, 스트레스 해소 팩키지(package), 족욕 & 반신욕, 노래 부르기, 드라이브 등에 대해서 하나 하나 소개하였습니다.

이러한 다양한 정신과 육체에서 오는 고통의 해소법을 알고 나서 자기만의 고유한 해소 방법을 개발해 낸다면, 좀 더 행복한 인생을 살 수 있을 것입니다. 따라서 이 같은 고통이 풀리면 인생도 풀립니다.

우리 인간은 왜 다른 사람에게 영향을 주고, 또 다른 사람으로부터 많은 영향을 받아야만 할까요?

우리 인간은 태어나면서부터 내재되고 축적된 어떤 분노, 충동, 울분 같은 것이 잠재되어 그것이 폭발할 대상을 항상 찾고 있습니다. 지혜로운 사람이라면 이것을 문학이나 음악, 미술 등으로 승화(昇華 ; sublimation)시키거나, 철인경기, 마라톤, 사이클과 같은 격렬한 운동이나 스포츠로, 샌드백 치기, 접시 깨기 등으로 발산시키기도 할 것입니다. 즉 인간의 이러한 원초적 분노, 공격성을 문화적, 예술적인 방면으로 승화시키거나, 스포츠를 통해 땀으로 발산시키는 것입니다. 그러나 이렇게 적절하게 정신과 육체에서 오는 고통을 풀어주지 못하고 다른 사람에게 전가를 한다면 이는 주는 사람이나 받는 사람이나 양측이 다 고통 받고 불행해지게 됩니다.

우리가 고통을 주는 상황에 대해 지나치게 민감하게 느끼고, 사소한 일을 크게 느끼고, 고통을 자신만 겪고 있다고 생각한다면, 이것은 자신을 더 고통스럽게 만듭니다. 사람은 작은 일이라도 자신에 관계된 일은 너무 심각하게 생각하고 턱없이 부풀리는 경향이 있습니다. 고통을 받는가 받지 않는가는 외부 상황 그 자체보다는 그 상황에 대한 각자의 해석, 인식에 많이 좌우됩니다.

우리가 받는 정신과 육체에서 오는 고통은 우리 스스로가 만들어내는 경우가 많습니다. 혹시 다른 사람이 자신을 비난하더라도 부정적인 반응을 자제하고 비난하는 말을 귓가에 스치는 한줄기 바람처럼 그냥 지나가게 놔둔다면 마음의 상처를 받지도 않고 힘들게 고민할 필요도 없을 것입니다.

다른 사람의 말이나 행동이 나에게 큰 영향을 준다면, 다른 사람을 변화시키려 하지 말고 먼저 자기 자신의 인식과 마음을 바꿔 버리면 됩니다. 다른 사람과의 갈등에 대해 너무 많이 생각하고 있다면, 쓸데없이 우리의 소중한 에너지를 낭비하고 있는 것입니다. 우리는 그 에너지를 보다 창조적인 곳에 사용해야 합니다. 미래 자신의 행복을 위하여 그 에너지를 사용해야만 하는 것입니다.

따라서 인생을 살면서 고통에 직면하는 상황을 피할 수는 없더라도 그 상황에 대응하는 방법에 따라 자신이 받는 고통을 줄일 수 있습니다. 우리가 불행하다고 느끼는 이유는 스스로를 세상의 중심에 놓고 자신만 참을 수 없는 고통을 받는다고 생각하기 때문입니다. 자신의 생각 속에, 자신의 관념 속에 갇혀있는 사람은 언제나 불행할 수밖에 없습니다. 이는 자기가 스스로 만든 마음의 감옥에 자기 스스로를 가둬놓고 자기가 간수이자 동시에 자기가 죄수가 되는 상황을 스스로 만드는 셈이 됩니다. 이 완고한 주관적 관념을 부수고 정신적으로 자유인이 되어야 합니다.

우리는 고통의 실체를 파악하고 그것에 대해 한 차원 높은 곳에서 내려다보면서 그것을 효과적으로 통제(control)하고 극복하는 방법을 배움으로써, 이제부터는 '생의 기쁨' 을 어떻게 누릴 것인가에 대한 행복한 고민만 했으면 합니다.

이제 우리는 정신적인 족쇄를 풀고 '새처럼 자유롭게, 바람처럼 자유롭게' (free as a bird, free as a wind), 까마득히 높고 질푸른 남미의 안데스 산맥을 유유히 나는 콘도르(condor)처럼 정신의 자유, 정신적인 비상(飛翔)을 시작했으면 합니다.

그리고 어떤 실패를 겪더라도 항상 새롭게 도전하는 꿈을 버리지 않았으면 합니다. 도전하는 삶이 아름답습니다.

저자는 독자 여러분이 이 책을 읽고, 일상 생활에서 겪는 크고 작은 마음의 고통은 바람에 모두 날려 버리고, 새로운 인생을 설계하고 행복한 인생을 만드는데 조그마한 도움이라도 되기를 진심으로 기원합니다.

2007. 6

황의현 씀

차 례

I 몸과 마음이 건강하게 사는 법

몸과 마음이 건강하게 사는 법

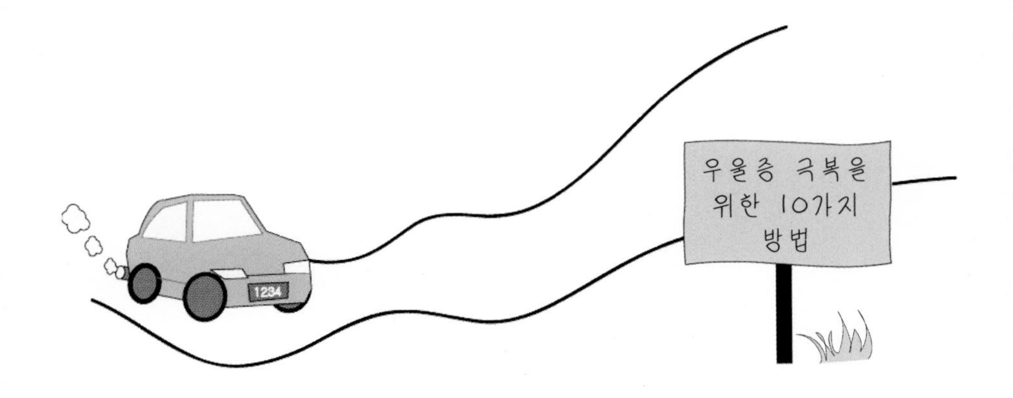

몸과 마음은 하나임을 알기

마음상태와 신체건강은 밀접한 상관관계를 가지고 있습니다. 불안, 초조, 증오, 고민이 질병을 유발하거나 악화시키고 편안함, 기쁨, 용서 등의 긍정적 마음은 질병을 치유합니다. 심신상관의학(psychosomatic medicine ; Mind-Body Medicine)은 생각이나 감정이 신체건강에 큰 영향을 미친다고 보는 것입니다.

최근에는 미국에서도 인간의 마음과 신체는 상호 작용에 의해 영향을 받고 있으며, 따라서 그것을 잘 이용하기만 하면 질병의 치료는 물론 예방도 가능하다고 믿는 사람이 늘고 있습니다.

심신상관의학의 치유법으로는 이완요법(relaxation techniques), 심상훈련, 영적치유, 바이오피드백, 최면, 명상, 정신요법, 음악요법, 유머 요법, 웃음치료, 침술, 약초요법, 동종요법, 마사지 요법, 식이요법 등이 있습니다.

심신요법의 '전체론(holism)'은 인간의 신체적, 정신적, 정서적, 영적 측면 모두가 상호 연계되어 있다고 믿는 철학이며, 치료(治療)보다는 치유(治癒)위주입니다. 심신요법은 인격체로서의 사람을 무엇보다 소중하게 여깁니다. 따라서 특정 질환이나 장애를 치료하기보다는 사람의 전 면모가 보다 균형을 유지할 수 있도록 돕습니다.

이 분야의 학자들은 인체내부의 자연치유력을 중요하게 여깁니다. 신경계, 내분비계, 면역계의 상호작용결과인 자연치유력은 긍정적인 마음을 가질 때 높아지고 부정적인 마음 상태일 때 낮아집니다.

긍정적인 마음 상태에는 기쁨, 감동, 용서, 감사 등 여러 가지가 있습니다. 이중에서도 자연치유력을 가장 높이는 것은 감사하는 마음이라고 합니다. 감사하는 마음을 가질 때 우리 뇌속에는 세로토닌이라는 신경전달물질의 분비가 활발해집니다. 세로토닌은 정신건강에 중요한 역할을 하는데 우울증은 이 물질이 부족할 때 생깁니다.

감사하는 마음은 삶을 긍정적인 자세로 살아가게 합니다. 원망이나 증오, 분노에 빠지지 않게 하고 우리의 일상이 되어버린 갈등과 스트레스에서 벗어나게 해줍니다.

여기서 디팩 쵸프라(Deepak Chopra)의 『의식과 존재』를 소개하겠습니다.

'몸과 마음은 떼놓을 수 없는 하나이다.'

지능은 그것을 가리고 있는 물질이라는 가면보다 훨씬 더 융통성이 있다. 그 자신을 사념으로 표현할 수도 있고 분자로써 표현할 수도 있는 것이다. 두려움과 같은 기본적인 감정은 하나의 추상적인 느낌으로 묘사될 수도 있고, 혹은 눈에 보이는 아드레날린 호르몬의 분자로 묘사될 수도 있다. 느낌이 없이는 호르몬도 없으며, 호르몬이 없이는 느낌도 없다.

그와 마찬가지로 통증을 전달하는 신경신호가 없으면 통증도 없고 통증의 수용체에 꼭 들어맞아서 통증의 신호를 차단시키는 엔돌핀(endorpin)이 없으면 통증으로부터 해방될 수도 없다. 심신상관 의학(Mindbody medicine)이라고 불리는 혁명은 이 단순한 발견위에 근거한 것이다 생각이 가는 곳에 화학물질이 동반된다. 이러한 통찰이, 예컨대 남편을 최근에 사별한 여성들에게 유방암이 일어나는 확률이 왜 두 배나 더 높은지, 또 오랫동안 우울에 빠져 있던 사람들이 병을 얻는 확률이 왜 네 배나 더 높은지 등을 이해하는 데 강력한 도구가 되었다. 두 가지 경우 모두 정신적인 압박상태가 질병을 일으키는 생체화학물질로 변환된 것이다

나의 임상 경험에서도, 쥐어짜는 듯이 숨막히는 통증을 유발하는 심장계통의 대표적인 질환인 협심증 환자가 두 사람 있었는데, 한 사람은 통증을 완전히 무시하거나 전혀 느끼지도 않고 달리기와 수영, 심지어는 등산까지 즐기는데 비하여 다른 사람은 팔걸이 의자에서 일어나려고만 해도 거의 까무러칠 정도의 통증에 시달리는 사례를 목격할 수 있다.

나는 본능적으로 이 두 사람의 신체적인 차이를 조사해 볼 것이지만, 그것은 발견할 수도 있고 전혀 발견 못할 수도 있다. 심장병 전문의들은 세 개의 관상동맥 중에서 최소한 하나가 50% 이상 막혔을 때 협심증의 통증이 나타난다고 보고 있다. 이렇게 혈관이 막히는 것은 대부분이 죽은 세포, 응고된 혈액, 지방질이 낀 혈소판 등이 혈관내벽에 끼어서 이루어진 동맥경화의 형태이다. 그러나 50% 라는 수치는 단지 어림짐작일 뿐이다.

어떤 협심증 환자들은 오직 관상동맥의 한 군데에만 혈행을 방해하는 작은 병변(病變)을 가지고도 통증으로 장애인이 되는 반면, 다른 환자들은 관상동맥을 85% 까지 막고 있는 덩어리들을 여러 군데에 지니고도 마라톤 코스를 뛴다고 알려져 있다.

심신상관 의학의 관점에서 말하자면, 나의 두 환자는 통증에 대한 각자의 서로 다른 해석을 표현하고 있는 것이다. 모든 환자들이 자신의 상황에 대해 자신만의 특유한 낙인을 찍는다. 그리고 통증은 심신체계 속에서 작용하고 있는 과거의 모든 영향들과 상호작용한 다음에야 의식 속으로 떠오른다. 모든 사람이, 아니 같은 사람이라도 어떤 일에 항상 똑같은 반응을 보이는 경우는 없다. 통증의 신호는 다양한 용도로 변환될 수 있는 원시데이터일 뿐이다.

장거리 달리기 같이 많은 체력을 소모하는 경기는 선수로 하여금 고통을 성취의 신호로 해석하게끔 만들지만, 똑같은 고통이 다른 상황에서 주어지면 전혀 달갑지 않을 것이다. 육상 선수들은 자신을 한계까지 몰아붙이는 코치를 존경하지만, 신병훈련소에서 그와 같은 훈련을 받으면 교관을 증오한다.

의학은 이제 막 심신의 상관관계를 치료에 이용하기 시작하고 있다. 통증 치료가 그 좋은 보기이다. 플라시보(placebo), 즉 가짜 약을 투여 하면 30%의 환자는 정말 진통제를 투여한 것과 같은 진통효과를 경험한다. 그러나 심신의 상관효과는 이보다 훨씬 더 전일적(全一的)이다. 똑같은 가짜 약으로써 진통을 겪게도 하고, 위궤양 환자의 과다한 위산분비를 멈추게도 하며, 혈압을 낮추기도 하고, 항암제 역할도 한다. 설탕으로 만든 약을 환자에게 주면서 강력한 항암제라고 믿게 하여 머리가 빠지고 구토증이 나는 등 화학요법이 일으키는 모든 부작용이 나타나게 할 수도 있으며, 생리식염수 주사로 말기의 악성 종양을 실제로 완화시킨 예도 있다.

약효가 없는 동일한 약물로써 이처럼 전혀 다른 반응을 이끌어 낼 수가 있으므로, 마음에 적당한 암시만 주면 인체는 '그

'어떠한' 생화학 반응이든지 만들어 낼 능력이 있다는 결론을 내리지 않을 수가 없다.

가짜 약 그 자체는 아무런 의미도 가지고 있지 않다. 플라시보 효과를 나타내는 힘은 다름 아닌 암시의 힘이다. 이 암시가 인체가 자신을 치유하려는 의지로 변환되는 것이다. 그렇다면 가짜 약으로 환자를 속이는 짓을 그만두고, 바로 그 '치유의 의지'로 접근하는 것이 어떨까? 만약 우리가 늙지 않으려는 의지를 효과적으로 발동시킬 수만 있다면 인체는 그것을 자동으로 실행할 것이다.

우리는 그러한 가능성이 존재한다는 것을 증명해 주는 매우 흥미로운 증거를 가지고 있다. 노인들에게 가장 치명적인 병 중의 하나는 파킨슨병이라는 신경장애로서, 근육운동을 조절할 수 없어서 걷기와 같은 신체동작이 극도로 느려지다가 결국은 전혀 움직일 수가 없을 정도로 몸이 경직되게 만드는 병이다.

파킨슨병은 도파민(dopamin)이라는 뇌의 매우 중요한 화학물질이 알 수 없는 이유로 고갈되는 것이 원인이라는 사실이 밝혀졌다.

한편, 어떤 종류의 약물에 의해 도파민을 생산하는 뇌세포가 파괴되어서 일어나는 파킨슨병 증상도 있다. 이 두번째 형태의 증상이 심화되어 거동이 거의 불가능한 어떤 환자를 가정해 보자. 그는 안간힘으로 겨우 한두 걸음을 옮기고는 다시 동상처럼 뻣뻣이 얼어붙는다.

그러나 바닥에다 금을 그어 놓고,

"이 금을 밟아 보세요."

하고 말하면, 그 사람은 마치 기적과도 같이 그 금 위에 설 수가 있다. 도파민을 만드는 것은 전적으로 자율적인 기능이며, 저장된 것은 완전히 소모되었다는 사실에도 불구하고 단지 걸음을 걷고자 하는 의지에 의해서 뇌가 깨어난 것이다.

그 사람은 몇 초만 지나면 다시 얼어붙을지도 모른다. 그러나 다시 그에게 마음속으로 금을 긋고 그것을 밟아 보라고 하면 그의 뇌는 반응을 보일 것이다. 부연하자면, 노인들의 쇠약이나 활동력 감퇴는 대부분의 경우 단지 휴지상태일 뿐이다. 목적의식을 가지고 활동적으로 생활하고자 하는 의지만 재확인시켜 주면, 많은 노인들이 운동능력과 체력과 민첩성과 정신반응을 극적으로 개선시킬 수 있다.

의지는 의식집중의 적극적인 동업자이다. 의지는 우리가 자동적인 과정을 의식적인 과정으로 변환시키는 방법이다. 거의 대부분의 환자가 간단한 심신상관관계 훈련을 이용해서 빠른 맥박과 천식성 기침, 뭔지 모를 불안감을 몇 번만에 좀더 정상적인 반응으로 바꾸어 놓는 법을 배울 수 있다. 자신의 통제 밖에 있는 것처럼 보이는 일도 적절한 기법을 이용하여 다시 통제권 안으로 가져올 수가 있다. 이것이 노화에 대해 시사하는 의미는 매우 크다.

예컨대 '나는 정력과 활동력을 나날이 증진시키고 싶다.'는 식의 의지를 사고과정에 주입함으로써, 활동에 표현되는 에너지의 양을 결정하는 대뇌중추에 통제력을 행사하기 시작할 수 있다. 나이가 들어 활동력이 감퇴하는 것은 대부분이 그렇게 감퇴되리라고 생각하는 사람들이 '기대'한 결과이다. 그들은 자기도 모르게 자기패배적인 의지를 강한 신념의 형태로 심어 놓은 것이다. 그리하여 심신의 상관관계가 이러한 의지를 자동으로 실행하게 된다.

과거에 우리가 지녔던 의지들이 우리를 지배하고 있는 듯이 보이는 구시대의 프로그램을 만든다. 사실은, 의지의 힘은 언제든지 다시 각성시킬 수가 있다. 젊음을 유지하기 위해서 당신의 의지를 사용하여 의식적으로 마음을 프로그래밍 함으로써, 나이가 들기 전에 일찌감치 그와 같은 손실을 방지할 수가 있는 것이다.

우울증 극복을 위한 10가지 방법

현대사회가 복잡해지고 또한 정보화가 고도화 될수록 사람들은 오히려 고독한 섬처럼 고립되어 갑니다. 현대인들은 겉으로는 밝고 대인관계도 좋은 사람으로 비춰지고 있지만 혼자있을 때 심한 외로움과 싸우는 사람이 많다고 하며, 머릿속이 너무 복잡하고 생각을 많이 해 자주 두통을 느끼며 우울한 기분에 잠긴다고 합니다. 현대인들은 복잡한 사회속에서 자기 자신을 끌고 갈 내면의 정신적인 힘을 갖춰야 합니다.

우울한 기분과 우울증은 분명히 다릅니다. 단순한 우울한 기분은 감기와도 같아서 치료하지 않아도 자연히 나을 수 있는 반면에, 우울증은 폐렴과 같아서 반드시 치료가 필요하며 약물치료나 정신치료, 또는 이 두 가지를 병행하여 치료하여야 합니다.

우리 인간은 태어나면서부터 내재되고 축적된 어떤 분노, 충동, 울분 같은 것이 잠재되어 그것이 폭발할 대상을 항상 찾고 있습니다. 지혜로운 사람이라면 이것을 문학이나 음악, 미술 등으로 승화(昇華 ; sublimation)시키거나, 철인경기, 마라톤, 사이클과 같은 격렬한 운동이나 스포츠로, 샌드백 치기, 접시 깨기 등으로 발산시키기도 합니다. 즉 인간의 이러한 원초적 분노, 공격성을 문화적, 예술적인 방면으로 승화시키거나, 스포츠를 통해 땀으로 발산시키는 것입니다.

그러나 가장 근본적인 방법은 마음을 다스리는 것입니다. 마음 다스리기를 위해 마음 수련, 마인드 컨트롤, 명상 수련, 그리고 가장 근본적으로는 마음의 본질을 이해하고 스트레스의 실체를 파악하여 그것을 보다 높은 차원에서 초월하는 것입니다. 우리의 분노, 우울같은 감정이 마음이 만들어내는 허상(虛像)이라는 것을 진실로 깨닫는다면 현재의 부정적인 생각을 물로 깨끗이 씻어내듯이 없앨 수 있는 것입니다.

여기서 시인 김지하의 '생명' 이야기를 소개하겠습니다. 시인 김지하가 민주화운동을 하다 감옥에 갇혔습니다. 그는 속으로 분노를 삭이지 못하고 있었는데 형무소 창살에 먼지가 쌓이고 풀씨가 날라 다니다가 거기에 뿌리를 내리고 푸른 생명을 피운 것을 보았습니다. 그는 이것을 보고 내면의 분노가 풀리며 깨달음을 얻습니다. 이처럼 생명은 외경(畏敬)스러운 것입니다. 풀한 포기조차 살려고 나름대로 최선을 다하고 있는 것입니다. 이처럼 소중한 우리의 생명을 '분노와 우울한 감정의 포로' 로 전락(degrade)시켜서는 안되는 것입니다.

'44분마다 1명, 매일 33명, 1년에 1만2047명.'

한국에서 자살하는 사람들의 숫자입니다. 1996~2005년 10년간 자살로 사망한 사람은 8만 3천명으로 웬만한 중소도시의 주민 수에 맞먹습니다.

한국은 1996년 인구 10만 명당 자살률이 12.9명으로 낮은 국가였지만 2004년 24.9명으로 크게 늘어 경제협력개발기구(OECD) 회원국 가운데 자살률 1위, 자살 증가율 1위인 국가가 됐습니다.

자살자의 80%는 자살을 실행하기 전에 우울증이나 적응장애를 겪습니다. 자살 충동을 느끼는 사람이나 주변 사람들이 위기 상황을 제대로 감지해 차단한다면 자살은 줄일 수 있는 사회현상입니다.

자살은 사회 발달에 따른 어쩔 수 없는 현상이 아니라, 정신 건강에 대한 무지와 사회 시스템의 부재가 만들어 낸 합작품입니다.

자살자의 80%는 정신질환 증세를 보입니다. 정신질환자들은 조금만 증상이 호전되면 약을 먹지 않으려 하며, 우울증 환자들도 증상이 조금 나아진다 싶으면 약을 끊으려 하는데 이때 오히려 자살률이 높아지므로 혼자 판단해 약을 끊어선 안 되며, 가족이나 주변 사람들이 증세가 호전됐을 때 더 많은 주의를 기울여야 합니다.

세계보건기구(WHO)에서는 자살을 줄이기 위한 효과적인 방법으로 우울증을 조기에 발견해 치료하기, 병원 응급실에 실려 온 사람이나 자살 시도자를 적극 관리하기, 농약을 잘 관리하기 등을 들고 있습니다.

특히 자살을 시도한 사람이 끝내 목숨을 끊을 확률은 27.5%나 되는데, 이는 조울증(15.5%), 우울증(14.6%) 환자의 자살 확률보다 훨씬 높습니다. 이 때문에 자살을 시도한 사람이 있다면 가족이나 친구들이 주의를 기울여야 합니다.

우울증 등 자살로 이어지는 정신질환의 초기 증상을 미리 알아야 효과적인 대처가 가능합니다. 가족이나 친구가 갑자기 식사량이 줄고 말이 없어지거나 잠을 너무 많이 자거나 아예 자지 않는다면 우울증인지를 의심해 봐야 합니다.

호주에서는 우울증을 극복하자는 '비욘드 블루(Beyond

Blue)' 캠페인을 전국적으로 실시해 자살률을 낮추었으며, 뉴질랜드는 청소년에게 영향력이 큰 유명 축구선수나 디자이너 등이 가족과 함께 공익광고에 나와 자신이 직접 겪은 우울증 등을 고백하고 정신질환도 치료를 받으면 완치된다는 점을 널리 알리고 있다고 합니다.

여기서 '우울증 극복을 위한 10가지 방법'을 소개하겠습니다.

01 단 음식을 삼가라

설탕이나 초콜릿등 단 음식을 먹으면 일시적으로 기분이 좋아질 수는 있지만 지속적 이지는 못하다. 우울증 환자들에게 단것을 섭취하게 한 후 1~2시간이 지나 조사해 본 결과, 상당수가 피곤함과 우울증을 더 많이 느끼는 것으로 조사됐다.

02 육류를 적게 먹어라

우울증 환자들은 가능한 한 지방질이 적은 식사를 하는 것이 좋다. 특히 돼지고기나 쇠고기 등에 많은 포화지방산은 콜레스테롤을 증가시킬 뿐 아니라 우울증도 촉진시키는 요인으로 밝혀지고 있다.

03 담배를 끊어라

흔히 기분이 저조할 때 해소할 수 있는 손쉬운 방법으로 담배를 찾는 사람들이 많지만, 실제로 흡연은 우울증을 증가시키는 요인이다. 22~35세의 흡연 남녀를 대상으로 5년간 조사한 결과, 흡연자가 비흡연자에 비해 우울증 발생률이 2배나 높았기 때문이다.

04 카페인 섭취를 삼가라

커피나 홍차, 콜라 등 카페인이 많이 함유된 식품들을 피하는 것이 좋다. 특히 카페인 성분에 민감한 우울증 환자에게 4일 동안 카페인 성분이 들어있는 식품을 먹지 못하게 한 결과 상당수에서 우울증상이 개선된 것으로 나타났다.

05 생선을 많이 먹어라

우울증 환자들은 특히 체내에 오메가3 지방산이란 물질이 많이 부족하다. 따라서 이런 성분이 많은 등푸른 생선을 많이 먹는 것이 우울증 해소에 좋다.

06 양질의 단백질을 많이 섭취하라

단백질의 주성분인 아미노산은 특히 사람들의 감정을 조절하는 호르몬인 세로토닌을 구성하는 중요한 요인이다. 따라서 치즈 우유 달걀 등 양질의 단백질이 풍부한 식품을 많이 섭취하는 것이 좋다.

07 물을 하루 8잔 이상씩 마셔라

물은 인체의 노폐물을 제거하고 신진대사를 원활히 해 주기 때문에 우울증 해소에 도움이 된다.

08 비타민제를 충분히 복용하라

특히 비타민 B와 C가 부족하면 우울증에 걸리기 쉽다는 연구결과가 있다. 이중 비타민 B는 기분을 활성화하는 데 중요한 신경 전달 물질인 세로토닌을 구성하는 중요한 요인이 된다. 그러나 비타민 C는 약제로 복용할 경우 자칫 수면 장애를 일으킬 수 있으므로 저녁 때는 복용을 피하는 것이 좋다. 또 위장장애를 피하고 흡수를 돕기 위해 비타민제는 식사 직후에 먹는 것이 좋다.

09 햇볕을 하루 20분 이상 쬐라

햇볕은 대뇌로부터 활력을 느끼게 하고 각종 신경전달물질을 생산해 내기 때문에 우울증 치료에 도움이 된다.

10 적당한 운동을 하라

하루 30분 이상의 규칙적인 운동은 특히 불안감을 해소하고 적극적인 마음을 갖게 하는데 효과적이다.

한방약재로 산조인(酸棗仁)을 볶아 보리차처럼 끓여 먹으면 숙면을 취하여 우울증도 개선되며, 신경안정에는 홍삼차, 대추차 그리고 허브차로서 쟈스민차(자스민꽃 건조시킨 것 100%)를 마시면 우울한 기분을 전환시켜 신경이 안정됩니다.

우울증 치료의 첫걸음

이○주, 유○, 정○빈…. 세상을 떠들썩하게 만든 유명 연예인들의 자살 뒤에 똬리를 틀고 있는 것이 우울증입니다. 우울증은 흔히 정신이 약한 사람들이 걸리는 병으로 압니다. 비정상적인 사람만 걸리는 것이라고 생각해 보통 사람들은 행여 자신에게 우울증이 나타나도 '기분이 나빠서' 또는 '스트레스를 받아서' 잠시 나타난 현상으로 여길 뿐입니다.

우울증을 아예 병이라 생각하지 않는 사람도 많습니다. 잠이 오지 않는다. 식욕이 없다. 쉬어도 피곤이 풀리지 않는다. 토할 것 같다. 머리가 무겁다.…. 이 모든 증세가 우울증임을 알려 주는데도 만성 피로와 갱년기 장애, 만성 위염으로 생각하는 사람이 대다수입니다.

전문가들은 우울증은 치료받으면 나을 병이지만 병인지조차 몰라 악화되기 일쑤라고 말합니다. 이처럼 마음의 병에 대한 무지가 우울증 치료의 최대의 적입니다.

우울증 치료의 첫걸음은 자신이 우울증에 걸렸는지를 아는 것입니다. 사실 우울증은 단지 기분이 좋지 않은 상태와 구분하기가 어렵습니다. 슬픔과 허무, 쓸쓸함은 평소에도 느낄 수 있습니다. 우울증은 극도로 '억제된 우울' 증상입니다. 극도의 침울함으로 시작해 자기 비하에 빠집니다. 자신을 죄인이라 나무라고 자신이 무능하다고 한탄하며 치료해도 소용없다고 생각하는 망상이 확신으로 굳어집니다.

우울증의 증세는 만사가 귀찮아진다, 간단한 일도 결단을 내리기가 쉽지 않다, 수면장애, 식욕 감퇴, 몸이 쑤시고 아픈 증세가 나타난다 등입니다.

우울증을 부끄럽게 생각하지 말고 치료가 필요하다고 인정해야 됩니다. 우울증은 자살로 이어질 가능성이 높습니다. 이때 특히 가족의 역할이 중요합니다. 우울증 환자는 자신의 증상을 의사에게 정확히 말하는 경우가 별로 없는 탓에 가족의 정확한 관찰이 필요합니다.

나이를 먹을수록 돈 많이 벌고 사회적 영향력도 높아질 줄 알았던 믿음이 환상일지 모른다는 현실에 부닥치면서 찾아오는 '상승정지 증상군(上昇停止症狀群)'은 중년 남성의 우울증을 유발합니다. 혼신의 힘을 다해 남편과 아이를 위해 희생한 뒤 찾아오는 '빈둥지 증후군'은 중년 여성의 우울증으로 발전하기 쉽습니다.

바쁘게 사는 것을 자랑으로 생각하고, 지칠 때까지 일해야 안심하고, 자신이 막중한 과제를 진 것처럼 생각하며 사는 한국인들이 중년이 돼 그것이 실현 불가능한 망상이었다고 깨닫는 순간 마음의 균형이 깨지고 우울증이 찾아오는 것입니다.

우울증을 부끄럽게 생각해 병원을 찾지 않으면 병이 악화됩니다. 한국에서 우울증에 걸릴 확률은 여성이 높은데 자살률은 남성이 더 높습니다. '남성은 감정을 노골적으로 드러내면 안 된다'는 사회적 제약이 한국 남성으로 하여금 우울증을 솔직히 털

어놓지 못하고 끙끙 앓게 만든 것입니다.

우울증은 마음의 감기입니다. 누구나 한 번쯤 감기를 앓듯이 현대인들은 우울증에 빠집니다. 100명 가운데 15명가량은 일생에 한 번쯤 우울증에 걸리지만 초기에 잘 대처하면 감기처럼 치료하기 쉽습니다.

정신질환에 대한 편견으로 우울증을 조기에 발견하지 못하거나 발견하더라도 적극적인 치료를 하지 않아 악화시키는 사람이 적지 않은데, 우울증 환자의 15%가량이 자살을 시도한다는 통계가 있습니다.

미국 유명 배우인 브룩 실즈는 산후 우울증에 걸렸다가 정신과 치료를 받고 회복됐는데, 그녀는 자신의 체험을 바탕으로 산후 우울증 극복 방법을 담은 책을 펴내기도 했습니다. 그녀는 자신의 우울증 경력을 숨기지 않고 공개적으로 알렸으며, 외국에서는 정신과 상담을 받는 것에 대한 편견이 심하지 않습니다.

우리가 인슐린이 부족하면 당뇨병이 오듯이 우울증은 뇌에 신경전달물질이 부족하면 찾아 옵니다. 조기에 치료하면 쉽게 나을 수 있지만 한국인은 정신과 치료를 꺼리기 때문에 조기 치료 기회를 놓치기 쉽습니다. 외국영화에서 종종 나오듯 외국에서는 인생을 살아가면서 부닥치는 갖가지 고민을 정신과 의사를 찾아가 자주 상담을 받습니다. 우울증은 세계적으로 볼 때 매우 흔한 병입니다. 세계에서 판매되는 약 순위에서 우울증 치료제가 10위 안에 들 정도이며, 약의 부작용도 거의 없습니다.

사람은 살아가면서 아무런 이유 없이 하루에도 여러 차례 우울한 감정을 겪을 때가 있습니다. 일이 안 풀리거나 부부 싸움을 했을 때, 삶에서 고비에 이르렀을 때, 많은 사람이 저기압 상태가 됩니다. 이런 상태는 우울증이 아니라 우울한 기분입니다.

우울한 기분은 누구나 흔히 느낄 수 있는 정상적인 감정이어서 대개 2, 3일가량 지나면 사라집니다. 집이나 직장 또는 학교에서 제 역할을 할 수 없을 정도로 심각하게 우울한 기분이 2주 이상 지속된다면 우울증이 아닌지 의심해 봐야 합니다. 우울증은 항우울제와 면담 등 심리치료를 통해 80% 이상이 완쾌되는데, 우울증 치료제 효과가 나타나기까지 2, 3주가량 걸리므로 인내심을 가지고 약을 복용해야 합니다.

우울증을 일으킨 뇌가 완전히 회복되려면 6~12개월가량 치료를 받아야 하며, 조기에 치료를 중단하면 재발 위험이 크고, 우울증은 재발할수록 치료가 힘들어지고 증상이 오랫동안 지속되므로 폐결핵과 마찬가지로 첫 치료에서 뿌리를 뽑아야 합니다.

우울증이 있으면 우선 가까운 신경정신과 의원이나 종합병원을 찾는 게 좋으며, 우울증은 갑상선 질환, 고혈압, 당뇨병 등의 질환이 그 원인일 수도 있으므로, 이러한 신체질환이 있는지 종합병원을 찾아 검진을 받아보는 것이 필요합니다.

병원에 가기가 부담스러우면 최근 속속 들어서고 있는 정신상담센터를 활용하는 것도 한 방법입니다. 24시간 상담전화, 긴급상담전화, 생명의 전화 등의 상담센터로 전화해서 우울증 상담을 먼저 받아보는 것도 좋습니다. 약간의 우울감이 있는 사람은 이야기를 들어주는 상대가 있는 것만으로 마음이 좀 풀리게 됩니다. 한국에서는 정신과에 대한 편견을 갖고 있는 사람이 많기 때문에 정신보건센터에 상담을 해 주는 정신과 전문의가 배치된다면 전화로 진료가 가능해 또 다른 의미의 사회안전망이 될 수 있습니다.

'우울증에 대한 마음의 처방' 입니다.

"회사를 중간에 그만두고 나오게 됐다고 해서 자신의 능력이 없다고 생각하지 말라. 이렇게 생각하려면 회사에 지나치게 의존하지 말고 자기 계발을 꾸준히 해야 한다. 또한 회사형 인간으로 회사일에만 몰두하지 말고 '나만의 여유'를 가져볼 것을 권유한다. 인생은 마라톤과 같고 끊임없이 새롭게 시작할 수 있는 것이다. 그동안 이뤄 이룩한 것에 대해서 자기가 자기에게 진정으로 칭찬해줄 수 있어야 한다. 절반만 성공해도 만족할 줄 알아야 한다. 사람의 삶에는 다양한 측면이 있고 그 많고 많은 분야중에서 어떤 분야에 어떤 의미를 부여하느냐에 자신의 행복이 결정되는 것임을 알아야 한다."

트라우마 치유하기

베트남전쟁에 참가했다 돌아온 후 매일 술에 절어 지내고 밤마다 악몽에 시달리는 퇴역군인, 대구지하철화재 참사 때 간신히 살아남았지만 그 후 지하철을 타지 못하는 청년, 교통사고를 당한 뒤 차를 탈 수 없게 된 사람, 9.11 테러로 세계무역센터 붕괴시 끔찍한 재난으로부터 살아남았지만 그 장면을 잊지 못하는 생존자... 이와 같은 사람에게 공통적으로 나타나는 질환이 외상후스트레스장애(PTSD ; post traumatic stress disorder)입니다. 여기서 트라우마(트로마라고도 읽음)를 외상(外傷)이라고 하지만 이것은 신체적으로 상처를 입은 것이 아니라 **'정신적인 충격'**, **'마음의 상처'** 를 의미합니다.

현대사회가 복잡해짐에 따라 자신이 이런 큰 사건을 직접 겪지 않았다하더라도 자신이 극심한 무력감을 느꼈거나 심한 공포를 겪은 사건이라면 본인이 직접 경험한 것이 아니라 해도 외상후스트레스 장애를 일으키는 경우가 있습니다. 객관적으로 봐서는 본인이 직접 경험한 것이 아니고 단지 그것을 목격한 것에 지나지 않은 경우에도 이런 증상이 나타날 수 있다는 것입니다.

누구나 살아가는 동안 스트레스를 피할 수는 없습니다. 그러나 어떤 일로 강한 심리적 충격을 받은 뒤 그 경험이 기억속에 남아 정신적으로 부정적인 영향을 지속적으로 끼치는 후유증을 나타내면 이것은 '정신적 외상' 이라고 할 수 있습니다. 대부분의 사람들은 정신적인 외상을 겪고 나서 외상반응을 보이지만 시간이 지나면서 해결되는 것이 일반적입니다. 그러나 일부 사람은 외상후 스트레스장애 증세가 지속되어 정상적인 사회생활에 많은 장애를 가져오기도 합니다.

외상후 스트레스장애는 의식속으로 반복적으로 그때의 사건이 뛰어들기 때문에 그때의 두려운 경험을 반복하게 되는 것입니다. 재경험은 생각이나 영상과 같은 형태로 나타납니다. 예를 들어 9.11테러로 세계무역센터가 붕괴되었을 때 마치 자신이 지금도 그때의 상황에 계속 처해있는 것 같은 느낌의 반복을 말합니다.

외상후 스트레스장애는 회피경향도 나타냅니다. 사고로 인한 재경험이 매우 불쾌하기 때문에 그 사고를 떠올리게 하는 모든 것을 회피하려고 합니다. 그 사건에 대해서 말하는 것을 거부하고 이를 상기시킬 수 있는 행동, 장소, 사람, 물건 등과 접촉하는 것을 피합니다.

외상후 스트레스장애는 불안장애와 마찬가지로 지나치게 각성되어 잘 놀라고, 긴장상태가 높으며, 작은 스트레스에도 민감하게 반응합니다. 수면장애, 경련, 악몽, 초조, 분노 폭발, 인내심 부족 등의 증세가 나타납니다.

외상후 스트레스장애를 받으면 활기가 부족해지고 감정조절이 안되며, 사회적 적응력이 약해집니다. 일상적인 활동, 대인관계. 직무수행 등에 부정적인 영향을 받습니다.

우리나라 영화 중에서 외상후스트레스장애를 그린 영화 두 가지를 소개하겠습니다.

'하얀전쟁(1992년 作)'

월간지에 베트남전 소설을 연재하며 살아가는 한기주는 아내와 별거에 들어간 상태로 무기력하게 살아간다. 어느 날 베트남전 당시 전우였던 변진수로부터 전화를 받는데, 말단 소총 중대 졸병으로 전투 중 바지에 똥을 싸고 공포에 질려 정신을 잃었던, 조금 멍청했던 변진수가 10여년의 시간이 지난 지금 그의 앞에 다시 나타난 것이다. 한기주는 참혹했던 그때의 기억을 떠올린다.

보이지 않는 적의 기습에 대비하며, 땅 파는 작업만 하던 파월군 초년병들은 조금씩 전투를 경험하면서, 천천히 거대한 죽음의 그림자 속으로 다가선다. 그때 느꼈던 공포와, 전우들이 죽음의 그림자와 맞부딪치면서 보여주었던 반응들을 떠올리며 한기주는 베트남전의 악몽속으로 빠져든다.

수백명의 베트콩과 접전을 벌이면서 죽어간 전우들의 모습... 그 전투를 마지막으로 귀국선을 기다리던 한기주의 부대에게 최후의 비밀작전이 떨어진다. 그의 소대는 죽음의 계곡에 투입되고, 베트콩과의 치열한 격전에서 전쟁의 광기에 사로잡힌 전우들은 하나 둘씩 목숨을 잃는다. 결국 살아 남은 사람은 단 7명뿐.

그 전투 이후 한기주는 귀국했으며 10년이 지난 오늘 죽음의 계곡에서 살아 남았던 변진수와 만나게 되었다. 변지수는 치유되지 않는 전쟁의 후유증에 괴로워하고 있었다. 한기주는 변진수의 고통을 이해하고 그의 이마에 총구를 겨눈다.

'가을로(2006년 作)'

10년 전, 그 날.

사법고시에 합격하여 마침내 고대하던 검사가 된 현우. 세상 누구보다 사랑하는 여인 민주를 낯선 아파트로 초대한다. 장미꽃 한 다발과 함께한 수줍은 고백.

"사랑해. 나랑... 결혼해줄래?"

1995년 6월 29일. 결혼준비를 위해 함께 쇼핑을 하기로 약속을 한 현우와 민주. 현우가 일하는 곳에 찾아온 민주에게 현우는 일이 남았다며, 혼자 가기 싫다고 기다리겠다던 그녀의 등을 떠밀어 억지로 백화점을 보낸다.

"민주야, 금방 갈게! 커피숍에서 기다리고 있어! 알았지?"

일을 끝낸 현우가 급한 걸음으로 그녀가 기다리고 있는 백화점 앞에 도착한 순간.
민주가 지금 현우를 기다리고 있는, 그 백화점이 처절한 굉음과 함께 그의 눈앞에서 처참하게 무너지고 만다.

그리고 십년 후, 지금.

누구보다 소중했던 민주를 잃어버린 지울 수 없는 아픔. 그리고 그녀를 죽음으로 내몬 것이 자신이라는 자책감으로 현우는 지난 십 년을 보냈다. 항상 웃는 얼굴의 해맑은 청년이었던 현우는, 이젠 그 웃음을 잃어버린 차갑고 냉정한 검사가 되어버렸다.

그리고, 여론과 압력에 밀려 휴직처분을 받고 상실감에 젖어 있던 현우에게 한 권의 다이어리가 배달된다. '민주와 현우의 신혼여행'이란 글이 쓰여 있는 다이어리. 민주가 죽기 전 현우를 위해 준비한 선물이었다. 현우는 민주가 준비한 마지막 선물, 다이어리의 지도를 따라, 가을로, 여행을 떠난다.

민주가 현우에게 꼭 보여주고 싶었다는 그 길을 따라 걷는 현우의 여행길에 가는 곳마다 마주치는 세진이 있다. 자꾸 마주치는 우연으로 동행을 하게 된 그들은 서로가 누구인지를 알게 된다.

현우가 민주가 사랑하는 그 '현우'라는 것을. 그리고 세진은 백화점이 무너진 그때, 민주와 같은 곳에 매몰되었던 사람이었다는 것을.

그렇게 현우와 민주의 가을로의 동행이 시작된다.

외상 후 스트레스장애 치료는 중증일 경우에는 세로토닌 재흡수차단제와 같은 약물요법을 사용하고, 그 증상이 경미할 때에는 최면치료, 정신분석치료, 인지행동치료를 받으면 일상적인 활동, 대인관계, 직무수행 등에 있어 다시 건강한 생활로 복귀할 수 있습니다.

불안한 마음 극복하기

'걱정도 팔자(八字)다'라는 말이 있습니다. 이 말은 늘 걱정을 안고 사는 사람을 말합니다. '팔자'는 사주팔자(四柱八字)의 준말로 타고난 운명을 말하는데, 늘 걱정을 하고 사니까 타고난 것인양 '걱정도 팔자'라는 말이 생긴 것입니다. 실 생활에 있어 좋은 일이 생겨도 잘 안되면 어쩌나하고 걱정하고, 나쁜 일이 생기면 확대해석해서 걱정하는 사람들이 있습니다. 즉, 매사를 비관적이고 부정적으로 보는 것인데, 그 정도가 심하다면 마음의 병으로 볼 수 있습니다. 이런 부정적인 품성은 좀처럼 고치기 어려운 심리적인 경향이 됩니다. 이것을 극복하기 위해서는 일단 자신의 성격에 대해서 객관적으로 살펴본 후 의식적으로 긍정적이고 낙관적으로 생각하고 말하고 행동하는 노력이 필요합니다.

불안염려증은 일상생활 전반에 걸쳐 만성적이고 지속적으로 걱정과 근심을 달고 사는 것을 말합니다. 어떤 상황에 놓이든 안정된 마음을 유지하지 못하고 항상 불안해 하며 무엇인가 좋지 않은 일이 일어나지 않을까 걱정을 하는 것입니다.

교통사고가 나지 않을까, 남편이 구조조정당해 실직하지 않을까, 병이 걸리지나 않을까, 다른 사람들이 자신을 흉보지 않을까, 이웃과 사소한 대화를 하고 나서도 혹시 뒤에서 나의 험담을 하지 않을까, 무언가 좋지 않은 일이 일어나지 않을까 끊임없이 걱정하는 것입니다.

이러한 불안염려증은 여자가 남자보다 약 2배 많이 발생한다고 합니다. 불안염려증은 모든 일에 걱정과 근심이 지나치고 비관적인 생각을 하는 것이 특징입니다. 증상은 흔히 20대 초반에서부터 시작되는데, 증상으로는 안절부절 못하고, 긴장하여 늘 피로해 하고, 정신집중이 곤란해지며, 머리가 멍해지는 느낌이 종종 듭니다. 기분이 과민하게 되고 근육이 긴장하고 수면장애가 오기 쉽습니다. 이러한 불안염려증은 사회에 대한 공포증, 우울증을 동반하기 쉬우며 불신과 분노의 감정이 높습니다.

현대의 복잡한 사회적 환경요인과 지나친 경쟁, 그리고 경제불황 등으로 불안염려증이 확산되고 있습니다. 똑같은 사회적, 환경적 스트레스를 받더라도 개인에 따라서 불안, 긴장을 많이 느끼는 사람이 있고 그것을 대수롭지 않게 여기는 사람이 있는데 여기에는 유전적 요인도 작용하며, 똑같은 사회현상이라도 그것을 어떻게 받아들이느냐 하는 심리적 요인도 많이 작용합니다.

불안염려증은 약물치료와 심리치료의 두가지 방법으로 치료가 가능하며, 범 불안 장애에 이를 정도로 증세가 심할 경우에는 세로토닌재흡수억제제 등 약물로 치료할 수 있지만 불안염려증은 일반적인 현상이므로 대개의 경우 인지행동치료나 심리치료의 방법을 적용하면 됩니다.

서양의 심리학자들이 연구한 바에 의하면, 일반사람의 불안이나 고민의 80~90%는 본래 걱정할 필요가 없는 것이라고 합니다. 이미 지나가 버린 일, 자기 힘으로 어쩔수 없는 일, 발생할 가능성이 거의 없는 일을 가지고 걱정을 합니다. 그것이 인간입니다. 대부분의 불안, 걱정, 고민은 자기마음이 스스로 만들어내는 허상(虛像)입니다. 이것만 확실하게 이해하면, 인생의 반은 성공입니다.

우리가 복잡한 사회를 살아가면서 불안, 걱정, 긴장이 없을 수는 없지만 그것이 지나치면 병이 됩니다. 우리에게는 그것을 이겨낼만한 정신적인 힘이 내면에 있습니다. 우리가 일상생활에서 느끼는 불안, 걱정, 긴장이 마음이 만들어내는 허상이라는 것을 절실히 이해하고 불안한 느낌이 드는 순간 위파사나 수행과 같이 그것이 실체가 없는 것임을, 허상(虛像)임을 바로 자각하는 연습을 꾸준히 해나간다면 마음의 평화를 얻고 점점 편안한 마음을 가질 수 있게 될 것입니다.

손자병법에서 적을 알아야 승리할 수 있듯이 불안을 이겨내기 위해서는 불안의 실체를 이해하는 것이 필요합니다. 불안과 공포는 모든 생명체가 살아남기 위한 필수조건이었습니다. 인류가 진화해오면서 맹수에게 잡아먹히지 않기 위해서는 불안을 느끼고 위험한 곳을 피해야만 생존할 수 있었습니다. 불안을 쉽게 느껴 위험으로부터 도피한 종족이 오래 생명을 유지하고 자손이 번성하였을 것입니다. 불안을 느끼지 않고 위험에 노출된 종족은 도태되었을 것입니다.

그러나 현대인과 같이 장기적인 경기불황에 따른 구조조정 위험, 교통사고 위험, 각종 환경오염 등에 대한 불안이 지나칠 경우 이것이 오히려 생명체의 생존에 위협요소로 작용하게 되므로, 불안을 떨쳐버리고 적절한 균형감각을 가지는 것이 필요합니다.

이제 우주적인 차원에서 살펴 보도록 하겠습니다. 우리의 은하계에는 지구와 같은 별이 약 1천억~2천억개 있습니다. 그런데 전 우주에는 이런 은하계가 또 약 1천억개 정도 있습니다. 정말 광대무변한 우주입니다.

그리고 해외여행을 다녀보면 이 지구상에도 다양한 인종과 사람이 살고 있으며, 세상은 아주 넓고 다양합니다. 해외여행을 다녀보면 많은 사람이 여행을 즐기고 있음을 알 수 있습니다. 우리가 우리 자신을 세계의 중심에 놓고 지나치게 자기중심적인 관점에서 보기 때문에 불안해 하는 것입니다.

우리는 너무 우물안 개구리처럼 자기의 일상의 고정된 틀을 벗어나면 큰일 나는 것처럼, 또는 죽을 것처럼 불안염려증에 걸린 사람이 많습니다. 그런데 예수님도 우리가 내일을 지나치게 걱정할 필요가 없다는 이야기를 했습니다.

우리가 걱정을 한다고 해서 해결되지 않을 일이 해결될 것도 아니고, 걱정을 하지 않는다고 해서 해결이 안되는 것도 아닙니다. 우리는 '진인사대천명'(盡人事待天命), 즉 자기의 최선을 다하고 그다음은 겸허(謙虛)하게 하늘의 결과에 따르면 되는 것입니다.

우리는 유교문화의 전통에 따라 지나치게 남의 시선이나 평가에 의식합니다. 가수 유니도 자살전 안티팬들의 악플에 마음의 상처를 많이 받았다고 하는데 악의적인 댓글은 아예 볼 필요조차 없습니다. 물론 자기개선을 위해서 참고로 할 필요는 있겠지만 악의적으로 험담하는 글은 전혀 읽지 않는 것이 정신건강에 좋습니다.

우리나라는 지금 서구 문화와 의식이 많이 들어왔지만 아직 유교적인 문화전통이 많이 잔재하고 있습니다. 본래 유교(儒教)의 창시자인 공자(孔子)는 예(禮)를 강조했지만 이것은 마음에서 우러나오는 것을 포함한 것입니다. 그러나 마음속은 알 수 없기 때문에 겉으로 드러난 예의범절을 강조하다보니 체면문화, 겉치레에 빠져들게 된 것입니다.

불안염려증을 극복해야 진정으로 행복해질 수 있습니다. 사회규범을 위반하지 않는 범위내에서, 다른 사람에게 피해를 주지 않는 범위내에서 자기 자신의 자유와 행복을 최대한 추구할 권리가 우리 모두에게 있는 것입니다. 우리가 사회적으로 교양있고 예의 바른 사람이라고 평을 받는 것도 필요하지만 그것보다 더욱 중요한 것은 자기 자신의 진정한 행복을 추구하는 것이 더 상위의 가치입니다.

불안염려증이 더 악화되면 불안이 와서 신체적으로 죽을것 같은 상태에 이르는 공황장애(恐慌障碍), 전반적으로 늘 불안하며 안절부절 못하는 범(凡)불안장애, 불안한 것을 없애기 위해 무의식적으로 반복된 생각이나 행동을 하는 강박장애(强迫障碍)와 같은 증상을 초래하기 쉽습니다.

이러한 불안증이나 불안장애의 근본뿌리는 불안입니다. 전생(前生)을 믿지 않는 사람도 많지만 미국에서 조사한 바에 따르면 전생을 믿는 사람의 비율이 우리 예상과는 달리 상당히 높다고 합니다.

전생(前生)과 관련, 혹시 '지나 서미나라의 윤회의 비밀"을 읽거나 들어보신 적이 있으십니까?

우리 인류가 36억년전 지구상의 단세포(單細胞)생물로부터 진화과정을 거쳐 오늘과 같은 모습으로 오기 까지에는 수많은 위험을 겪었을 것입니다. 그런 경험 중 맹수에 잡아먹히는 불안, 다른 부족과의 전쟁시 느꼈던 공포, 기아의 고통, 동굴속에 갇혔을 때의 불안 등 엄청나게 다양한 불안이 우리의 뇌속에 뿌리깊게 각인되어서 잠재의식에 잠복해 있다가 외부의 자극에 의해, 또는 외부의 자극이 없이도 이것이 의식으로 떠올라 불안감의 원인이 되는 것입니다.

우리 인간에게는 전생으로부터 공포 경험, 태어날 때 모체로부터의 분리로 인한 공포감, 어렸을 때의 학대 경험 등이 우리 몸에 고스란히 기록되어 있으며, 특히 대뇌변연계(limbic system)와 관련이 깊다고 합니다. 우리 표층의식에는 잘 떠오르지 않지만 무의식에 남아 있는 것입니다. 대뇌변연계는 시간에 대한 관념이 없어서 과거 불안, 공포를 느꼈을 때 느낌이 지금 현재에 생생하게 그대로 떠오르는 것입니다. 이러한 불안의 뿌리를 이해하기 시작한다면, 이유를 알 수 없는 불안을 극복하는데 큰 도움이 됩니다.

무의식에 남아있는 불안의 뿌리, 불안의 실체를 깨닫고 그것이 현재에는 현실적인 위험을 주지 않는 과거의 느낌에 지나지 않는다는 사실(fact)을 인식하고 이해하기만 해도 마음의 안정을 찾는데 큰 힘이 됩니다.

그리고 살아온 인생 경험의 성찰(省察)을 통해 이러한 것들에 대해서 깨달음을 얻고 단계적으로 우리의 의식 수준을 높여나간다면, 불안에 휘둘리지 않게 되고 마음의 여유, 마음의 평화를 찾아 시간이 지날수록 행복지수가 높아질 것입니다.

더 나아가 우리가 마음을 닦고 수행, 명상을 통해서 이런 모든 불안증이 실체(substance)가 없는 것임을 알고 초월(transcendence)하여, 한 차원 높은 곳에서 인생의 의미를 생각하면서 '생의 기쁨'을 어떻게 만끽하고 '영혼의 진화'를 위해 무엇을 배울까에 대한 행복한 고민만 했으면 좋겠습니다.

강박관념 없애기

여러분은 아파트 문을 열쇠로 잠그고 나와서도 혹시 문을 잠그지 않은 게 아닌가 하고 엘리베이터를 타고 다시 올라간 경험은 없습니까? 또 집에 가스불이 꺼져있는지 수차례 확인했어도 혹시나 잘못 확인한 것이 아닌가 걱정하며 또다시 확인하지 않습니까?

강박관념(compulsive idea)은 강박사고와 강박행동이 특징인 불안증의 일종입니다. 강박사고는 현재의 상황에 어울리지도 않고 원하지도 않으며 합리적이지도 않은 것이 자꾸 머릿속에 떠올라 불안한 것을 일컫습니다.

강박관념은 사람을 불안하게 만들어 당장 그것을 떨쳐내고 싶은 강한 욕구를 일으킵니다. 그 욕구에 따라 불안을 감소시키기 위해 하는 행위가 바로 강박행동입니다. 강박행동은 당장 불안을 감소시키는 데는 효과적인 것으로 보이지만 강박행동을 통해 얻은 안정감은 오래가지 않습니다. 곧이어 또 다른 걱정이 뒤따르기 일쑤이며 이는 다시 강박행동을 부추기고 반복되므로 강박행동은 강박관념, 불안, 강박행동이라는 악순환의 고리를 심화시킵니다.

흔히 경험하는 강박관념은 다음과 같습니다. 집에 가스불이 꺼져있는지 문단속이 되었는지를 수차례 확인했어도 혹시나 잘못 확인한 것이 아닌가 걱정하며 또다시 확인합니다. 보도블럭의 금을 밟으면 좋지 않은 일이 생길 것 같아서 보도블럭의 금을 밟지 않고 걸으려 합니다. 오늘 할 일의 목록을 끊임없이 생각합니다. 칼과 같은 날카로운 것을 보면 누구를 찌르지 않을까? 불안한 생각을 합니다. 우리나라에서 강박관념을 가진 사람들은 오염에 대한 공포, 자신에게 또는 누군가에게 사고가 나지 않을까 하는 걱정, 몸에 병이 나지 않을까 하는 걱정 등을 많이 합니다. 손을 반복해서 씻는 행동, 물건을 제자리에 정돈을 계속하는 행동 등도 포함됩니다.

이러한 강박관념은 누구에게나 어느 정도는 있습니다. 다만 정상적인 사람은 균형잡힌 생각을 통하여 이러한 강박관념이 강박행동을 유발하지 않도록 이성적 생각을 통해 불안을 조절, 통제해 나가는 것입니다. 그러나 이러한 강박관념이 이성으로 조절되지 않고 강박행동으로 에너지를 낭비하고 걱정 때문에 일상생활에 지장이 생긴다면 강박장애입니다.

강박관념이 심해서 강박장애가 되는 경우는 뇌기능의 이상에서 오는 경우가 많습니다. 전두엽의 일종인 전두피질은 감정정보를 처리하는 최고 중추이며 기저핵은 전달되어 오는 다양한 정보중에서 필요한 정보만 전달하는 기능을 수행합니다. 기저핵에서 선별된 정보는 시상을 통해 다시 뇌의 다른 부위로 전달되어 행동을 유발합니다. 강박장애는 이 전두피질, 기저핵, 시상의 신경전달경로가 비정상적으로 높은 활동을 나타내서 불안한 생각이 제어되지 않고, 머릿속에 계속 떠올라 강박행동으로 이어지는 것입니다. 강박장애의 경우 세로토닌재흡수억제제와 같은 약물치료와 인지행동치료로 치료할 수 있습니다.

우리가 주변에서 흔히 보는 강박관념은 비정상적으로 지나친 걱정, 자신의 강박행동이 안좋은 일이 발생하는 일을 막을 것이라는 미신적 관념, 지나친 결백주의나 완벽주의 성향 등입니다. 이런 생각들에 대해서, 균형감각을 가지고 합리적인 생각으로 교정하고, 강박사고가 유발하는 불안에 대해 강박행동이 아닌 건강한 대처방식을 배워 나가도록 한다면 자연스럽게 치료가 될 것입니다.

화병 씻어내기

화병은 여성에게만 나타날까요?

화병의 원인은 과거에는 고부(姑婦)간의 갈등에서 많이 찾아볼 수 있었습니다. 시어머니의 부당함을 참고 살아온 며느리에게서 많이 발생한 것입니다. 시어머니의 부당한 대우를 참고 살아온 며느리가 불면증, 가슴이 두근거리고 어지러운 증상에 시달린 것 등입니다.

그러나 화병은 최근 한국사회의 급격한 가치관의 변화와 장기적인 경제불황으로 인한 실직, 파산, 대규모 신용불량 사태 등으로 사회적 분노요인이 많아지면서 직장인들에게서도 이러한 화병증상이 나타나는 경우가 많아지고 있고, 또한 학교, 학원에서 입시스트레스를 겪고 있는 학생, 청소년들에게도 종종 발견할 수 있습니다.

화병(HWABYUNG)은 1996년 미국 정신과협회에서는 한국인에게만 나타나는 특이한 현상으로 정신질환의 일종으로 공인한 바 있는데, 강한 스트레스를 적절하게 해소하지 못하고 참고 인내하는 데서 오는 가슴이 답답한 증세를 가리킵니다. 화병은 '분노증후군'으로서 분노의 억압으로 발생하며, 심리적, 신체적

양면으로 증상이 생기는 스트레스성 증상입니다.

한국인에 특유한 화병(火病)은 생활상에서 겪게 되는 강한 스트레스에 대해 마음속으로 분노반응을 보이는 것입니다. 이 분노를 직접적으로 표현하지 않고 무의식적으로 억압한 결과 나타나는 것이 화병입니다. 분노가 신체변화로 이어지는 것입니다.

'화병'의 신체적 증상으로서는 가슴이 답답하고 열이 오르는 느낌이 들고 두통, 어지러움, 얼굴 화끈거림, 가슴이 뛰고 목이나 가슴에서 덩어리가 치밀어 오르는 듯한 느낌 등이 나타납니다. 정신적으로는 우울, 불안, 신경증, 불면증이 자주 나타나고 사소한 일에도 쉽게 화를 폭발하는 경향을 나타냅니다.

이러한 질병은 다른 질병의 원인이 됩니다. 생활하면서 쌓인 울분이 점점 많이 축적될 경우 그 응어리가 분노와 우울증으로 변합니다. 화병은 환자 스스로도 스트레스의 원인을 알고 있지만 이것을 스스로 해결하지 못하고 쌓아두는 것이 문제가 됩니다.

화병은 과거 유교문화의 전통사회에서 남존여비사상, 가부장적 문화에 의해 억압되어온 중년 이후의 여성에게 특히 많이 나타났습니다. 화병을 호소하는 사람들의 남녀 분포는 여성이 약 80%, 남성이 약 20%로 여성이 월등하게 높지만 최근 남성의 비율이 조금씩 높아지고 있습니다.

화병은 상대에 대한 증오심, 배신감 등이 분노에 앞서 격하게 일어납니다. 다음 어느 정도 격한 감정이 진정된 다음 화를 참아야 할지 말아야 할지 순간적인 갈등을 일이키고 사표, 언쟁, 이혼 등의 선택 갈등에 이릅니다. 이 경우 화를 해소하는 것이 아니라 참고 받아들이기 때문에 속으로 화가 쌓입니다. 그 다음에는 체념상태에 빠집니다. 자신의 현실을 받아들이지만 그것을 포용하거나 이해하는 것이 아니라 단지 체념함으로써 감정적인 관계를 맺지 않겠다는 생각을 하게 됩니다.

화병은 화를 참아서 생긴다고 생각하지만 그러면 화를 참지 않으면 화병이 생기지 않을까요? 아닙니다. 화가 날 때마다 화를 내고 신경질을 부려도 화병은 생기게 마련입니다. 자꾸 화를 내면 주위 사람들과의 인간관계가 나빠지고 자신에 대한 평판이 나빠질까봐 속으로 누르며 참게 됩니다. 화는 속성상 안에서 밖으로 터져 나오는 정서라서 억눌린 화는 갇혀서 갈 곳을 잃어 내안에서 터지게 됩니다. 자기가 자기 자신의 몸을 공격하게 되는 것입니다.

화병은 분노로 시작되지만 차츰 우울, 불안 등 다양한 심리적 증상으로 나타납니다. 실제로 우울증이나 불안증 등으로 환자들 상당수가 화병에 해당하는 증상을 여러 개 가지고 있는 것을 볼 수 있습니다. 또한 몸의 여기저기가 다 아프다며 증상을 호소하는 환자들도 실제로는 화병에서 기인하는 경우가 많습니다. 이럴 경우 신체적 증상만 치료해서는 재발이 쉽고 근본적인 치료도 어렵습니다.

고부간의 갈등에서 발생한 화병을 살펴보면, 시어머니의 부당한 대우를 참고 살아온 며느리가 가슴이 두근두근 거리고, 명치에 덩어리가 꽉 막히는 것 같은 증상에 시달리다가 시어머니가 돌아가시고 10년이 지나도 증세가 나아지지 않는 경우가 있습니다. 현재는 스트레스의 원인이 없어졌지만 당시의 억울하고 분통한 기억이 무의식속에 그대로 남아 있는 것입니다. 이제 그럴 필요가 없는 것을 알고 있는데도 떨쳐 버릴 수가 없는 것입니다.

여러 가지 치료를 해보아도 그때 뿐이고 효과가 없는 경우에는 최면치료를 해보면 효과가 있는 경우가 있습니다.

며느리가 최면상태에서 자기를 괴롭혔던 시어머니의 입장이 되어 그 마음을 더듬어 보게 되면, 홀로 키운 외아들을 통해서 자신의 인생을 보상받고 싶었던 보상심리를 이해하게 되고 시어머니의 한 많은 삶을 이해하고 용서하게 됩니다. 시어머니는 며느리가 아닌 허탈한 자신의 인생이 미웠던 것이며 이것을 깨달으면 며느리는 과거감정의 고리를 풀고 화병에서 벗어날 수 있게 됩니다.

화병은 분노를 비롯한 부정적 감정의 문제 때문에 생기는 결과라고 할 수 있습니다. 이런 화병은 최면상태에서 과거에 맺힌 마음을 밖으로 표출하고 맺힌 것을 풀면 치유됩니다. **'임금님 귀는 당나귀'** 라는 옛날 이야기에서 잘 알 수 있듯이 우리의 가슴에서 응어리진 것을 밖으로 표현만 해도 어느 정도 증상이 개선되는 것입니다.

화병을 치유하기 위한 최면치료는 마음수련과 일맥상통하는 점이 있습니다. 최면치료는 무의식에 깊게 뿌리를 내리고 있는 부정적인 기억에서 나를 해방시켜 주는 것입니다. 최면을 통해 과거의 부정적인 기억을 삭제하는 것입니다. 컴퓨터에서 하드에 저장된 파일을 삭제(delete)하는 것과 유사한 것입니다.

최면을 통해 무의식속에 깊이 잠재되어 있던 감정을 의식표면으로 끌어올려 하고 싶은 말을 하면서 상대방을 용서하고 이해하면 속이 후련해짐을 느낍니다. 마치 씻김굿을 통한 제의(祭儀)처럼 마음의 평화를 찾을 수 있습니다.

조울증 치유

여러분은 무드 스윙(mood swing)이 무슨 뜻인지 들어보신 적이 있습니까?

무드 스윙은 그네가 앞으로 뒤로 왔다갔다 하는 것(swing)처럼 기분(mood)이 좋았다가 나빴다가 급격하게 변하는 것을 말합니다.

기분이란 어떤 사람에게 지속되는 감정의 상태를 말합니다. 기분은 평온하고 안정된 상태, 들떠있거나 흥분된 상태, 가라앉은 우울한 상태로 나눠볼 수 있습니다. 정상적인 사람은 다양한 범위의 기분을 느낄 수 있고 자신의 기분에 대해서 감정표현을 할 수가 있습니다.

서양 심리학자의 연구에 의하면, 사람은 하루에 약 30가지의 감정변화를 겪는다고 합니다. 동양 역학(易學)상으로 보더라도 하루가 자축인묘진사오미신유술해의 12시각으로 나누어지는데 각 시각별로 우주의 기운이 바뀌고 이에 따라 사람의 감정도 달라진다고 보므로 하루 12번도 더 기분이 변하는 것입니다.

그러므로 감정이 시간에 따라 변한다는 것은 자연스러운 현상인 것입니다. 그러므로 자기만이 감정변화가 심한 것이 아닌가,

자기만이 감정기복이 심한 것이 아닌가 생각하는 것은 기우입니다. 누구나 감정변화는 겪지만 정상적인 사람은 그 변화를 어느 정도 조절하고 통제하는 능력을 가지고 있습니다.

예를 들면 친구와 이야기하다 친구가 자신의 감정을 상하는 이야기를 하더라도 그 이전까지 자기와 친밀하게 지내왔던 관계를 기억해 내곤 자기의 화난 감정을 억제하고, 회사에서 스트레스 받는 일이 닥치더라도 휴게실에 가서 커피 한잔을 마시며 자기 혼자 화를 삭이는 것 등은 화가 날일이 발생하더라도 여러 가지 요소를 고려하여 화를 참고 흥분된 자기 자신을 컨트롤하는 것입니다.

그러나 조울증의 경우 자기 기분을 통제하고 조절하지 못한다는 것이 문제인 것입니다. 조울증(躁鬱證)에 걸릴 경우 기분이 들떠있거나 흥분된 상태인 조증, 기분이 가라앉은 울증(鬱症)한 상태가 불규칙적으로 반복됩니다.

기분이 업(up)된 상태(躁症 ; 조증)상태는 자기 자신이 실제보다 매우 대단한 사람으로 느껴지고 생각의 진행속도가 빠르고 잠을 안자도 피곤하지 않고 자신감이 넘치고 과대망상적인 생각에 빠집니다. 기분이 심각하게 가라앉은(down) 상태 (鬱症 ; 울증)는 기운이 없고 매사에 흥미와 의욕이 줄어들고 식욕도 없고 정신집중이 안되고 쓸데없는 죄책감, 자기비하에 빠지는 것입니다.

'**조울증 환자**'들은 발병초기에는 우울증이었다가 뒤에 조울증으로 발전하기도 하기 때문에 본래는 조울증인 환자가 우울증으로 진단 및 치료를 받는 경우가 있습니다. 조울증환자가 항우울제 등 일반적인 우울증 치료를 받으면 증상이 더 악화될 수 있습니다. 그러므로 우울증과 조울증을 정확하게 구별해서 진단해야 합니다.

우울증은 여자가 남자보다 2~3배 많으며, 30대 이후의 중년에 많이 발생하지만 조울증은 남녀의 차이가 거의 없으며, 젊은 층에서 주로 발병합니다. 우울증환자들은 불안, 초조, 불면증 등을 경험하는데 비해서 조울증환자는 우울할 때 덜 움직이며 무기력하고 과도한 수면증상을 보입니다. 즉 비정상적인 특징이 강한 편입니다. 우울증상이 어떤 양상을 보이느냐를 진단해보면 조울증인지 우울증인지 구별할 수 있습니다.

조울증환자의 경우 우울한 시기에 진단을 하면, 일반적인 우울증과 증상이 비슷하여 구별이 쉽지가 않습니다. 조울증환자의 경우 조증과 우울증의 감정기복이 심합니다. 우울한 시기에는 만사가 귀찮고 우울해져서 바깥 출입도 하지 않고 혼자서만 생활하는 경우가 많습니다. 기분이 들뜨는 시기에는 새로운 일을 시도하고 잠도 자지 않고 일하기도 하고 기분이 들뜬 상태로 말이 많고 자신감에 넘쳐 있습니다.

이런 변화가 자기스스로 조절할 범위를 넘을 때 문제가 되는 것입니다. 그런 경우 사회생활, 대인관계, 직장생활, 학업, 가정생활 등에 심각한 부정적인 영향을 끼칩니다. 조울증은 감정의 기복이 심해 우울증보다 자살 확률이 높습니다.

자살의 경고 사인으로는 죽음에 대해 말하고 죽음을 암시하는 글을 쓰는 것, 오랜시간 혼자서 조용히 보내는 것, 자기 소유물을 남에게 다 주는 것, 과격한 행동을 하거나 또는 갑자기 조용해지는 경우 등이 있으며, 위기상황이 지나갈 때까지 전문가의 도움을 받도록 할 필요가 있습니다. 그리고 가능한 한 그 상황에 대해 대화하는 것이 필요합니다.

자살하는 사람의 경우 진정으로 자기의 고민을 들어주고, 자기와 허심탄회하게 대화할 사람이 단 한사람만이라도 있으면 자살하지 않는다고 합니다. 그러므로 우리는 평생친구를 사귈 필요가 있습니다. 마음을 터놓고 상담할 수 있는 사람, 신뢰할 수 있는 사람, 멘터, 컨설턴트를 평소에 만들어두는 것이 필요합니다.

손자병법에 지피지기면 백전백승이라는 말이 있습니다. 우리가 우울증과 조울증을 극복하려면 그것에 대해서 잘 알아야 할 것입니다.

우리의 감정, 기분이 시시각각으로 변할 때 위파사나 수행의 방법과 같이 우리의 마음을 차분히 관찰하면 우리 감정 기복, 즉 어떤 감정이 일어나고 사라짐이 실체가 없음을 깨닫게 될 것입니다.

마찬가지로 똑같은 스트레스 상황에 대해서도 사람마다 다르게 받아들인다는 사실을 인식하면 스트레스가 실체가 없는 것임을 깨닫게 되고, 그러면 스트레스로부터 좀 더 자유로워질 수 있을 것입니다.

조울증의 치료는 기분조절제 약물로 치료하며, 조울증의 치료 및 예방에 효과가 있습니다. 조울증의 두 번째 치료방법인 정신치료는 의사소통, 긴장의 감소, 대인관계, 사회적응을 위해 필요합니다. 가벼운 우울증이나 조증에도 이 치료가 효과적입니다.

조울증을 예방하기 위해서는 균형잡힌 식사와 매일 규칙적으로 운동하기, 시차가 다른 먼 지역으로의 여행을 삼가기, 매일 일정한 시간에 잠자기, 규칙적인 일상생활 유지하기, 알콜이나 약물복용을 피하기, 가정이나 집에서 스트레스 피하기 등이 있으며, 조울증의 조기 경고 징후에 대해서는 미리 알고 대처해야 합니다. 그리고 우리가 꼭 알아야 할 것은 무엇보다도 가족이나 친구의 도움이 조울증 예방에 있어 중요하다는 사실입니다.

노이로제 치유

정신병과 신경증은 어떻게 다를까요? 그리고 노이로제는 정신병과 신경증 중 어디에 속할까요?

정신질환 종류는 일일이 열거하기 어려울 정도로 많지만 크게 정신병과 신경증으로 나눕니다. 정신병은 정신분열증처럼 현실을 제대로 파악하는 능력이 저하되고 인격의 와해가 심한 반면 신경증은 히스테리 등과 같이 현실감이나 인격이 온전한 경우를 말합니다.

노이로제(neurose)는 정신적, 신체적으로 강한 증상이 있으나 신체적 원인이 없고 그 원인이 심리기제에 있는 신경증(neurosis)을 말합니다. 이런 신경증은 정신적인 장애로서 신체적인 원인에서 유래하는 것이 아니며, 따라서 후유증을 남기지 않고 회복됩니다. 노이로제는 심인성(心因性)인 것입니다.

이러한 노이로제가 발생하는 것은 개인의 감정적 체험으로부터 이해할 수 있으며, 원인이 된 체험과 증상사이에는 연관성이 있습니다. 노이로제에 걸리면 많이 아픈 것처럼 느끼는데 이것은 병에 대한 자각이 없는 정신병과는 다릅니다. 그러나 노이로제는 주관적인 것이고 객관적인 질병은 없습니다.

노이로제는 정서적인 성숙도가 낮고 환경에 대한 불만이나 갈등을 일으키기 쉬우며, 그것을 적절하게 처리할 수 없는 성격 탓이 큽니다.

그러면 이러한 노이로제는 왜 일어나게 될까요?

우리는 일상생활에서 자기의 본능적 또는 사회적 욕구를 항상 만족시킬 수는 없는 것입니다. 욕구불만이나 갈등이 있어도 그것을 무의식적으로 방위기제를 이용하여 적절하게 처리함으로써 심리적인 파탄을 일으키는 경우가 없습니다.

그러나 신경증적인 사람은 욕구불만이나 갈등상황에 대한 저항이 약하고 정신적인 파탄에 직면하면 불안해집니다. 불안을 건전하게 해소할 수 있는 심리적 방어기제의 방법은 취해지지 않고 신경증적 방위라고 부르는 병적인 방어기제를 택하게 되어 신경증의 증상이 나타나게 됩니다.

예를 들면 불만이나 갈등이 있을 때 이것은 무의식적으로 억압되지만 억압된 불만, 억압된 갈등은 신체에 병으로 나타납니다. 그러므로 신경증은 **'부적응 반응'**이라고 말할 수 있습니다. 이를 치료하는 방법으로는 항불안제를 투여하는 약물요법, 정신분석요법, 자율훈련법 등이 있습니다.

이제 신경증의 종류를 알아보겠습니다.

불안증은 뚜렷한 대상이 없는 막연한 두려움입니다. 불안증세는 심장이 두근거리고 호흡이 가빠지고 숨이 차는 등의 자율신경증상과 긴장감, 무력감 등을 수반합니다. 또 예기불안(豫期不安), 즉 이러한 증상이 또 일어나지 않을까 하는 마음도 생깁니다. 때문에 외출이나 정상적인 일을 할 수 없게 되는 예도 있습니다. 신체증상이 정신적인 요인에 의한 것이라는 것을 자각하지 못하고 병원에 가서 진찰을 받아보는 경우도 있습니다.

다음으로 건강염려증입니다. 요즘 현대인들은 건강에 관해 지나치게 관심을 가지고 주의를 기울이고 있습니다. 그리고 그것이 지나쳐서 실제 본인이 건강한데도 건강에 불안을 느끼는 것을 건강염려증이라고 하는데, 마치 젊은 여성들이 사실은 적정 체중인데 '나는 약간 비만이다.' 라고 생각하는 경향이 있는 것과 비슷합니다.

강박증은 불합리하고 어리석은 일인지 알면서도 어떤 사고나 행위를 반복하는 것입니다. 문단속이나 그 밖의 뒤처리를 몇 번씩 확인하는 것과, 손 씻기를 하루에 몇십 번씩 하는 경우 등이 있습니다.

공포증은 특정 대상과 결부되어 두려운 감정을 느끼는 것으로서, 공포증은 근거가 없다는 것을 잘 알고 있으면서 두려움에서 벗어나지 못하는데, 대부분의 공포증환자는 그 대상 또는 대상으로 상징되는 사물과 관련하여 과거에 자기가 위험에 처하게 되었거나 자기 원망의 좌절 등 불쾌한 체험을 가지고 있으며, 다만 이를 억압함으로써 망각하고 있는 것입니다. 공포증에는 적면공포, 밀실공포, 광장공포, 고소공포, 대인공포 등이 있습니다.

신경쇠약은 지속적인 긴장과 갈등에 의한 피로감을 증상으로 합니다. 피로감, 주의집중곤란, 초조감, 기억력 저하, 정신작업능력 저하 등 정신증상과 불면, 두통, 식욕부진 등의 신체증상이 있습니다.

히스테리는 무의식의 갈등과 욕구불만이 증상 형성에 의해서 해소된다는 질병도피의 매커니즘을 가집니다. 환자는 주위의 동정과 관심을 얻고 불안으로부터의 도피하기 위해 증상을 형성합니다. 심적 갈등이 신체증상으로 전환되는 경우와 의식속의 어떤 부분이 해리되어 다른 인격으로 되는 경우가 있습니다. 신체증상으로는 감각장애와 운동장애가 있으며, 감각장애에는 시력장애, 청력장애가 있고 운동마비, 경련 등이 나타날 수 있습니다. 정신증상으로는 건망증 등이 있으며, 신체증상은 생리적인 원칙과 일치하지 않는 경우가 많습니다.

최면요법과 심리치료

여러분은 신경정신과 전문의인 김영호의 '전생여행과 영혼의 최면치료'를 읽어 보신 적이 있습니까?

그는 일반적인 치료방법으로 잘 낫지 않는 환자들에게 최면기술중의 하나인 '전생퇴행기법'을 이용하여 그 병을 일으킨 근본적인 원인을 찾아 치료하는 방법을 적용하였습니다. 그리고 그 과정중에서 우연히 영혼 세계의 여러 가지 진리의 가르침에 대해서도 알게 됩니다. 영혼세계의 진리에 대해서는 마이클 뉴턴의 '영혼들의 여행'이 탁월한 저서입니다.

전생여행을 위해 사용되는 최면은 정신과에서 가장 폭넓게 이용되는 치료술로서 정신분석의 시조인 프로이드도 최면요법가로부터 최면을 배워 그 과정에서 잠재의식의 존재를 발견하게 되었다고 합니다. 그는 최면 유도솜씨가 능숙하지 않았기 때문에 최면술을 포기하고 자유연상과 정신분석이론으로 방향을 전환하게 되었다는 이야기도 있습니다.

의학은 이론과 실천 양면에서 끝도 한도 없는 분야이며, 현재에 알려진 이론과 기술로 모든 환자의 질환을 치료하거나 설명하는 것은 불가능합니다. 그러나 의사들이 기존의 이론이 도전을 받을 때, 아무리 애를 써도 새로운 현상을 분석할 수 없을 때 마음을 열고 새로운 영역을 연구하고 받아들일 마음의 준비가 되어있을까요? 보고된 사례를 환각이라고 매도하기 전에 직접 확인하고 평가를 내릴 필요가 있습니다.

한편, 전생요법이 최면을 이용하여 그 병을 일으킨 근본적인 원인을 발견, 치유하는데 좋은 효과를 거두기도 했지만, 전생요법이 만병통치의 치료방법은 아닙니다. 정통적인 정신분석이론에 입각한 정신치료와 약물요법으로 치료가 가능한 환자들도 많이 있습니다. 이러한 환자들은 전생요법을 받을 필요가 없습니다.

그러나 여러 가지 방법으로 치료를 계속해도 원인을 찾지 못하고 별다른 효과를 갖지 못하는 환자들에 있어서는 전생요법을 시도해 볼 필요가 있습니다.

이제 마음속의 부정적 정서와 자기 제한적 신념을 사라지게 하고 긍정적인 자기암시로 사랑과 기쁨과 자신감을 되찾게 하는 '심리치료'와 '최면요법'에 대해 알아보겠습니다. 먼저 심리치료 이야기입니다.

사람은 감정의 동물입니다. 화나고 무섭고 슬프고 걱정되는 감정은 누구나 가지고 있는 자연스런 감정이지만 유난히 화가 잘나고 겁이 많고 작은 일에도 자주 슬퍼하거나 매사에 걱정이 많은 사람은 심리치료를 받아보는 것이 좋습니다.

몸에 병이 생기듯 마음에 병이 생기는 것도 자연스러운 현상입니다. 마음에 병이 오는 것을 정신병자라고 하여 부끄러워할 것이 아니라 일반인들도 어느 순간 의지력이 약해지거나 감정의 균형을 잃게 되는데 그 정도가 심하거나 지속적으로 계속될 때 마음의 병이 온 상태이며 심리치료를 통해 회복할 수 있습니다.

몸이 아픈 것은 주변사람들에게 당당히 이야기 하면서 마음이 아픈 것은 부끄러워 숨기는 경우가 있는데 이는 잘못된 생각입니다.

현대인의 병은 스트레스에서 온 것이 많다고 합니다. 스트레스가 몸의 병도 일으키고 마음의 병도 일으킵니다. 우리는 스트레스를 무시하거나 아니면 스트레스를 술로 풀려고 하지 심리치료를 통해서 마음의 상처를 치유하려는 방법을 잘 고려하지 않습니다. 그럴 경우 마음의 병이 심해지고 급기야는 몸에 이상까지 불러옵니다. 그럴 경우 몸의 이상만 치료하려고 했지 마음의 치료는 여전히 뒷전인 경우가 많습니다.

이제 마음을 먼저 치료해야 하고 치료될 수 있습니다. 외국영화를 보면 나오듯이 심리치료를 받는 것은 부끄러운 것이 아니며 선진국일수록 심리상담과 심리치료를 통해 정신적인 도움을 받는 것이 보편적입니다. 편안하게 대화를 하면서 무의식속에서 문제의 근원을 스스로 찾아내고 치유하도록 도와주며 필요에 따라서는 최면치료를 통해 더욱 깊이 있는 치료를 합니다.

최면(hypnosis) 상태란 어떤 상태를 말하는 것일까요?

최면을 알기 쉽게 비유하자면 잠들기 바로 전의 의식상태를 말합니다. 잠들기 전의 우리 몸은 최대로 이완되고 마음이 편안해짐을 느끼게 되고 그래서 몇 분내에 잠의 세계로 빠져들게 됩니다. 잠이 완전히 들어버리면 의식이 사라지는 무의식상태가 되지만 잠들기 전의 상태를 연장하면서 충분한 이완상태에서 무의식을 경험하되 동시에 의식도 깨어있는 상태가 바로 최면상태라고 할 수 있습니다.

최면치료란 의학적인 목적으로 환자의 의식상태를 잠재의식의 상태로 유도한 후 치료적 대화를 통해 마음의 병을 치료하는 것을 말합니다. 물론 최면치료 과정중에도 환자의식이 깨어있기 때문에 치료과정을 다 기억하며, 또한 자신이 말하고 싶지 않은 내용은 말하지 않을 수 있고 원하면 스스로 최면에서 깨어날 수 있습니다. 그러므로 타인에 의해 자신의 정신이 조종될 염려도 없습니다.

최면상태에서는 평소에는 드러나지 않던 마음의 무의식 부분이 활성화되어 표면으로 올라옵니다. 그래서 무의식속에 저장되어 있던 과거의 기억들을 쉽게 떠올릴 수 있고 그것을 활용하여 심리치료 및 신체치료에 활용하면 큰 치료효과를 거둘 수 있습니다. 우리는 마음이 우울할 때 의식적으로는 우울하지 말고 즐거워해야지 하면서도 계속 우울함을 느낍니다. 그 이유는 무의식속에서는 이성에 의한 컨트롤이 잘 안되기 때문입니다.

우리 마음속에서 의식이 차지하는 부분은 약 10% 정도이며 나머지 90% 정도는 무의식의 세계입니다. 우리 마음의 병은 대부분 무의식속에 있기 때문에 치료도 무의식속에 들어가 치료해야 제대로 치료가 됩니다. 최면치료는 우리 마음속에 무의식으로 들어가는 가장 빠르고 효율적인 방법인 것입니다.

최면치료에는 마음의 상처(trauma ; 정신적인 상처)를 입은 상황으로 돌아가서 그때의 감정을 드러내고 발산하게 하며, 상대방을 이해하고, 상대방을 용서해주는 등의 과정, 그리고 좋지 않은 기억을 삭제하는 과정 등이 포함되며, 우울증, 화병, 마약중독, 공황장애, 강박장애, 만성피로, 신경쇠약, 대인공포 등 여러 가지 증상치료에 효과적입니다.

최면치료로 비만도 근본적으로 치료할 수 있습니다. 인체는 탄수화물, 단백질, 지방의 3대 영양소가 적절한 비율로 구성되어야 하는데 이중에서 지방의 무게가 전체 체중의 28% 이상으로

과도한 경우를 비만이라고 합니다. 비만인들은 스트레스를 심하게 받고 있으며, 그 스트레스에 의해서 뭔가 즐거운 것들을 찾게 되는데 그 중 음식을 먹는 것이 즐거움도 구하고 쉽게 구할 수 있기 때문에 음식먹는 것을 선택하고 그 때문에 비만이 되는 것입니다. 더우기 최근의 연구결과 스트레스시 배출되는 호르몬이 지방축적을 더욱 촉진한다고 합니다.

최면치료는 자신의 잠재의식과의 커뮤니케이션입니다. 우리 마음 전체중에 의식은 불과 10%를 차지하고 나머지 90%는 잠재의식입니다. 자신은 깨닫지 못하는 사이 의식은 잠재의식에 의해 조종되므로 잠재의식을 어떻게 바꿔주는가가 다이어트 성패의 갈림길이 됩니다. 많은 다이어트가 실패로 돌아갔던 것은 이 잠재의식의 실체를 파악하지 못했기 때문입니다.

잠재의식 속에는 스트레스 해소책으로 자꾸 음식을 먹고 운동은 하지 않으려 하기 때문에 환자자신의 의식속에 음식조절과 운동에는 한계가 있을 수 밖에 없고 결국 요요현상을 반복할 수 밖에 없습니다.

최면치료를 통해 잠재의식 속에 각인되어 있는 음식과 생활태도에 대한 잘못된 생각을 교정하고 지방축적을 촉진하는 부정적인 감성을 해소하는 것이 좋은 방법입니다. 최면을 통한 비만치료는 먼저 비만의 원인인 부정적인 감정 그 자체를 치료하고 또한 건강한 스트레스 해소법을 찾게 해줍니다. 최면치료를 통해 긍정적인 자아상을 확립하게 되므로 다이어트가 끝난 뒤에도 요요현상을 걱정할 필요가 없게 되고 건강하고 자신감 있는 생활을 유지할 수 있습니다. 최면치료를 통해 식습관 및 생활태도를 교정하는 것이 평생 건강하고 자신감 있는 생활을 유지할 수 있는 원천인 것입니다.

최면치료가 효과적인 이유는 최면상태에서의 변화된 의식, 즉 '변성의식상태(ASC ; Altered State of Consciousness)' 일 때에는 초능력이나 영적능력이 민감해지며 자유로운 확장성과 뛰어난 정보처리 능력을 가지기 때문입니다.

최면중 활성화된 잠재의식은 고정관념을 뛰어넘어 평소와 비교할 수 없을 만큼 향상된 직관력과 빠른 정보처리속도를 보여줍니다. 환자의 무의식 깊숙히 숨어있는 중요한 정보와 부정적 감정을 찾아 해결하는데 있어서 다른 치료기법보다 탁월한 힘을 발휘할 뿐아니라 짧은 시간에 가장 고차원적이고 가장 심층적인 인지에 도달할 수 있는 치료기법입니다. 환자가 가지고 있는 상념에너지를 이용해 몸과 마음을 치료하는 다양한 최면기법들이 개발되고 있습니다.

최면요법에 의한 치료는 좁게는 질병과 치료에 관한 이야기이고 넓게는 인간생명과 영혼의 본질에 대한 이야기입니다. 인간은 무엇이고, 삶은 무엇이며, 생명과 질병의 본질은 무엇일까요? 생각의 에너지가 어떻게 우리의 몸과 마음을 치료할 수 있을까요? 이러한 신비한 증상을 짚어나가다 보면 우리가 살고 있는 이세계가 거미줄보다 더 정교하고 엄정한 질서에 따라 움직인다는 사실을 발견하게 됩니다.

또한 고통과 불행, 질병과 죽음에도 나름대로의 목적과 의미가 있으며 영혼은 이미 마음속 깊은 곳에서 그것을 이해하고 받아들이고 있음도 알게 됩니다. 최면은 자신의 내면에 이미 갇혀져있는 지혜와 인내를 확인할 수 있는 열쇠입니다. 오랜 시간동안 정리되지 않던 문제들이 단 몇 분의 최면작업으로 가닥을 잡을 수 있는 이유는 최면이 머릿속의 논리를 움직이는 것이 아니라 가슴속의 영혼을 일깨우기 때문입니다.

이제부터 우리가 인생을 살아가면서 미래에 어려운 일이 생기면 머리만을 쓰는 것이 아니라 우리 내면에는 무한한 힘과 지혜의 창고가 있음을 인식하고, 우리 스스로 그 힘과 지혜를 활용하는 것을 배워야 할 것입니다.

강한 정신력 가지기

'빙의' 란 어떤 현상일까요?

빙의(憑依)란 한문으로는 '기댈 빙(憑)' '의지할 의(依)' 로 쓰며, '다른 것에 몸이나 마음을 기댐' '영혼이 옮겨 붙음' 의 뜻입니다. 영어로는 haunted, possession라고 합니다.

빙의에 대한 심령학적인 해석은 다음과 같습니다.

육신을 잃은 혼백(영혼)이 고혼(孤魂)이 되어 갈 곳을 찾지 못하고 인연처를 찾아 우주법계를 떠돌다가 혼백이 머물기에 적당한 장소나 사람을 만나게 되면 영체(靈體)를 그곳에 숨기게 됩니다. 그로 인해 영체가 들어간 장소는 흉지(凶地), 흉가(凶家)가 되게 마련이고 그곳에 사는 사람 또한 귀신에 홀린 상태가 되어 평소와는 전혀 다른 사람으로 돌변하게 됩니다. 또한 사람의 몸에 직접 유착되면 유착된 사람은 발작을 일으키거나 흉폭한 성격으로 변하여 폐인이 되기도 합니다.

귀신의 존재를 인정하지 않는 현대 의학에서는 빙의를 '빙의망상 질환' 이라고 하여 일종의 정신병으로 보고 있습니다. 정신의학적으로는 빙의를 빙의망상(憑依妄想 ; delusion of possession), 즉 심리적으로 귀신이 자기 몸에 씌였다고 믿는 망상(妄想 ; delusion), 즉 정신병적인 헛된 생각으로 간주하는 것입니다.

과학은 검증 가능성과 재현가능성을 중요시합니다. 그러나 우리가 과학의 합리성을 존중해야 하지만, 과학이 만능이 아니며 현 과학수준에서 미지의 영역도 많습니다. 우리는 항상 열린 마음으로 사물과 현상을 대해야 합니다. 심령현상에 사기(詐欺: fraud)도 많지만 사실인 경우도 있습니다. 영국 헨리 8세의 유령(幽靈: ghost)을 목격한 사람이 많으며, 필리핀에서는 억울하게 살해당한 원혼이 심령술사를 통해 범인을 잡게 만든 케이스가 꽤 있습니다.

빙의의 뜻은 크게 좁은 의미와 넓은 의미의 두 가지로 볼 수 있습니다. 좁게는 귀신과 같은 영적 존재(음기 : 陰氣)에 압도당해 자신의 의지를 상실하는 비정상적인 상태를 말하며, 일반적으로는 '귀신에 씌인 것'을 '빙의되었다'고 말합니다. 빙의의 뜻을 넓은 의미로 보면, 사기(邪氣)나 음기(陰氣)가 충만한 곳에서 자신의 정기가 압도당해 본래의 성품을 잃고 광기 어린 행동을 하는 현상을 통칭하는 것입니다.

빙의된 영을 쫓아내는 사람을 무엇이라고 할까요? 답은 엑소시스트입니다. 영화로도 여러 번 나왔습니다. 우리말로는 '퇴마사'라고 합니다.

빙의된 영을 쫓아내는 퇴마사(exorcist)는 귀신들 중에도 인간에게 해를 끼치는 악귀들을 쫓아내고 원한령들의 한을 풀어주어 인간에게 해를 끼치지 못하게 하여 인간계와 영계의 균형을 맞추는 것입니다.

퇴마사는 만물을 꿰뚫어보고 정확히 판단할 수 있는 영안(靈眼)을 가져야 하고 영의 기운을 다스릴 수 있는 파워를 가지고 있어야 합니다. 무당과 퇴마사는 차이가 있습니다. 무당은 영매(靈媒)로서 자신의 몸 주의 힘이나 접신을 통해 귀신의 한을 풀어주는 것이고, 퇴마사는 몸 주의 힘이 아닌 자신의 영력(靈力)으로 귀신을 제압하는 것입니다.

사령신(死靈: ghost)적 귀신은 원귀(怨鬼)라고 하는데 다양한 경우를 다 포괄할 수는 없겠지만 대체로 보면 원귀(怨鬼)라는 현상은 너무 억울하게 죽었거나, 죽을 때 너무 공포심에 사로잡혔을 경우, 죽음에 대해 전혀 무지한 경우, 육신에 대한 집착이 너무 강하다든지, 어린 자식을 두고 죽었다든지 또는 너무나 강한 원한을 가지고 있다든지 등의 비정상적인 죽음의 경우 정상적인 영혼의 이행단계를 거치지 않고 어느 특정한 지역, 어느 특정한 사람, 어느 특정한 대상에 집착되어 있는 사념체, 즉 영혼의 입자, 깨달음을 얻지 못한 영혼 덩어리가 귀신이라고 할 수 있습니다. 이런 원귀(怨鬼)에 대해서 사람들은 두려움을 느끼면서 그것을 멀리하려 듭니다. 사람들에게 언제 해독을 끼치게 될지 모르기 때문입니다.

그런데 우리 육체를 가진 인간도 깊은 명상을 통해보면 '나'라고 하는 개체의식이 실체가 없으며 이 육체도 우리 주변의 일체의 사물에 그 생존과 존속을 의지하고 있는, 즉 자기 고유의 실체(substance)가 없는 존재일진데, 하물며 귀신은 더욱 실체가 없는 존재입니다. 그러니까 우리가 자성(自性)을 관찰하며 마음을 차분히 하여 무상계를 읽고 명상을 해나가면 귀신에 대해서 두려워 할 필요는 없습니다. 자기 생활에 충실하고 강한 정신력을 가지면 됩니다.

빙의는 부자연스런 현상입니다. 영혼이 자기가 가야할 길을 가지 않고 특정 지역이나 특정인에 빙의를 하면 자기 자신의 영적 진화에도 마이너스가 되는 것입니다. '티벳 사자의 서'와 '무상계(無常戒)'를 읽어보면 사후 영혼에게 일어나는 일과 영가천도(靈駕遷度)의 깊은 내용이 잘 나와 있습니다.

빙의 현상에 걸리는 것은 자연적으로는 귀기(鬼氣)가 붙거나 사기(邪氣)나 살기가 유난히 강하게 작용하는 환경 속에 멋모르고 들어갔을 때 주로 걸리지만, 물질과 과학 만능 시대가 된 요즈음은 마약으로 인한 환각·환청 상태에 빠지는 일, 도박으로 인한 재산탕진, 장시간 컴퓨터를 접하는 데서 발생하는 만성 피로·정신 장애도 현대적 빙의 현상이라 볼 수 있습니다.

빙의는 조상령이나 잡령이 주로 씌이는데, 무상계(無常戒)를 영가에게 독송(讀誦)해 주고 조상에 대한 제사를 잘 지내며 평소 선업을 쌓으면 빙의는 실체가 없으므로 크게 걱정할 필요는 없습니다.

빙의는 우리의 정신력이 약할 때 외부의 귀신이 우리의 마음을 일시적으로 점유한 것입니다. 그러나 이런 것에 별로 관심을 가질 필요는 없습니다. 정견이 중요합니다. 빙의는 실체가 없기 때문에 인연이 다하면 자연적으로 사라지므로, 지나친 관심을 가질 필요가 없으며, 삼법인(三法印), 사성제(四聖諦), 팔정도(八正道), 12연기(十二緣起), 삼세인과(三世因果), 육도윤회(六道輪廻)의 정견(正見)을 가지는 것만이 진정으로 중요한 것입니다.

'티벳 사자의 서'가 동양적인 시각에서 사후 영혼의 길에 대해 이야기 한 것이라면, 마이클 뉴턴의 '영혼들의 여행(Journey of souls)'은 서양적인 시각에서 지구에서 우리 인생이 죽음을 맞은 뒤 영혼 세상으로 간 후의 미스터리를 밝힙니다. 최면요법으로 환자를 치료하는 마이클 뉴턴 박사는 그의 면담자들이 영혼 세계에서 겪었던 숨겨진 기억들을 끌어내는 최면요법을 개발해 냈습니다. 깊은 최면 상태 속에서 지구에서 살았던 생들 사이에 영계에 있었던 일들을 자세히 설명하고 있습니다. 죽을 때의 느낌은 어떤 것인가, 죽음 후에 누가 우리를 만나러 오는가, 영혼의 세계는 정말 어떤 곳인가, 영혼으로서 우리는 어디로 가며, 무엇을 하며, 왜 이러한 몸을 선택해 가지고 다시 지구에 태어나는가를 세밀하게 말해 주고 있습니다.

정통적인 의학 교육을 받은 뉴턴 박사는 최면요법을 통해 알게된 영혼 세계의 비밀을 우리에게 알려줌으로써 우리들로 하여금 '나는 누구이며 왜 지구에서 살고 있는가'를 이해하도록 해 주었습니다. 면담자의 전생 기억을 얻어내려고 최면 상태에 들어 갔을 때 뉴턴 박사는 피술자(면담자 ; 피최면자)의 마음을 통해 영혼의 세계를 들여다 보는 것이 가능하다는 것을 발견하게 되었고, 환자를 대하다가 자신도 예기치 못한 영혼의 세상을 우연히 발견하게 되었습니다. 그는 우리들의 영적인 삶들에 통로를 여는 새로운 경지를 개척하였습니다. 우리는 이로 인해 '인간 영혼의 불멸성'을 더 잘 이해하게 되었으며, 우리들 삶에 일어나는 여러 사건 뒤에 있는 이유들을 이해하게 됨으로써 매일매일 겪게 되는 개인적인 어려움들을 보다 큰 목적의식을 가지고 맞이하게 될 것입니다.

사회병리현상에 대한 이해

미국 버지니아공대 총기 난사 사건의 범인에게는 분명히 개인적인, 정신적인 문제가 있습니다. 그것이 정신 질병인지, 단순한 인격 결함인지는 아직 판단하기 힘들지만, 그것을 단지 조승희 개인의 문제라고 치부하기에는 최근 현대 사회의 병리 현상이 너무 심각한 것은 사실입니다.

사회병리현상에 대해 분석해 보도록 하겠습니다.

사회병리란 말은, 원래 의학의 병리학에서 전용된 것입니다. 의학에서의 병리학은 병변의 본태(本態)를 밝혀 그 병인을 찾고, 질환 치료와 예방에 이바지하는 학문입니다. 사회병리의 개념은 사회를 생물유기체에 견주어 파악하고, 생물유기체에 병이 나듯이 사회에도 그 유기적 활동이나 원활한 기능 수행을 저해하는 병태적 현상이 있다고 하는 견해에 의거하여 생긴 것입니다.

확실히 인간이 영위하는 사회생활에는, 앞서 열거한 여러 현상처럼 유기체를 쇠약하게 하는 여러 질환이 있는데, 그 원인을 규명하고 그 치료와 예방대책을 세우는 것은 지극히 중요합니다.

그러나 사회라는 복잡한 실체는 유기체로 표현하기에는 너무나 복잡해서 생물유기체를 그대로 모사하기도 어렵다는 점을 염두에 둘 필요가 있습니다. 그래서 사회를 유기체모델로 생각하고 사회문제를 질병이라고 보는 견해를 대신해서, 가치판단에서 일탈(逸脫)이라는 용어를 쓰는 경향이 최근에는 많습니다.

사회의 발달은 사람들의 생활의 편리를 증대시키지만, 동시에 개인에 대한 스트레스와 압력이 증대되고, 끊임없는 심리적 불안정을 낳고, 사회병리현상 발생의 기저를 형성하게도 됩니다. 어떤 의미로는 사회의 풍요로움이 더하면서 동시에 문제도 또한 늘어난다고도 할 수 있습니다.

이러한 '사회병리현상'은 사회가 복잡해지고 그 변화가 심하면 심할수록 생기기 쉽습니다. 거기에는 경제와 이해의 충돌, 상호 경쟁의 격화, 가치관의 마찰과 상극, 이동과 익명성(匿名性, anonymity)의 증대가 있고, 그 결과 인간관계의 부조화, 사회의 불화합이 더욱 심화되게 됩니다.

미국 버지니아공대 총기 난사 사건에서 보듯이 개별적인 병리현상도 문제지만, 이것을 발생시킨 사회 자체가 병든 사회로 판단될 수도 있습니다. 사회병리의 판정에서는 무엇이 병인가를 판정하기란 그렇게 간단하지 않고, 그 평가 기준이 가치관에 따라 크게 좌우되는 면도 있기 때문에 주의할 필요가 있습니다.

이들 현상은 개개의 행동사례에 비추어 보면, 개체의 내적 조건에 기인되어 발생합니다. 범죄와 비행에서는 이것을 저지르는 범죄자나 비행자의 인격에 결함이 있기 때문이며, 자살 역시 자살자의 정신구조 내면의 불안정이 관계되어 있습니다.

그러나 이런 행위는 개별적이라기 보다는 사회에 어느 정도 대량으로, 또는 공통적·특징적으로 나타나는 데 문제가 있습니다. 즉 널리 집합적인 사회현상으로 보는 경우, 개체원인만이 아니라 사회에서 그 발생의 근원을 찾아볼 수 있다는 것입니다.

병리현상은 전체사회를 구성하는 갖가지 차원, 즉 가족생활·직장·지역사회·교육 등의 여러 영역에서 복잡하게 서로 얽혀 있습니다.

이를테면 범죄와 비행은 그 행위자 가정에서의 성장이나 예의범절·교육·정서생활과 관계가 있으며, 또 가정내 폭력, 이혼, 갈등 등의 감정 불일치, 역할관계의 저해 등 가족생활 등에도 관련되는 것은 말할 나위도 없습니다.

정신불안·알코올중독·자살·증발 등이 바쁜 용무의 반복적 생활과, 직장에서의 복잡한 인간관계의 압박·고통과 관련되어 발생하는 경우도 많습니다. 슬럼·마약매매·매춘·청소년문제 등은 도시의 발전과 표리관계에 있는 지역사회 문제이기도 합니다. 비행·교내폭력·등교거부·학대 등은 가족생활과 교육에 가장 깊은 관계가 있는 문제입니다.

최근 우리나라에서도 각종 사회 병리현상으로 볼 수 있는 문제가 이슈가 되고 있습니다. 스트레스와 우울증을 넘어 반사회적 인격 장애, 알코올 중독, 인터넷 중독, 공황 장애, 정신분열, 자살 등의 뉴스가 넘쳐납니다.

왜 세상이 이렇게 혼란스럽고 불안해진 것일까요. 먹고 살기는 예전보다 분명히 풍족해졌습니다. 의료기술의 발달로 평균수명도 늘어났습니다. 그런데 왜 정신세계는 점점 피폐해져만 가는 것일까요...

우리나라가 국토는 좁고 자원은 부족하고 인구는 많고 하다 보니까 극심한 경쟁에 시달리게 되고 눈에 보이지 않는 예의범절이나 품성 보다는 당장 눈에 보이는 학교 성적에 올인하다 보니 영어 조기 교육은 있어도 주변 사람들에 대한 배려 등의 품성 조기 교육은 주목을 받지 못하는 실정입니다.

사회병리현상 치유법의 하나는 사회가 먼저 교육을 통해 기본 인성교육에 충실하는 것입니다. 최근 기본적인 인격이 성숙되지 못하고 예절에 벗어나는 행동을 하는 아이들이 늘고 있습니다. 아무리 물질문명이 발달해도 인간이 근본적으로 갖춰야 할 인성이 있습니다. 생명을 사랑하고 남을 배려하는 따뜻함, 남에게 불편을 주지 않고 공중도덕을 지키는 자세, 감정을 조절하는 능력 등은 인간사회를 유지하는 근간입니다.

그러나 요즘은 이런 것을 가르치는 부모도 없고, 모범을 보이는 어른도 없습니다. 지하철 안에서도 휴대전화를 끌 줄 모르고 큰소리로 계속 통화하는 사람들을 많이 봅니다. 식당에서 애들이 장난을 치고 뛰어다녀도 아이들 기(氣)살린다고 부모가 제지하지도 않습니다.

이렇게 다른 사람에 대한 배려, 예의범절에 대한 교육이 없이 아이들이 자라나게 되면 인성이 결핍되고, 어른이 돼서도 자기밖에 모르는 이기주의, 반사회적 인격장애가 될 위험성이 높아집니다.

학교성적도 중요하지만 기본적인 예절교육, 인성교육을 강화해야 합니다. 남을 배려하는 법을 배우고 공중도덕, 공중질서를 지키는 법을 가르쳐 공동체의 일원이라는 의식을 심어주는 교육환경을 조성해야 합니다. 남에게 피해를 주면 엄하게 벌도 주어야 합니다.

학교교육에 있어서도 자연을 찾는 시간을 늘려 도시에서 자라는 아이들에게도 자연 속에서 자연스럽게 생명을 사랑하고 자연섭리를 이해하는 순응의 자세를 익히게 만들어 주어야 합니다. 세상을 살 만하게 해 주는 것은 물질적인 풍요보다는 남을 배려할 줄 아는 풍요로운 인성에 있는 것입니다.

13

Overcome Blue

여러분은 자신의 감정을 어느 정도 콘트롤 할 수 있습니까?

사회가 다변화 되면서 공통함수를 찾아내는 것이 어렵고 다른 사람과의 갈등과 더불어 내안의 자아와 싸우는 경우가 현대인은 많이 늘어나고 있습니다. 전국민의 25%가 우울증이 있다는 통계가 발표된 적이 있습니다. 우울증은 자살로까지 이어지는 무서운 병입니다. 한국은 OECD 국가 중 자살률이 제일 높습니다. 1년에 만명이 넘는 사람들이 스스로 목숨을 끊습니다. 자살의 원인은 개인적인 이유도 있지만 한국의 경우 IMF 이후 조기퇴직, 실직, 이혼, 자영업 실패 등에 따른 사회구조적 요인이 큽니다.

자살의 출발점이 되는 우울증은 스스로의 자아에 타격을 입고 그것을 극복하지 못하는 경우에 걸리기 쉽습니다. 우울증은 현대인의 병 중에서 심각한 병의 하나입니다. 복잡한 현대 사회생활로 인한 각종 스트레스와 만성피로증후군 등은 현대인에게 좌절과 분노를 불러일으킵니다. 이것이 적절히 해소되지 않으면 우울증으로 발전되기 쉬우며, 우울증의 증상은 발견도 어렵고 외부로 드러나지 않아서 그에 대한 대응도 소극적이라는 것이 문제의 시작입니다.

우울증을 치료하려면 우울증에 대한 스스로의 진단과 우울증에 걸려있다는 사실을 그대로 받아들이고 적극적으로 우울증 치료에 임해야 합니다. 우울증은 자살로도 이끌 수 있는 심각한 병입니다. 물론 사소한 우울증은 누구나가 잠시 겪을 수 있지만 이것이 지속적일 때에는 반드시 치유를 해야 합니다.

우울증을 극복하기 위한 방법을 알아보겠습니다.

첫째는 우울증을 극복하려면 충분한 수면을 취해야 합니다.

저녁 11~아침 7시를 기본으로 해서 자기체질에 맞게 하루 8시간 정도의 숙면을 취해야 합니다.

두 번째가 신체활동을 활발히 하는 것입니다.

하루에 30분 이상 일주일에 3~4회 정도 신체활동을 규칙적으로 하면 건강이 좋아지고 따라서 기분이 좋아집니다.

세 번째는 균형 잡힌 식사를 하는 것입니다.

균형 잡힌 식사는 현재의 기분을 좋게 하는 동시에 우울증 증상을 개선시킵니다. 신선한 야채, 과일, 해조류, 콩 등과 같은 식품이 좋습니다. 식사는 규칙적으로 하되 아침식사는 반드시 해야 합니다. 연어, 참치와 등푸른 생선을 많이 먹으면 그 식품 속에 많은 오메가3지방산이 우울증 증상을 감소시킵니다. 우울증이나 불안을 유발할 수 있는 알코올과 카페인 섭취는 줄여야 합니다.

네 번째는 다른 사람과 원만한 관계를 만들어야 합니다.

다른 사람의 입장에서 생각해 보고 각 사람마다 다양한 의견, 입장, 관점이 존재할 수 있다는 것을 이해함으로써 갈등을 줄여나가야 합니다.

다섯 번째는 스트레스를 조절해야 합니다.

삶을 단순하고 소박하게 살며, 스케줄을 단순화 시킵니다. 그리고 한정된 시간에 모든 일을 다 할 수는 없으므로, 우선순위를 정하여 중요한 것 몇 가지만 먼저 하도록 합니다.

여섯 번째는 우울증을 풀기 위해 허심탄회 하게 자기 고민이나 스트레스를 터놓고 상담할 수 있는 평생친구를 만들어야 합니다.

혼자서 모든 것을 헤쳐 나가려고 하는 경우, 의지력이 약한 경우, 너무 책임감이 강한 경우 등일 때 우울증에 걸리기 쉽습니다. 주변에 자신의 마음을 이해하고 속내를 이야기 할 수 있는 평생친구를 만드는 것이 아주 중요합니다. 자살하는 사람의 경우 진정으로 자신의 고민을 들어 주고 대화를 나눌 수 있는 한 사람만 있어도 자살하지 않는다고 합니다.

요즘은 장기적인 경기침체에 따른 사업실패, 신용불량, 취업난 등의 경제적인 고통으로 주변의 모든 것을 포기하거나, 우울증에 시달리거나, 심하면 자살로 까지 이어지는 경우가 많습니다.

경제적으로 곤란을 겪고 있더라도 종교를 깊게 믿고 마음을 비우고 살면 우울증에 빠지지 않습니다. 마음을 비우고 욕심 없이 사는 것이 좋습니다. 등산, 자전거 타기, 낚시가 좋은 치유방법이 되며, 붓글씨 쓰기, 음악치료, 미술치료 등도 좋은 방법입니다.

세상 모든 것을 모두 자기 탓으로 돌리거나, 자기비하, 자기모멸 등의 부정적인 관념을 마음에서 완벽히 몰아내야 합니다. 현대에 들어 인생에 허무함을 느끼고 방황하는 사람이 점점 많아지고 있습니다. 이럴 경우 요가와 명상을 꾸준히 하면 치유될 수 있습니다.

우울증에 걸린 사람을 자세히 살펴보면, 가족간의 갈등, 직장동료와의 갈등 등이 의외로 많습니다. 그런데 이런 사실을 알아야 합니다. 우리가 다른 사람과 데이트를 한다든지 잠깐 접촉하면 일단 장점만 보이며, 단점이 잘 노출되지 않습니다. 그러나 가정생활, 직장생활은 하루 중 많은 시간을 같이 생활해야 하고, 여러 가지 일로 부딪치며, 오랜 기간 함께 지내야 하므로 성격상의 단점이 다 노출되면서 여러 가지 사소한 일들로 갈등을 일으키기 쉽습니다.

그런데 여기서 갈등의 매카니즘을 이해해야 합니다. 우리가 살아가면서 갈등, 대립이 있는 것이 오히려 정상이며 당연하다는 사실입니다. 사람마다 인생관, 인식, 관점이 다 다르기 때문에 같은 사회현상을 두고서도 그것에 대한 해석이 각각 다릅니다. 똑같은 의견을 갖는다는 것이 오히려 이상한 것입니다. 그러므로 똘레랑스, 즉 자기와 다른 이데올로기, 자기와 다른 의견, 자기와 다른 생활양식, 다른 문화에 대해 용인하고 평화스럽게 공존하는 길을 찾는 것이 지혜입니다.

사람이 살다보면 일상생활에서 사소한 갈등과 대립은 일어나게 마련이며, 그것으로 속상해 하거나 가정, 직장의 틀을 깨는 우(愚)를 범해서는 안되는 것입니다.

가족간의 관계에서 부모가 자녀에게 부모의 완고한 주관적인 관념을 자녀에게 주입시키려 하고, 부모의 의지를 자녀에게 강요할 때, 또는 자신이 못다이룬 꿈을 자녀를 통해 대리만족시키려 할 때, 큰 후유증을 남기기 쉽습니다.

가정에 있어서 중요한 의사결정을 할 때에는 먼저 가족간에 허심탄회하게 마음을 열어놓고 대화를 하고, 차분히 조언을 해주되, 어디까지나 선택권은 자녀 본인에게 있다는 것을 명심해야 합니다. 다만 인생을 많이 살아본 경험과 부모로서 자녀가 잘되도록 지도하고, 충고는 충분히 해줄 수는 있지만 부모의 의사를 자녀에게 강요하는 것은 옳지 않습니다. 자녀도 자신의 힘으로 세상을 살아가야 하고 자기 의사결정에 대한 책임은 자기가 져야 합니다.

그리고 서울에서 사업이 잘 안되거나 곤경에 빠지면, 부산, 강원도, 제주, 대구, 대전 등으로 이사 가거나, 더 나아가 외국으로 이민가는 것도 고려해 볼 필요가 있습니다. 우리의 머리 속에는 온 우주가 들어있습니다. 하늘이 무너져도 솟아날 구멍이 있습니다. 모든 것이 절망적이고 모든 것이 꽉막혀 있다고 생각들 때, 한 생각만 돌리면 다시 새롭게 시작할 수 있는 길이 얼마든지 있습니다.

다른 사람을 변화시키려 하지 말고 먼저 자기자신이 변하면 됩니다. 다른 사람과의 갈등에 대해 너무 많이 생각하고 있다면, 쓸데없이 우리의 소중한 에너지를 낭비하고 있는 것입니다. 우리는 그 에너지를 보다 창조적인 곳에 사용해야 합니다. 미래 자신의 행복을 위하여 그 에너지를 사용해야만 합니다.

어떤 실패를 겪더라도 항상 새롭게 도전하는 꿈을 버리지 않았으면 합니다. 도전하는 삶이 아름답습니다.

긍정적 자기최면 걸기

여러분은 '변성(變性)된 의식상태(altered state of consciousness)'가 언제 일어나는지 아십니까?

의식이 변성되면 외계와 현실에 대한 마음가짐이 희박해지고 주관적 내적인 상태로 많이 향해집니다. 상상과 이미지 활동이 활발해지면서 피암시성이 높아집니다.

최면에 의해서 변성(變性)된 의식상태를 일으킬 수 있는데 암시를 줄 수 있다는 점에서 잠, 수면과는 구별됩니다. 암시를 줄 수 있는 것은 본인의 심신이 평상시와는 다른 독특한 상태에 있기 때문에 이것을 최면상태라고 합니다. 최면상태는 트랜스(trance)상태라고도 하는데 잠, 수면과 비슷하지만 자세히 조사해보면 심리적, 생리적 수면과는 명확히 구별되며, 각성시의 심신현상과 비슷합니다.

변성된 의식상태는 초감각적 상태라고 할 수 있는데 최면 경험과 치료적 효과를 가져올 수 있습니다. 마약 복용과 같이 부정적인 경우를 빼고, 최면상태는 변성된 의식상태를 경험할 수 있는 가장 전형적인 기회입니다. 이때 무의식이 노출되는데 이 무의식 속에는 과거 어릴 때의 기억뿐만 아니라 전생의 기억내용 또한 저장되어 있습니다. 무의식의 세계는 현재 경험하는 각종 문제나 고통의 원인으로 작용하지만 개발 가능한 무한한 잠재력을 저장하고 있는 장소이기도 하기에 그것을 어떻게 치료와 자기개발에 이용할 것인가라는 점은 초월심리학에서 중요한 연구과제입니다.

최면은 인류의 역사와 함께 존재해 왔으며, 지구상 모든 지역의 어느 민족에게나 친숙해져왔습니다. 종교상의 의료가 거행되는 자리, 의료가 시술되는 자리, 정치나 재판 등에서 행하여 졌습니다. 종교의례에서는 사제에 의하여 일정한 방식으로 유도되거나 스스로 상념을 집중하여 황홀지경에 들어가 신(神)이나 사령(死靈)과 교신하는 영매(靈媒)나 샤머니즘과 관련된 것이 많습니다.

고대 이집트의 잠의 신전에서는 최면유도로 치료효과를 거뒀다고 합니다. 원시적인 샤머니즘의 최면은 예언이나 치료와 밀접한 관련을 맺으면서 오늘날까지 이어지고 있으며, 에스키모, 미국의 인디언, 아프리카의 여러 지역, 인도네시아의 발리 섬 등에서 그 지역의 특이한 최면을 볼 수 있습니다. 켈트족의 성직자는 주문을 반복하여 점술사를 최면상태에 빠지게 하여 다음에 뽑힐 왕을 환시시키거나 사건의 길흉을 예언하게 했다고 하는데 19세기 후반에 이르러서도 서구의 법정에서는 진실을 말하도록 하기 위하여 피고에게 최면을 걸었다고 합니다.

과학적 최면이 시작된 초기에 프랑스에서는 오스트리아 의학자 메스머(F. A. Mesmer(1733-1815))가 유명하였기 때문에 최면을 메스머리즘(mesmerism)이라고 합니다. 영국에서는 힙노티즘이라는 말도 오랫동안 사용되었습니다.

프로이드는 감정표현이 최면중에 강하게 이뤄진다는 점에서 카타르시스(catharsis)요법에 주목하여 정신분석의 이론과 방법을 발달시켜 나갔습니다. 최면의 특성을 이용하면 여러 가지 심리요법이 정상시보다 최면시에 쉽게 진행됩니다. 카운슬링까지도 최면중에 행해지는 경우가 있습니다. 정신분석도 최면중에 이뤄지면 효과적이라고 알려져 있습니다.

최면요법은 최면을 이용한 치료를 말합니다. 최면요법에는 타인에 의한 타자최면과 자기가 자기에게 시행하는 자기최면으로 나눌 수 있습니다. 자기최면을 이용해서 심신의 안정과 조화를 이룰 수 있는데, 단계적인 연습을 통해 전신의 이완을 얻게 됩니다. 요가나 명상 등도 자기최면과 유사한 방법이며 현재 전 세계적으로 행해지고 있고, 스트레스 해소에 아주 효과적입니다.

이제 '스트레스를 없애고 소원을 이루는 자기최면'을 소개합니다.

혼자서 조용하고 안락하고 조명이 부드러운 곳에서 편안한 자세로 누워 눈을 감습니다.

이제 자신에게 마음속으로 암시를 보냅니다.

『내 주위를 좋은 기운들이 감싸고 있습니다. 따뜻하고 부드러운 기운을 느끼며 심호흡을 합니다. 숨을 들이마실 때 주위에 있는 우주의 기운을 가슴 가득 들이마십니다. 우주의 사랑이 가득한 기운이 온몸을 지나 손끝, 발끝에까지 내려갑니다. 숨을 내쉴 때는 몸과 마음속에 있는 모든 스트레스가 다 빠져 나갑니다. 그런 기분을 느끼면서 조용히 깊은 심호흡을 합니다. 심호흡을 할수록 몸과 마음이 더욱 편안해집니다. 이제 하나부터 셋까지의 숫자를 셉니다. 숫자가 하나씩 늘어날 때마다 몸과 마음이 더욱 편안해집니다. 하나, 몸이 따뜻하고 마음이 편안합니다. 둘, 몸이 더욱 따뜻해 지고 더욱더 편안함이 느껴집니다. 셋, 마음과 몸이 아주 편안하고 포근합니다. 이제 누구로부터도 방해받지 않는 곳에서 자신만이 그곳에서 평화로움을 느끼며 편안하게 휴식을 취합니다. 그곳에서 평화로움과 휴식을 즐깁니다. 이제 내가 간절히 바라는 소원을 머릿속에 떠올립니다. 이번에는 그 소원이 이뤄졌을 때의 모습을 떠올립니다. 소원이 이뤄졌을 때의 이미지를 마음속에 생생하게 떠올립니다. 이제 그 소원은 이뤄졌습니다. 그때 자신이 느끼게 될 기분을 느낍니다. 소원이 이뤄진 다음 달라진 자신의 생활도 떠올립니다. 그때의 기분도 생생하게 느껴집니다. 자신의 마음에 충만한 행복감을 느낍니다. 이 행복감을 자기 주변의 사람들에게 나눠줍니다. 주변의 사람도 행복해집니다. 이렇게 소원이 이뤄지도록 더 많은 노력을 하게 됩니다. 점점 더 우주의 좋은 기운들이 나에게 몰려옵니다. 가슴 가득 의욕이 솟아납니다. 기분이 아주 좋습니다. 이런 행복한 느낌을 간직한 채 이제 눈을 뜨게 될 것입니다. 이제 셋부터 하나까지 숫자를 세게 됩니다. 하나를 듣게 되면 눈을 뜨게 됩니다. 셋, 눈을 뜨겠다고 생각합니다. 둘, 눈을 뜬 다음에는 기분이 좋고 머리가 개운해질 것입니다. 하나, 눈을 뜹니다.』

이 방법은 간단해 보이지만 반복함으로써 잠재의식에 긍정적 영향을 주고, 여러분이 소원하는 것을 이루게 되며, 스트레스를 해소하고 자신감을 가지게 됩니다. 맑고 투명한 우주의 빛, 우주의식, 온 우주의 충만한 사랑의 힘이 여러분을 따뜻하고 포근하고 행복하게 만들어 줄 것입니다. 일상생활의 사소한 스트레스는 이 맑고 투명한 빛(淸光 : Clear Light) 속에서 용해되어 흔적도 없이 사라질 것입니다.

일상생활의 웰빙 테라피로 건강하게 사는 법

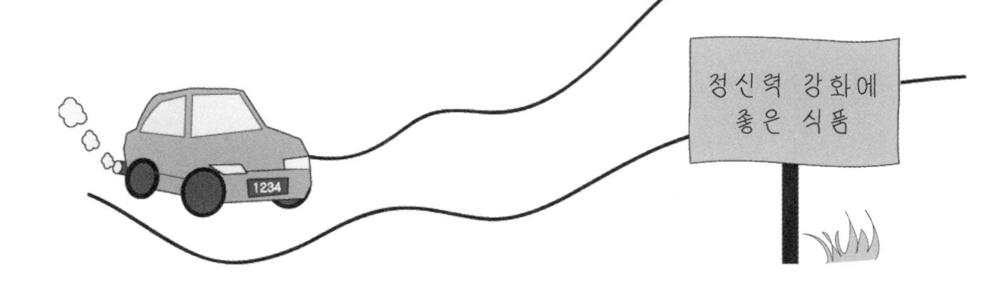

정신을 강하게 하는 한약재(韓藥材)

현대 복잡한 사회의 여러 가지 일들에 지쳐서 정신 집중이 잘 안되고 쉽게 지치며 기운이 없고 권태롭고 생활의 활력도 없으며 창조적 에너지가 부족하고 기분이 상쾌하지 않은 증후가 계속될 때 이것을 만성피로증이라고 합니다. 이럴 때에는 뇌세포의 피로를 풀어주고 뇌세포 기능을 향상시켜 정신 집중력을 좋아지게 하는 한약재를 적절하게 복용하면 도움이 됩니다. 주말에 시간이 있을 때 지하철 1호선을 타고 제기역에 내려 경동 한약재 시장에 직접 가서 우리 재래 약령시장 구경도 하면서 이 한약재들을 사거나, 인터넷에서 구입하면 됩니다.

● 인삼(人蔘)

인삼은 몸을 이롭게 하는 작용을 합니다. 기운이 나고 피곤함을 덜 느끼게 하고 정신적 에너지 레벨(level)을 높입니다. 추위를 이겨내고 피를 만들어내는 기능을 좋게 하여 빈혈증상을 없애며 소화흡수기능을 높이고 몸 전체의 건강을 높여주는 보약입니다. 병을 앓고 난후의 원기회복에도 좋으며, 항암 작용 및 자양강장 효과도 있습니다.

● 홍삼(紅蔘)

홍삼은 수삼을 가마에 넣고 쪄서 말린 붉은색 인삼을 말합니다. 홍삼의 성분은 사포닌, 플라보노이드, 비타민B군, 항산화물질 등이 함유되어 있습니다. 홍삼의 효능으로서는 강장, 강심, 건위보중에 널리 쓰이며, 위장기능 쇠약에 의한 신진대사 기능저하에도 효과가 있습니다. 또한 병약자의 소화불량, 설사, 식욕부진 등에도 좋습니다. 홍삼은 부신피질 호르몬의 분비를 촉진하며 혈압강화, 과혈당 억제, 인슐린 작용 증강, 헤모글로빈 증가. 소화운동 항진 등의 작용이 있습니다.

● 대추(大棗)

요즘 현대인은 여러 가지로 스트레스를 많이 받고 있습니다. 흔히 가정에서 쉽게 먹을 수 있는 식품 중 하나인 대추는 신경안정 및 스트레스에 좋은 식품입니다. 대추를 복용하게 되면 신경질적인 어린이에게도 좋은 효과를 얻을 수 있고, 스트레스를 많이 받는 성인들의 신경안정에 좋습니다. 대추는 대추 하나만 다려 먹어도 좋고, 감초를 넣고 보리차 끓이듯이 다려서 물을 대신해서 마시면 좋습니다. 이때 감초는 단맛이 강하고 진한 맛이 나기에 감초는 한 두개만 넣고 끓입니다. 감초는 어떤 약제든 도움을 줍니다. 감초는 여러 한약제의 성질을 조화(harmony)시켜 주는 조정자(coordinator)입니다. 대추는 따뜻한 성질이 있기 때문에 몸이 찬 여성들에게도 좋은 식품입니다. 인삼과 대추를 같이 넣고 끓인 인삼대추차를 마시면 불안증상이 줄어듭니다.

● 석창포(石菖蒲)

요즘과 같이 정신노동에 시달리는 직장인이나 학생에게 좋

은 약재가 석창포입니다. 석창포를 오래 먹으면 머리가 총명해져서 업무효율이 올라가고 공부를 잘하게 됩니다. 석창포는 두뇌계통에 좋은 선약입니다. 현기증이나 어지럼증, 건망증이 있는 사람은 석창포 뿌리를 달여 먹거나 말려서 가루를 내어 먹으면 효과가 좋습니다. 석창포는 항암효과도 강합니다. 석창포를 달인 물이 암세포를 죽인다고 합니다. 석창포의 성분 중에는 진정 효과도 있어 마음이 불안한 사람에게 좋습니다.

● 원지(遠志)

원지의 성질은 따뜻하고 맛이 쓰며 독은 없는 약재로, 사람을 지혜(智慧)롭게 하고, 귀와 눈을 밝게 하며, 총명하게 하여 잘 잊어버리지 않게 합니다. 또한 의지를 강하게 하고, 심기(心氣)를 진정시키고 경계(驚悸 가슴이 두근 거리는 증세)를 그치게 하고 건망(健忘)을 치료하고 정신을 안정시켜 흐리지 않게 하는 효능이 있습니다. 거담, 진해, 진정제로 사용하며, 정신을 안온하게 하고 심기를 진정하며 총명하게 합니다.

● 백복신(白茯神)

백복신은 옛문헌에 복령 또는 복신이라 표기되어 있으며, 소나무의 신령스런 기운이 땅속에 스며들어 뭉쳐졌기 때문에 생긴 것이라고 합니다. 그래서 주먹크기의 복령을 차고 다니면 모든 귀신과 재앙을 물리친다는 기록도 있습니다. 복령은 소나무의 정기가 왕성하여 바깥으로 빠져 나가 뭉쳐져서 만들어져 령이라는 명칭이 생겼다고 합니다. 소나무의 진액이 왕성하지 못하면 나무뿌리 주변에 생겨서 뿌리에서 떨어지지 않고 뿌리를 감싸게 되는데 이것을 복신이라 부릅니다. 복신은 맛이 달고 밋밋하며 성질은 한쪽으로 치우치지 않고 평(平)합니다. 복신은 신경과민으로 가슴 두근증, 건망증에 쓰이고 이뇨, 항균작용, 궤양 예방효과, 혈당강하작용, 면역증강작용, 항종양작용이 있습니다.

● 산조인(酸棗仁)

산조인은 사려과다, 즉 예민하고 생각이 많은 사람들이 불면증으로 고생할 때 처방하는 약재입니다. 산조인은 볶아서 사용합니다. 한방에서는 스트레스나 분노도 다양한 종류로 나누어서 약재를 사용합니다. 산조인은 속앓이를 많이 하면서도 겉으로는 화를 잘 내지 않고 속으로 삭이는 성격에 적합하며, 무슨 일이 잘못됐을 경우 남을 탓하지 않고 자책(自責)하면서 불면증에 걸리고 불안할 경우에 쓰는 약재입니다. 화를 잘 내는 성격의 사람에게는 치자(梔子)를 사용합니다.

● 용안육(龍眼肉)

용안육이란 베트남, 중국 광동 등 아열대에서 많이 나는 식물의 열매입니다. 맛이 아주 달고 찐덕거리며 맛있습니다. 술안주로도 먹습니다. 용안육은 지나치게 생각을 많이 하여 심장이 불규칙하게 뛰거나 건망증, 불면증, 소화불량 그리고 묽은 변을 볼 때 사용합니다. 병후 기운이 없거나, 빈혈, 권태, 땀을 제어할 수 없을 때, 산후 기혈이 허약하고 부종이 생길 때에도 좋습니다. 용안육은 위장과 심장을 보해서 긴장을 완화시키며, 주로 정신신경계통의 약재들과 배합하여 사용합니다.

이외에도 오미자(五味子)가 정신신경안정에 좋습니다. 그리고 분노를 없애주는 효과가 좋은 약재로는 시호(柴胡), 치자(梔子), 목단피(牧丹皮)가 있습니다. 당귀(當歸)도 스트레스 해소를 돕고 기억력을 좋게 하므로 차로 만들어 자주 마시면 좋습니다.

정신력강화 식품

우리가 어떤 음식을 섭취하느냐에 따라 집중력, 기억력, 인간의 정서, 사고력이 많이 좌우됩니다.

그러면 우리가 먹는 식품, 우리가 먹는 한약재 이것이 우리 몸에 좋은가 나쁜가를 어떻게 판단할 수 있을까요? 그 기준이 될 수 있는 것이 중국의 이시진(李時珍)이 지은 본초강목(本草綱目), 우리나라 허준(許浚)의 동의보감(東醫寶鑑), 그리고 황도연(黃度淵)의 방약합편(方藥合編) 3총사이며, 거기에다가 인터넷 백과사전을 검색하여 해당 식품이나 한약재에 대한 설명을 참고로 하면 판단에 도움이 될 것 같습니다.

제가 방약합편 식품 편을 읽어보니 우리가 평소 자주 먹는 식품에 대해 자세히 설명하고 있었는데, 과학적인 분석기구가 없었던 옛날에 수많은 한약재와 식품 하나하나에 대해 현대 과학기술로도 알기 어려운 효능을 일일이 밝혀낸 선조들의 지혜가 놀라웠습니다.

여기서 식품의 성질에 관해서 잠깐 소개하도록 하겠습니다. 동양에서는 한약재나 식품의 성질이 차가운지 뜨거운지 따뜻한지 서늘한지를 구분해왔습니다. 몸이 차가운 사람에게는 따뜻한 식품이 적합하고 몸이 뜨거운 양인(陽人)에게는 한냉성 음식이 적합합니다. 그리고 식품의 성질이 평(平)이란 것은 한쪽으로 치우치지 않아 누구나 복용해도 좋은 식품을 말하는 것입니다. 동의보감이나 방약합편에 보면 한약재와 식품의 성질을 자세히 분류해 놓았습니다.

여기서 우리가 일상생활에서 자주 섭취하는 식품의 성질이 어떠한지 참고로 말씀드리고자 합니다. 어떤 체질이나 먹어도 좋은 식품의 예로서 우리가 주식으로 삼고 있는 쌀을 들 수 있습니다. 곡식 중에서 쌀, 검은깨, 콩, 팥 등은 누구나 오랫동안 먹어도 몸에 해가 없기 때문에 주식으로 삼을 수 있습니다. 감자, 고구마 등도 성질이 평합니다. 육류 중에서 소고기는 성질이 평하며 닭고기, 개고기 등은 온열성(溫熱性) 식품입니다. 돼지고기는 한냉성(寒冷性) 식품입니다. 과실류에서는 포도와 복숭아가 평(平)한 식품입니다. 사과, 호박, 밤 등은 따뜻한 성질을 가지고 있고 수박, 참외 등은 찬 성질을 가지고 있습니다. 우리의 위(胃)는 따뜻한 식품을 좋아하기 때문에 여름철에 수박이나 참외를 지나치게 많이 먹으면 위에 좋지 않습니다.

채소류에서는 무와 미나리가 평(平)한 성질을 가지고 있고 생강, 부추, 냉이, 겨자 등은 따뜻한 성질, 배추, 가지, 상추, 고사리 등은 차가운 성질을 가지고 있는 식품입니다. 어류에서는 미꾸라지, 쏘가리, 대구, 조기, 연어 등이 평한 성질이고 붕어, 명태 등은 따뜻한 성질입니다.

요즈음 식생활이 점점 서구화되면서 지방과 콜레스테롤의 과도한 섭취로 인해서, 특히 트랜스지방의 섭취로 인해서 뇌의 활동에 나쁜 영향을 끼쳐 정신력과 판단력을 흐리게 하고 있습니다. 인간에게는 뇌(腦)가 제일 중요하며, 사람은 뇌에 노화가 제일 먼저 온다고 합니다. 그러므로 뇌의 건강을 위해 정신건강에 좋은 식품을 잘 아는 것이 필요합니다.

인간의 뇌는 20세를 정점으로 하루에 수만개의 뇌세포가 죽으며, 이렇게 한번 죽은 뇌세포는 재생되지 않으므로, 20세를 기준으로 뇌세포가 줄어들고 있습니다. 그러기 때문에 두뇌활동의 향상을 위한 새로운 자극이 필요합니다. 두뇌활동의 향상을 위해서는 먼저 새로운 정신적 자극을 주고 다음으로 두뇌에 좋은 음식을 먹을 필요성이 대두하게 됩니다.

두뇌활동에 필요한 영양소를 알아보겠습니다. 먼저 두뇌의 구성에는 고도 불포화 지방산과 단백질이 필요합니다. 이밖에도 비타민B군, 비타민E, 칼슘, 마그네슘, 셀레늄, 아연과 레시틴, DHA 등이 협동을 하여 지능과 두뇌의 기능을 향상시킨다고 합니다.

DHA는 뇌지방의 약 10퍼센트를 차지하고 있으며, 기억, 학습능력을 향상시키는 효과가 있습니다. DHA는 참치, 정어리, 연어, 송어 등의 어류에 다량 함유되어 있습니다. 비타민C는 두뇌를 맑게 하고 지능지수를 높게 하기 위해 필요한 영양식품입니다.

비타민C는 콩나물, 두부, 비지 등에 많이 들어 있고, 이런 음식들은 뇌신경의 흥분과 억제를 조절합니다. 비타민이 결핍되면 신체의 정상적인 기능이 발휘될 수 없을 뿐 아니라 두뇌의 기능도 저하됩니다.

비타민 중에서도 비타민B군(群)이 부족하면 사고력에 막대한 영향을 미칩니다. 방향감각의 상실, 환상, 의기소침, 성격변화 등을 유발합니다. 특히 비타민 B1이 결핍되면 기억력 감퇴는 물론 집중력이 감소됩니다. 비타민 B1은 두뇌속에서 화학전달물질을 만들어내기 때문입니다. 따라서 흰쌀밥보다는 비타민B1이 많이 함유되어 있는 현미나 보리쌀을 많이 먹는 것이 두뇌건강에 좋습니다.

철분도 두뇌활동을 돕습니다. 철분은 체내에서 헤모글로빈을 생성하여 산소운반을 돕기 때문입니다. 최근에는 알츠하이머병조차 철분결핍이 원인중 하나라는 연구도 나왔습니다. 철분이 많이 들어있는 식품은 소나 닭의 간, 동물의 내장, 육류 등을 꼽을 수 있습니다. 소의 간과 소고기에는 철분이 많이 들어있어 성장기 청소년과 여성들에게 좋습니다. 푸른잎 채소에도 철분이 많이 들어있지만 식물성 철분보다 동물성 철분이 소화흡수가 잘 됩니다.

천안의 명물은 호두과자입니다. 호두(胡桃 ; walnut)에는 두뇌발달을 돕는 불포화지방산이 들어있습니다. 여기에는 리놀산과 리놀레산이 많이 함유되어 있습니다. 이러한 영양소들이 우수한 뇌세포를 만들고, 혈액순환을 원활히 해주며 두뇌가 건강을 유지하는데 도움을 줍니다. 호두는 편두통이 심하거나 정신불안, 심장박동이 심할 때 차로 다려서 마셔도 효과가 있습니다.

야채류, 과일, 해초류 등 알칼리성 식품은 정신을 집중시키거나 두뇌발달을 증진시키는데 탁월한 효과가 있습니다. 알카리성 식품으로는 버섯, 시금치, 바나나, 토란, 상추, 당근, 딸기, 감자, 우엉, 양배추, 무, 호박, 죽순, 고구마, 연근, 수박, 가지, 양파 등이 있습니다. 이중에서도 버섯과 우엉, 연근과 양파가 특히 효과가 뛰어난 것으로 알려져 있습니다.

비타민 E가 부족하면 기억력이 떨어지므로 잣, 땅콩같은 견과류를 종종 먹는 것이 좋고 또 무에 많이 들어있는 아연은 기억력 향상에 도움이 됩니다.

식사습관으로는 과식을 피하고 아침을 거르지 않아야 합니다. 기억력을 좋게 하려면 고른 영양섭취와 과로 및 폭음 예방, 적당한 수면이 좋습니다. 그리고 레시틴이 다량 함유되어 있는 콩, 달걀 등이 두뇌에 좋습니다.

여기서 추천(recommendable)할 만한 식품을 소개하겠습니다.

먼저 '**우엉**'에 대한 이야기를 잠깐 하겠습니다. 저자가 일본 여행시 일본 사람들이 우엉을 자주 먹는 것을 본 적이 있습니다. 그래서 한국에 돌아왔을 때 우엉에 대해서 관심을 가지고 자료를 찾아보았습니다.

우엉은 식이섬유를 많이 함유하고 있어 장(腸) 청소부 역할을 합니다. 우엉은 유럽이 원산지인데 일본에서도 많이 재배한다고 합니다. 일본사람들은 오래전부터 우엉을 많이 먹어왔다고 하는데 우엉을 꾸준히 먹으면 늙지 않는다는 말이 전해오고 있습니다. 우엉에는 아르기닌 성분이 들어있습니다. 아르기닌은 성장호르몬의 분비를 촉진하고 강정효과가 있어 정신력과 체력을 강화합니다. 철분도 많아 조혈능력도 있고 빈혈방지나 미용에도 좋습니다. 우엉속의 이눌린이라는 성분은 간(肝)의 독소(毒素)를 제거하여 피를 맑게 해주고 신장기능을 도와줍니다.

'**연근(lotus root, 蓮根)**'은 옛부터 강정, 강장제로 유명했다고 합니다. 민간에서는 연뿌리, 잎, 꽃잎, 열매, 싹 등을 다 이용합니다. 또한 연잎 죽은 정력을 돕는데 대단한 효과가 있어 중국 역대의 풍류를 즐긴 황제가 이것을 상용하여 정력이 왕성했다는 이야기가 전해오고 있습니다. 연근 생즙은 정력을 도와 피로를 느끼는 사람, 스태미너 부족으로 걱정하는 사람, 신경통에 매우 효과적입니다. 연근으로 죽을 쑤어 장복하면 혈액순환이 안되어 뭉쳐 생긴 피를 분산시켜 혈액순환을 도우며 소화력을 증진시키고 기분을 상쾌하게 한다고 합니다.

'두릅'에는 신경을 안정시키는 칼슘이 많이 들어있어 마음을 편안하게 해주고 불안, 초조감을 없애줍니다. 정신적 긴장이 지속되는 일을 하는 사람과 학생들이 먹으면 머리가 맑아지고 숙면에 도움이 됩니다. 또 해열, 강장, 진통 등의 효능이 있어 위경련, 관절염에 좋고 특히 위의 기능을 왕성히 하여 꾸준히 하면 위암을 예방해 줍니다.

다음은 '양파'입니다. 중국 사람은 식사 때마다 양파와 쟈스민차를 꼭 곁들입니다. 그래서 중국 사람은 기름진 음식을 그렇게 많이 먹어도 배가 나온 사람이 드문가 봅니다. 양파 향은 신경을 안정시킵니다. 양파를 링 모양으로 썰어 펼쳐놓기만 해도 그 향이 체내에 빠르게 흡수됩니다. 잠이 잘 오지 않을 때 양파를 썰어 머리맡에 놓아두면 양파향이 진정효과를 주어 잠을 재촉합니다. 노이로제나 신경증 환자에게는 신경안정제 역할도 합니다. 양파에는 또한 모세혈관을 강화시켜 주는 성분이 있어 뇌일혈 및 뇌혈관 질환 예방에도 좋습니다.

허브차 마시기

현대인은 정신을 혹사(酷使)하고 있습니다. 현대인의 정신적인 피로를 풀고 머리를 맑게 하는 허브와 허브차에 관해서 알아보겠습니다.

허브(herb)는 약초(藥草)나 향초(香草)로서 향신료나 약으로 사용되는 식물을 말합니다. 동서양을 막론하고 고대로부터 인간생활과 밀접한 관계를 맺어온 허브는 원산지가 유럽이나 지중해 연안, 또는 서남아시아인 라벤더나 로즈마리, 세이지, 타임, 페퍼민트뿐 아니라 우리가 잘 알고 있는 창포, 마늘, 쑥, 고추, 익모초, 결명자 등도 모두 허브에 해당됩니다.

허브는 <푸른 풀>을 의미하는 라틴어 허바(herba)에서 유래된 말로 고대 그리스 학자인 테오프라스토스(Theophrastos)가 처음 사용하였으며, 지구상에는 2500여 종이 자생하는 것으로 알려져 있습니다. 허브가 일반 식물이나 곡물류와의 가장 큰 차이점은 약리성분이 함유된 비타민과 미네랄이 풍부한 풀이라는 점이며, 조리에서 악센트를 주는 재료로 사용되기도 합니다.

허브의 향을 이용한 방향요법(아로마테러피 : Aromatherapy)은 취각과 피부의 말초신경을 자극함으로써 감정을 조절하는 뇌로 하여금 긴장과 피로를 완화하고, 스트레스에 대한 저항력을 길러주는 분비선을 작용시켜 육체적으로나 정신적으로 평온한 삶을 유지시켜 줍니다.

허브는 최근에 선진국들 사이에서 육체적 정신적 질병에 대한 대체의학(alternative medicine)으로서도 주목을 받고 있을 뿐 아니라 미용, 방향, 장식품 등으로 실생활에서도 다양하게 이용되고 있습니다.

허브차는 이러한 허브를 건조시켜 차(茶)로 끓인 것이며, 카페인도 없고 몸에 유익한 약리작용을 하는 건강 웰빙차입니다. 허브차 한잔의 여유로움과 함께 나를 위한 작은 시간을 가져보면 마음의 근심과 우울함, 스트레스를 잊을 수 있습니다. 이제 허브차의 종류를 알아 보도록 하겠습니다.

● 레몬버베나(Lemon Verbena)

레몬버베나는 제단을 장식하는 풀이란 뜻으로 상큼한 레몬의 향기가 나며, 민트와 잘 어울리고, 스페인사람들이 즐겨 마시는 허브차입니다. 민트와 섞어서 뜨거운 차나, 냉차로 마시면 맛이 좋습니다. 레몬버베나는 오랜 시간 침출(brew-up)하지 않는 것이 좋습니다.

● 블루말로우(Blue Mallow)

블루말로우는 말로우의 꽃을 말린 것으로 차를 탈 때 우러나오는 푸른 빛은 시간이 지남에 따라 공기중의 산소와 반응하여 변화하는데, 아름다운 색깔을 눈으로 즐길 수 있고 레몬즙을 넣으면 핑크 색으로 변합니다. 담배를 많이 피우는 성인남자에게 도움이 되는 허브차입니다.

● 하이보스

하이보스는 아프리카 희망봉 근처에서 자생하는 루이보스(rooibos)를 주원료로 만든 차로, 노화(老化)와 암(癌)을 일으키는 활성산소를 제거하는 S.O.D(superoxide dismutase) 성분이 들어 있으며, 적색의 아름다운 차 색깔과 함께 칼슘이나 비타민 C가 풍부합니다. 우유나 레몬, 소주, 위스키와 잘 어울리며, 차게 해서 마셔도 좋습니다.

● 라벤다(Lavender)

허브의 여왕이라 불리는 라벤다는 향기가 스트레스를 해소시켜 주며, 긴장을 풀어 주고, 불면증에 좋습니다. 또한 마음을 차분하게 하고 신경성 편두통이나 스트레스, 생리 불순, 소화 불량에 도움이 됩니다. 독특한 향기와 맛 때문에 고대 로마시대부터 약용 및 향신료로 널리 이용되어 왔으며, 고기요리, 찌개, 양고기 요리, 소스 등에 넣어 먹기도 합니다.

● 라임블라섬(Lime Blossom)

라임은 영어명 이며, 독일어로는 '린덴' 이라고 부르는데, 흔히 린덴차로 많이 알려져 있습니다. 린덴차는 꽃과 나무를 이용합니다. 유럽에서는 가로수로 이용하는데, 꽃이 피는 계절이면 거리가 향기로 가득하다고 합니다. 린덴플라워는 마음을 차분하게 하며, 긴장감을 덜어주고, 스트레스로 잠을 못 이룰 때 마시면 신경을 둔화시켜 숙면을 하게 됩니다. 또한 혈압을 떨어뜨려 동맥경화의 예방에 좋으며, 감기에도 효과적입니다.

● 로즈마리(Rosemary)

로즈마리는 라틴어의 'ros marinus의 합성어로 '바다의 이슬' 이라는 뜻이며 자생지의 해변가에서 솔잎과 같은 독특한 향기를 발하는 데에서 연유된 것입니다. 고대부터 유대인, 그리스인, 이집트인, 로마인에게 성스러운 것으로 간주되어 왔습니다. 심신의 피로를 없애주거나 뇌의 움직임을 활성화하여 기억력을 증진시키고, 집중력을 높여 주기 때문에 수험생, 전문직 종사자들에게 가장 좋은 허브차 입니다.

● 히비스커스(Hibiscus)

히비스커스는 이집트의 아름다움의 신 HIBIS와 그리스어 ISCO(닮았다)의 합성어로 화려한 꽃잎과 함께 붉은 색이며, 아주 매혹적입니다. 차는 히비스커스(영어명 : roselle 로젤)의 꽃받침을 건조하여 이용하는데, 루비(ruby)와 같은 빨간색입니다. 히비스커스는 변비에 좋은 차이며, 색깔이 좋아 블렌딩한 허브차에 많이 이용되는데, 신맛이 강하여 설탕이나 꿀을 가미하여 마시는 것이 좋습니다. 목의 통증을 가라앉히며, 감기에 걸렸을 때, 목을 많이 사용한 후에 마시면 좋습니다. 또한 칼륨이 많고 이뇨 작용이 있어 숙취를 개선하는데도 효과가 있습니다.

● 로즈힙(Rosehip)

로즈힙은 들장미의 열매로 오늘날처럼 과일이 흔치 않았던 옛날에는 디저트로서 즐 겨 이용되었는 바 특히 비타민C가 풍부합니다. 로즈힙의 비타민 함량은 오렌지의 20배, 레몬의 60배가 되며, 어린이의 성장발육을 촉진하는 비타민A와 함께 이뇨

작용을 합니다. 눈의 피로, 변비, 생리통을 완화시켜주며, 더위를 먹었을 때나, 감기, 임신 중 영양보급에 좋습니다. 술과 담배를 즐기는 사람들의 피부가 거칠어지는 것을 막아주며, 미용에도 효과가 있습니다.

● 펜넬(Fennel)

펜넬은 지중해 근동 아시아에서 주로 재배되는 허브로 약용, 향신료로 많이 이용 되며, 차로 이용되는 부분은 씨앗입니다. 추출물은 진통제로 이용되며, 위통에 효과가 있습니다. 특히 산모가 차로 달여 마시면 젖이 잘 나온다고 합니다. 펜넬향을 맡으면 숙면에 도움을 줍니다. 이뇨 작용과 발한 작용이 있어 피하지방중의 노폐물을 배출하여 줍니다. 식욕을 떨어뜨리는 효과가 있어 고대 로마여성들은 다이어트의 특효약으로 애용 하였다고 합니다. 펜넬차를 옅게 우려내서 냉장고에 넣어 두고 수시로 물 대신에 마시면, 독특한 향이 식욕을 없애주어 다이어트를 돕습니다.

● 오렌지플라워(Orange flower)

오렌지플라워는 맑고 은은한 향을 가진 꽃으로 고급 향수의 원료로 많이 사용되었으며, 아주 비싼 값에 판매되고 있습니다. 이것을 차로 즐겨 마시면 여성들의 부인병, 생리통에 도움이 된다고 합니다. 오렌지플라워는 뜨거운 물에 5분 정도 우려 마시면 좋습니다.

● 쟈스민(Jasmine)

중국요리와 함께 나오는 허브차로 감각적이고 풍부한 느낌의 향이 있습니다. 기분을 고양(uplift)시키고 내분비계를 조절하며 우울증과 같은 증세에도 효과가 있습니다. 쟈스민은 감미롭고 이국적인 향을 지닌 허브로 꽃말로 사랑스러움이라는 말을 가지고 있습니다. 옛날부터 중국에서는 차로 가장 많이 이용되어 왔으며 꽃을 건조시켜 차로 마시는데 우울증과 목소리가 쉬었을 때, 건조성 민감 피부, 스트레스성 위통에 좋습니다.

● 레몬그라스(Lemon grass)

레몬그라스는 인도, 아시아, 아프리카 중남미 등 열대지방이 원산이며 다년초입니다. 속명(屬名) *citratus*는 '레몬과 같은' 이라는 뜻입니다. 비누, 향수 등 향료로도 사용됩니다. 레몬그라스는 소화기능에 효과적이며, 빈혈에도 효과가 있습니다. 연한 레몬향이 입안을 상쾌하게 하고 혈액순환, 인후통, 감기, 당뇨에도 좋으며, 정서적으로 안정을 취하게 해줍니다.

● 레몬밤(Lemon balm)

상쾌한 레몬향이 독특한 허브로 이 향을 맡으면 아주 상쾌해지고 정신집중에 좋습니다. 그래서 뇌의 활동과 이해력과 기억력을 높여주기 때문에 수험생들에게 특히 좋습니다. 또한 감기와 발열에 효과가 있으며, 탈모방지에도 상당한 효과가 있어 린스에도 사용됩니다. 다년생으로 빛이 약간 드는 음지에서 잘 자랍니다.

● 케모마일(Camomile)

로마제국의 팽창과 함께 유럽전역에 퍼진 역사가 오랜 약초의 하나로서 유럽에서 가정 상비약이라고 하면 케모마일을 연상하리만큼 보편화된 약초입니다. 감기기운이 있다거나 두통이 있을 때 피로를 느낄 때 우선 케모마일차를 마실 정도로 애용되는 약초입니다. 케모마일차는 꽃만 이용하는데, 진정작용, 소화촉진작용이 뛰어나며, 취침전에 마시면 편히 잠들 수 있습니다. 신선한 꽃이나 건조시킨 꽃을 물 한컵에 3~4송이를 넣고 몇 분 정도 우렸다가 건져내서 마시는데 유럽에선 식후에 커피대신 즐깁니다.

● 페파민트(Peppermint)

다년생으로 키가 30~90cm이며, 8월쯤 보라 또는 흰색의 꽃이 핍니다. 땅속줄기로 번식합니다. 어디서든 잘 자라기 때문에 초보자들이 키우기 적합한 허브입니다. 페파민트는 우리가 흔히 말하는 박하로 씹으면 입안이 상쾌해지기 때문에 치약이나 껌으로 널리 이용됩니다. 옛날에는 감기나 위장병의 약으로 달여 마셨으며, 비듬을 없앨 목적으로 식초와 섞어 사용했습니다. 피곤할 때 잠자기 전 끓는 우유에 페파민트잎을 넣어 5분쯤 있다 마시면 피로회복에 좋습니다.

● 바질(Basil)

옛날부터 신경장애, 류마티스 통증의 완화약으로 이용되어 왔습니다. 특히 건조시켜 분말로 만든 바질의 잎은 스노프로 불리는 작은 봉지에 넣어가지고 다녔다고 합니다. 머리를 맑게 하고 두통을 멎게 하는 약효가 있으므로, 필요시 이 향을 마시면

효과가 있습니다. 바질잎을 양손으로 비벼서 향을 맡으면 코막힘과 두통에 효과적입니다. 민간요법에서는 복부팽만감과 배에 가스가 가득찼을 때, 또 입맛을 좋게 하고 소화를 촉진하는데 이용되고 있습니다. 두뇌의 운동을 활발하게 하는 동시에 두통 증상을 개선합니다. 달고 강한 향기는 살균과 항염증에 좋고 삶은 즙은 구내염에 효과가 좋습니다. 또 여드름을 억제하고 피부개선에 효과가 있으며, 식욕증진, 소화촉진에도 좋습니다.

● 스피아민트(Spearmint)

민트류는 종류에 따라 다소 차이는 있지만 살균, 소화촉진, 건위작용, 소취제, 치약 등의 원료로 쓰이며, 차로 끓여 마시면 소화불량에 효과가 있고, 위통, 감기, 인플루엔자에도 효과가 있습니다. 스피아민트라고 불리는 녹색박하는 페파민트와 함께 요리에 많이 이용되는데 페파민트보다 향이 달콤하며 피부에 매우 좋습니다. 상쾌한 향은 정신을 맑게 해주고 뇌를 자극시켜 집중력과 기억력을 고양시키며, 스트레스 해소에 효과적입니다.

족욕 & 반신욕

여러분은 인스피어리언스(insperience)라는 신조어(新造語)를 들어보신 적이 있습니까?

인스피어리언스는 실내라는 의미의 '인도어(indoor)'와 경험이라는 의미의 '익스피어리언스(experience)'의 합성어로서, 집 밖에서 하던 활동을 집 안으로 끌어들이려는 이 시대의 트렌드로서, 여러 가지 이유로 밖에 나가지 않고 집안에서 즐기고 싶어하는 취향을 의미합니다.

집안에서 각종 여가생활을 즐기는 '인스피리언스족'(indoor+experience)과 친환경 제품을 선호하는 로하스(LOHAS : Lifestyle of Health and Sustainability)족이 요즘 트렌드입니다.

사람들은 주 5일제의 확산, 자녀 수 감소, 생활가전의 발달, 인터넷 환경 발달 등의 영향으로 집 안에서 좀더 다양하고 재미있는 경험을 하고 싶어합니다. 밖에서 하던 활동을 집 안으로 끌어들이는 성향을 확산되면서, 집에 최첨단 홈시어터, 헬스와 피트니스 시설, 스파 욕조, 홈바 부엌, 최첨단 커피 믹서 등을 갖춰 놓고 최첨단 디지털 기술과 결합해 가정을 운동, 게임, 음악, 영화 등 새로운 여가 공간으로 변모시키고 있습니다.

그리고 한국식 웰빙으로 아파트 안에다 조그만 황토방을 설치하여 심신을 재충전하기도 하고, 히노끼 나무로 만든 욕조에서 반신욕을 즐기기도 합니다.

히노끼 욕조는 물에 썩지 않는 나무욕조입니다. 오히려 물과 접하면 나무의 특성이 발휘되어 그 향을 더욱 발산합니다. 히노끼 나무는 고가(高價)의 나무이기에 일반인들에게 비용이 다소 높은 것은 사실입니다. 히노끼 욕조 선택시 전체가 히노끼 원목으로 구성되어 있는 것이 좋습니다. 히노끼탕의 장점은 욕실내에 세균과 곰팡이가 서식하지 않고, 아토피 질환에 효과적이며 혈액순환을 촉진하고 성인병을 예방해주는 효과가 있습니다.

히노끼의 원산지는 일본으로서 수령이 300년 이상이 되는데, 내수성과 내연성이 강하고 목향이 좋으며, 삼림욕 및 살균작용, 피부미용에 효능이 있어 옛날부터 황실에서 욕조로 사용해 왔습니다. 일본에서는 가정용 욕실 및 목욕업계에 널리 보급되어 있습니다.

히노끼탕은 정신적인 안정을 가져다 주며 피로회복에 탁월하고 피부트러블 개선과 호흡기계통에 도움을 줍니다. 편백나무 원목에서 뿜어 나오는 피톤치드향을 맡으면서 히노끼 탕에서 반신욕을 즐기면, 마치 삼림욕을 하면서 목욕을 즐기는 기분이 들며, 잠시 세상의 복잡한 일을 잊고, 온 몸이 나른해지면서 기분이 좋아져 **'조그만 행복'** 을 온몸으로 느끼게 됩니다.

먼저 족욕에 대해서 알아 보겠습니다. 족욕이란 더운 물에 발을 담궈 따뜻하게 함으로써 신진대사와 혈액순환을 원활하게 해 몸속에 쌓인 노폐물을 제거하는 전통요법을 말합니다. 건강한 사람의 경우 두한족열(頭寒足熱)이라고 해서 머리는 차갑고 발은 따뜻한데 족욕은 바로 우리 몸을 그런 상태로 만들어 주는 것입니다.

발은 손과 마찬가지로 모든 경혈이 집중되는 곳으로 심장에서 내려온 혈액을 다시 심장으로 되돌려 보내는 펌프같은 역할을 합니다. 그래서 발을 제2의 심장(心臟)이라고도 합니다. 발이 차가우면 심장으로 돌아가야 할 혈액이 그대로 발에 머무르므로 족욕을 통해서 발에 자극을 주어 혈액순환을 활발하게 해주어야 합니다.

족욕을 하려면 일단 족욕욕조(足湯器 ; 족탕기)를 준비합니다. 족욕욕조는 인터넷으로 구매시 6~8만원대의 제품이 있고, 15~30만원대의 고급제품이 있습니다. 그런데 가능하다면 히노끼 나무로 만든 욕조를 사용한다면 족욕의 효과가 더 높아질 것입니다.

족욕시 물의 온도는 약 38~40℃ 정도가 적당합니다. 이때 물에 청주나 녹차, 천일염, 황토 등을 넣으면 더욱 좋습니다. 알맞은 족욕 시간은 10분 정도 욕조에 담그고 5분 정도 발을 빼서 휴식을 취한 다음 다시 뜨거운 물을 부어 38~40℃로 물의 온도를 맞춘 후 다시 10분정도 족욕을 하면 됩니다.

전신(全身)사우나를 하는 것보다는 반신욕을 하는 것이 건강에 더 좋다고 합니다. 족욕을 하면 반신욕과 비슷한 효과를 거둘 수 있습니다. 족욕은 간단하면서도 반신욕 못지않은 건강효과가 있습니다. 몸살기운이 있거나 콧물이 조금씩 나오는 등 감기기운이 있을 때에 족욕을 하면 감기예방에 도움이 됩니다. 족욕을 하고 나서는 보온을 위하여 옷을 두텁게 입는 것이 필요합니다.

족욕은 몸을 따뜻하게 하고 혈액순환을 좋게 하나 과도한 음주후나 고혈압이 있는 경우 혈압을 급격하게 올려주므로 피하는 것이 좋습니다. 족욕은 스트레스 해소에 아주 도움이 되며, 천일염, 황토 등의 천연재료 외에도 향기로운 아로마로 족욕을 하면 스트레스 해소와 함께 기분까지 상쾌해집니다.

우리가 생활하면서 받는 스트레스를 푸는 좋은 방법 중의 하나가 반신욕(半身浴)입니다. 반신욕은 약 38-40 ℃의 약간 뜨거운 물에 배꼽 아래까지 담근 다음, 손은 물 밖에 내놓는 목욕방법입니다. 이때 목욕물에 녹차를 우려내거나 천일염을 풀어 넣으면 더욱 효과적입니다.

많은 병의 원인은 냉기(冷氣)에서 오는 경우가 많습니다. 냉기가 바로 병의 본질적인 원인인 경우가 많다는 뜻입니다. 냉이란 손발이 차게 느껴지는 것뿐만 아니라 상반신은 체온이 높고 하반신은 체온이 낮아 온도차이가 생기는 것도 냉이라 합니다. 이렇게 냉이 생겨 혈액순환이 잘되지 않으면 혈액의 흐름이 나빠지면서 신체에 이상이 생깁니다.

사람은 두한족열(頭寒足熱), 즉 머리는 차갑고 다리는 따뜻한 것이 혈액순환에 좋아 건강한 것입니다. 그런데 현대인들은 머리를 혹사하기 때문에 머리는 뜨겁고 심장에서 먼 발은 차갑습니다. 반신욕은 전신욕보다도 건강에 더 좋다고 하는데, 그 이유는 만병의 근원인 냉기를 제거해 주기 때문입니다. 반신욕은 사우나나 전신욕과 달리 하반신만 따뜻하게 하여 상반신과 하반신의 체온 차이를 줄여 냉을 없애고 혈액순환을 원활히 하여 몸을 따뜻하게 만들며, 몸의 독소를 빼서 몸 전체의 건강상태를 향상시킵니다.

반신욕을 할 때에는 배꼽아래까지 욕조에 몸을 담그고 팔은 욕조 밖으로 내 놓습니다. 물의 온도는 38~40℃ 정도가 적당하며, 10분간 반신욕후 욕조 밖으로 나와 10분 정도 쉬었다 다시 10분간 반신욕을 하는 것이 좋으며, 그렇게 하면 이마에 땀이 송글송글 맺힐 것입니다.

건강목욕법인 반신욕을 생활화하면 수축된 혈관이 열리면서 피를 부드럽게 흐르도록 하여 혈압도 내려가고 피로회복과 신진대사를 촉진하고, 또 땀을 통해 몸속에 쌓인 독소가 빠져나가 몸 전체의 건강상태를 향상시킵니다.

반신욕을 하는 것이 번거롭다면 족욕만 해도 반신욕과 비슷한 효과를 거둘 수 있습니다. 반신욕이나 족욕을 하면 이마에 땀이 맺히고 열기가 상승하므로 이때 밖으로 나와서 갑자기 외기의 찬바람을 맞으면 감기에 걸리기 쉽습니다. 그러므로 반신욕을 하고 나서는 실내에 30분 이상 있도록 해야 합니다.

저자도 울산 강동 정자해변에 있는 해수사우나에서 반신욕을 하고 나서 동해안 7번 국도를 따라 펼쳐지는 바다풍경이 너무나 아름다워서 1시간정도 바닷바람을 쐬다가 감기에 걸려 한 달 정도 고생한 적이 있습니다.

반신욕을 하고나서 마시는 차 한잔의 여유...

인생의 기쁨은 큰 것에서가 아니라 이런 사소한 것에서 자그마한 행복을 느껴볼 수가 있습니다. 울산 북구에서 무룡터널을 지나 울산 강동 정자해변에서 감포까지 동해바다를 오른쪽으로 끼고 달리는 드라이브 코스는 너무나 아름답습니다. 여름철에는 피서차량으로 붐벼 막히지만 가을에 울산 남목, 정자에서 감포까지 해변 길을 드라이브하면 너무나 낭만적이고 아름답습니다.

울산 정자해변에는 해수탕이 몇 군데 있습니다. 날씨가 쾌청하게 맑은 날, 반신욕을 하면서 해수사우나 통유리를 통해 아름답고 푸르른 동해바다를 내려다 보면,

"아! 인생은 이래서 살만한 것이구나." 하는 느낌이 저절로 듭니다.

스트레스 해소에 좋은 식품

스트레스를 이길 수 있는 건강한 육체와 건전한 정신은 먹거리에서 기인하며, 먹거리는 올바른 성격형성으로도 이어집니다. 식품이 감정과 행동에 미치는 영향은 생각보다 훨씬 큽니다. 식품 첨가물과 방부제가 많이 들어있는 인스턴트 음식을 많이 섭취하면 주의력이 흐트러지고, 욕구불만이 쌓여 즉흥적이고, 성급하며, 폭력적인 행동을 하기 쉽습니다. 우리가 섭취하는 음식물은 몸을 유지하는 기능뿐 아니라 성격과 기분에도 많은 영향을 미칩니다. 인스턴트 음식을 주로 먹인 아이들이 난폭하고 발육도 느리다고 합니다.

음식섭취는 영양적 측면에서 뿐만 아니라 정서적 측면에서도 중요한 영향을 끼칩니다. 우리 몸은 알칼리성과 산성 중 어느 한쪽으로 기울어지지 않고 균형을 이루어야 건강합니다. 그런데 요즈음의 식생활은 체질의 산성화를 부추기는 경향이 많습니다. 흰 쌀, 밀가루, 흰 설탕, 육류, 달걀 등은 산성식품입니다. 체질이 산성화되면 정서가 불안정해지고 신경질적인 행동을 하게 됩니다. 정서가 불안해지고 주의가 산만해지고 생각하는 능력이 떨어지기 쉽습니다. 식사는 세끼를 빠뜨리지 않고 하되 끼니때마다 영양소가 결핍되지 않도록 영양 밸런스를 맞춰 골고루 먹도록 하는 것이 중요합니다.

음식으로 사람의 감정을 조절할 수 있을까요? 의학적 실험에 의하면 인공향료와 조미료, 방부제, 커피, 달걀, 설탕, 흰밀가루는 기분을 우울하게 만드는 식품이고 과일과 야채, 호박, 호두와 필수지방산이 많은 정어리, 참치, 고등어 등이 정신건강에 좋은 식품이라고 합니다.

행복감을 불러오는 호르몬이 있습니다. 마음이 평화롭고 즐거울 때 뇌(腦)시상하부에서는 세로토닌이라는 신경전달물질이 많이 분비됩니다. 사랑에 빠진 사람들의 뇌에는 세로토닌이 많이 분비되고 자살충동을 느끼거나 우울증이 심한 사람들은 세로토닌 수치가 아주 낮습니다. 우울증 치료제로 쓰이는 프로작은 세로토닌을 증가시키는 기능을 합니다. 결국 우리의 감정을 생화학, 분자생물학 차원에서 이야기 한다면 슬프고 불안하고 짜증나고 화나고 무서운 것은 세로토닌 결핍으로 인한 결과라고 볼 수 있습니다.

스트레스가 심하고 우울해질 때 유산소운동이나 샤워를 하는 것도 도움이 되지만 음식을 통해서도 감정을 조절할 수 있는 것입니다. 아주 좋은 영양성분은 필수아미노산의 일종인 트립토판입니다. 트립토판은 체내에 흡수되어 행복호르몬인 세로토닌으로 변환하기 때문입니다. 우유, 치즈, 육류, 생선 등에 많이 함유되어 있습니다. 그밖에 불포화 지방산, 오메가3, 비타민B, 무기질 등도 정신건강에 좋은 영양소입니다.

마음이 싱숭생숭할 때에는 따뜻한 우유 한잔을 마셔봅시다. 한결 마음이 평온해질 것입니다. 우유에는 필수아미노산인 트립토판이 함유되어 있어 마음을 이완시켜줍니다. 불면증이 있거나 유난히 잠이 안오는 밤에는 우유를 따뜻하게 데워 마시면 잠이 쉽게 옵니다.

바나나에는 트립토판, 비타민B6 등 신경안정에 도움을 주는 영양소들이 두루 들어있습니다. 운동 후 지친 몸을 달래주는 좋은 간식입니다.

돼지고기와 오리고기에도 트립토판이 함유되어 있어 신경안정에 도움이 됩니다. 또 오메가3 불포화지방산을 많이 함유하고 있는 고등어, 참치, 장어, 꽁치, 연어 등 등푸른 생선을 먹으면 우울증 및 치매예방에 효과가 있습니다.

우리가 일상생활에서 접할 수 있는 음식 중 정신건강에 좋은 식품을 살펴보도록 하겠습니다. 쵸콜릿은 울적한 기분을 짧은 시간에 상승시켜줍니다. 그러나 시간이 지나면 상승했던 기분이 다시 울적해질 수 있으므로 습관적으로 단것을 찾는 것은 좋지 않습니다. 기분이 울적할 때는 아주 매운 음식을 먹으면 답답증이 뻥 뚫린다는 이야기 많이 합니다. 한의학적으로 볼 때 매운 음식을 먹으면 땀이 나고 속에 맺힌 것을 풀어줍니다. 매운 음식은 발산하는 성질이 있어 열과 땀을 통해 적체된 기를 푼다는 의미입니다. 매운 맛은 맛이라기보다 통증입니다. 이 통증이 뇌에 전달되어서 뇌는 이 통증에 대한 길항작용으로 엔돌핀을 분비함으로써 스트레스를 해소한다고 합니다.

다음은 차(茶)입니다. 마음이 심란할 때는 따뜻한 차 한잔을 마시면 좋습니다. 푸르고 은은한 향이 나는 녹차는 기분전환과 정서안정에 탁월한 효과가 있습니다. 녹차는 긴장된 마음을 풀어주며 마음을 편안한 상태로 만들어 줍니다.

허브차는 신경을 안정시켜 두통이나 불면증을 해소하는데 도움이 됩니다. 특히 라벤더, 카모마일차는 기분전환에 탁월한 효과가 있습니다.

호두와 아몬드에는 오메가3 불포화지방산이 있습니다. 오메가3계의 지방산은 마음을 안정시키는 효능이 있습니다. 두뇌활동을 왕성하게 하고, 피부도 아름답게 해줍니다. 호두와 아몬드 외에도 견과류, 즉 참깨, 호박씨, 해바라기씨 등에도 오메가3 지방산이 다량 들어있습니다.

신선한 채소를 식초와 레몬즙으로 만든 소스와 함께 먹으면, 스트레스가 싹 달아납니다. 스트레스가 쌓일 때 비타민과 무기질을 충분히 먹으면 몸과 마음이 다시 상쾌해집니다.

요즘 어린이들은 너무 무른 음식만 먹어서 턱이 약하다고 합니다. 너무 무른 음식만 먹으면 두뇌발달에도 좋지 않습니다. 긴장되고 스트레스가 쌓이면 오징어나 육포같은 딱딱한 음식을 씹으면 좋습니다. 무엇인가를 씹다보면 마음이 차분히 가라앉습니다. 턱관절이 움직여 뇌세포를 자극해 베타엔돌핀 분비를 촉진시킴으로써 스트레스를 해소시켜 주기 때문입니다.

마음이 불안할 때 국수나 감자를 먹는 것이 좋은데, 국수나 감자 속에 풍부하게 들어있는 탄수화물이 세로토닌이 만들어지도록 뇌를 자극함으로써 불안한 마음을 편안하게 해주기 때문입니다. 배가 포만감을 느끼면 마음도 든든해 집니다.

경락 마사지

현대인이 앓고 있는 질병가운데 80%는 스트레스에서 비롯된다고 합니다. 우리는 복잡한 현대사회에서 과로와 스트레스의 증가로 자주 피로를 느낍니다. 마사지로 이러한 스트레스를 해소할 수 있습니다.

우리나라 사람은 다른 선진국들에 비해 약을 너무 많이 복용합니다. 마사지는 약을 사용하지 않고 부작용 없이 안전하고 간편하게 건강을 지켜줍니다.

한의학에서는 눈에는 보이지 않지만 기(氣)가 흐르는 통로를 경락(經絡)이라고 합니다. 경혈(經穴)이란 경락에 점처럼 분포되어 있으며, 기의 흐름이 막히면 여러 가지 반응이 나타나는 장소입니다. 지압은 바로 이 경혈을 자극(刺戟)하는 것입니다. 경혈을 자극하면 내장의 여러 기관을 컨트롤하는 자율신경의 움직임이 바로잡히게 됩니다. 그리고 혈액의 흐름이나 호르몬분비가 원활해지면서 세포가 활성화됩니다. 이렇게 지압을 함으로써 기의 흐름이 원활해지고 좋지 않던 부분이 점점 정상으로 회복되는 것입니다. 경혈을 자극하면 기의 흐름을 원만하게 유지할 수 있고 인간이 본래 가지고 있는 자연치유력이 높아져서 병에 대한 예방효과도 기대할 수 있습니다.

'경락마사지'는 전신마사지로 기(氣)를 원활히 소통시키며, 오장육부의 기능을 향상시킵니다. 그리고 인체의 저항력을 증진시키고 피부미용, 비만완화, 스트레스 해소 효과와 함께 두통과 불면증에도 좋습니다.

경락마사지는 전통의학의 경락이론에 바탕을 두고 발전한 수기 요법의 일종입니다. 수기요법이란 누르기, 주무르기, 두드리기 등 손을 이용하여 여러가지 형태로 직접적인 자극을 주어 혈액과 임파액의 흐름을 좋게 하고, 체표와 내장과 기능적으로 연결되어 있는 경락과 경혈을 이용하여 신경과 근육의 기능을 조절하는 요법입니다. 수기요법은 크게 안마, 추나, 마사지, 지압, 카이로프라틱(척추교정), 활법 등으로 나누어지는데 경락마사지는 이론상으로는 지압과 비슷하다고 볼 수 있지만 지압에서는 경혈 위주의 압박자극을 사용하는데 비해 경락마사지는 경혈은 물론 경락을 주 대상으로 하는 자극기술로 이루어진 수기요법인 점에서 차이가 있습니다.

마사지는 건강증진과 피부를 매끄럽게 해주고 피로와 스트레스를 풀어주는 효과도 있습니다. 마사지는 건강한 사람에게 받아야 합니다. 그래야 좋은 기(氣)를 받을 수 있습니다. 마사지는 혼자서도 쉽게 할 수 있습니다. 운동부족과 불규칙한 식사로 몸의 균형을 잃은 현대인, 그리고 시간이 없고 스트레스가 심한 사람들에게 피의 흐름이 막혀서 생긴 어혈(瘀血)을 풀어주는 경락 마사지는 더욱 효과적입니다.

경락 마사지는 시간과 장소에 구애받지 않고 언제 어디서나 할 수 있습니다. 혼자서도 경락 마사지를 할 수 있고 가족끼리 서로 해주면 가족간의 정을 더욱 두텁게 할 수도 있습니다. 만성피로에 시달리는 직장인, 가사노동에 힘든 주부, 공부에 피곤한 학생들에게 경락 마사지는 약을 복용할 때와 같은 부작용이 없이 누구든지 주무르고 어루만져주면 건강에 좋은 효과를 얻을 수가 있습니다.

우리 몸의 거울인 손과 발을 마사지 하면 스스로 건강지킴이가 될 수 있습니다. 손발 마사지는 우리 몸의 모든 기관과 연결되어있는 손과 발을 동시에 만져주고 눌러줌으로써 몸 전체의 스트레스를 풀고 체내의 이상을 바로잡아 쇠약해지기 쉬운 건강과 면역력을 높여줍니다.

손과 발을 마사지 할 때 지압봉을 이용할 수도 있고 지압봉이나 도구없이 단지 손으로 손과 발을 가볍게 만져줌으로써 우리 몸의 나쁜 기운을 없애고 잃어버린 건강을 되찾을 수 있습니다.

발에는 발 반사구가 있습니다. 발 반사구는 오랜 역사의 임상을 가지고 있으므로 아주 정확합니다. 몸의 신체 내장에 이상이 생기면 발 반사구 부위에 지방이나 노폐물이 쌓입니다. 반대로 발에 쌓인 노폐물을 없애면 내부 장기가 좋아집니다. 발마사지 효과를 높이기 위해서는 신장, 방광의 반사구를 먼저 마사지 해야 하며, 그래야 노폐물이 잘 빠지기 때문입니다.

그리고 인체내부의 장기에 해당되는 반사구를 차례로 만집니다. 그리고 엄지발가락을 꼭 만집니다. 우리가 신체 일부의 장기에 이상이 있을 때 발마사지를 하면 좋습니다. 그 장기의 발에 있는 반사구를 찾습니다. 그리고 그 부위를 하루에 매일 10 - 20분 정도 마사지해 줍니다. 그 부위를 만지면 아픔을 느낄 것입니다. 무엇인가 딱딱한 덩어리가 있거나 지방 덩어리같은 것이 있습니다. 그것을 다 없애면 그 장기가 좋아집니다. 그 다음에는 만져도 아프지 않고 시원합니다. 이때 최대한 세게 만지고 지압해주는 것이 효과적 입니다.

그리고 제가 직접 경험해보니 바다로 가서 바닷물이 찰랑거리는 조그마한 자갈이 많은 해변가를 맨발로 10 - 20분 정도 걸으면 웬만한 스트레스는 다 해소되는 것을 느꼈습니다. 바닷물 자체가 소금물이어서 몸의 독소를 빼주고, 조그만 자갈이 발 구석구석을 마사지 해주기 때문에 인체내부의 장기를 골고루 자극해주어 혈액순환에 좋은 것 같았습니다. 그리고 툭 트인 바다를 보면 답답한 마음까지 시원하게 뻥 뚫어 줍니다.

그러나 서울에서 조그만 자갈이 있는 바다까지 가기는 거리가 멀고 쉽지 않을 것입니다. 그때는 황토 길을 맨발로 걷는 것도 아주 좋습니다. 도심의 공원에 지압을 위해 자갈길 코스를 만들어 놓은 데도 있습니다. 그러나 이것도 10-20분 정도가 적절하며 너무 오래하면 좋지 않습니다.

여기서 하나 알아야 할 것은 마사지도 중요하지만 마사지를 받는 것과 더불어 운동을 꾸준히 해주어야 한다는 것입니다. 사람의 손과 발에 오장육부가 다 들어있는 것은 사실입니다. 오장육부가 튼튼하면 발도 튼튼하고 건강하지만 오장육부가 약하면 발에도 이상이 나타나고 아픈 부위가 나타납니다. 이때 발마사지를 해주면 발에 통증도 줄어들고 건강을 회복하는데 도움이 됩니다. 그렇지만 발마사지에만 의존해서는 안됩니다.

운동을 통해 심폐기능을 강화시키고, 근육을 단련하고, 몸 안에 있는 노폐물을 땀을 통해 배설시키고, 지방을 소모시키는 등 꾸준한 운동이 병행되어야 효과가 있습니다. 운동으로써 먼저 몸을 단련하고 운동과 병행하여 마사지를 받는 것이 효과적인 방법입니다.

수지침

수지침(Korean Hand Acupuncture)은 손목에서 손가락 끝까지의 345개 경혈(經穴)에 가는 침을 1㎜ 정도의 깊이로 꽂아 질병을 치료하는 방법입니다. 원래 명칭은 고려수지침술(高麗手指鍼術)이며, 유태우(柳泰佑) 박사가 1971년부터 연구를 시작해서 1975년에 완성, 발표하여 한국을 비롯하여 일본·미국·캐나다·남아메리카·유럽·아프리카·중국·러시아 등 전세계에 보급되고 있는 침술로서, 안전하고 고통이 적은 방법으로 위험 없이 빠른 효과를 보기 위하여 세계 최초로 연구, 개발된 것입니다.

손에는 전신(全身)에 해당하는 부위가 있어서 질병이 발생하면 해당부위에 여러 가지 반응점이 나타나는데, 이 반응점(corresponding point)에 자극을 주어 내장반사(內臟反射)를 일으켜서 치료하며, 손에서 14개의 기맥(氣脈)을 발견하여 오장육부의 기능을 조절시켜 줍니다. 수지침술로 질병을 치료하는 범위는 넓은데, 난치·불치·전염병·암·고질악성병을 제외한 신경성과 단순성의 질병치료에 매우 우수한 효과가 있으므로, 가정요법·자가치료법으로도 효용가치가 큽니다.

손과 인체와 상관관계를 보면 손바닥은 우리 몸의 앞면, 손등은 몸의 뒷면에 해당하며, 왼손의 경우 첫째손가락이 오른쪽다리 둘째손가락이 오른팔 셋째손가락이 머리 넷째손가락이 왼팔 다섯째손가락이 왼쪽다리에 해당됩니다. 즉 왼손에 사람 몸이 모두 들어있다고 봅니다. 오른손도 마찬가지로, 인체의 전신이 배당되어 있는데 오른손의 첫째손가락이 왼쪽다리 둘째손가락이 왼팔, 셋째손가락이 머리, 넷째손가락이 오른팔, 다섯째손가락이 오른쪽다리에 해당됩니다.

손바닥에는 내장(內臟)과 각 기관들이 있고 손등에는 중앙선을 따라 척추가 배당되어 있습니다. 셋째손가락 앞면 끝마디가 얼굴에 해당되고, 그 뒷면은 머리이며, 양쪽은 양쪽머리에 해당됩니다. 셋째손가락 둘째마디는 목이며, 셋째마디는 가슴입니다. 다섯 손가락은 우리 몸의 다섯 장기와 관계가 있다고 합니다. 첫째손가락은 간, 둘째손가락은 심장, 셋째손가락은 비위, 넷째손가락은 폐, 다섯째손가락은 신장과 자궁에 해당됩니다.

우리 몸이 아플 때 상응요법의 원리를 적용하여 인체의 아픈 부위에 해당하는 손안에 있는 상응점을 찾아 수지침으로 자극해주면 그 증상이 해소됩니다. 그러나 수지침이 만병통치는 아닙니다. 상응요법을 적용할 수 있는 경우는 비교적 간단한 병입니다. 심한 병은 상응점을 자극해주어도 증상이 약간 호전되기는 하지만 완전히 치료되지는 않습니다. 이때는 상응점과 같이 그 내장기능을 조절해 주어야 합니다.

현대인은 복잡한 일이 많이 발생하며, 생각이 너무 많고, 스트레스나 정신적 긴장이 너무 심하여 머리가 무거워지는 경우가 많습니다. 무리가 무거워지면 정신집중도 떨어지고 일에 대한 의욕도 저하되므로 머리를 가볍게 만들어 주는 것이 좋습니다.

이때는 셋째손가락 끝을 주물러 주면 도움이 됩니다.

대부분의 사무직 근로자는 하루 종일 책상 앞에 앉아 컴퓨터 모니터를 들여다보면 서 컴퓨터 자판기를 두들기고 마우스를 클릭하면서 일을 합니다. 이렇게 다른 신체부위는 별다른 움직임이 없고 손과 어깨만 조금 움직이면서 하루를 보내기 때문에 손끝에서 팔, 어깨로 이어지는 부위에 상당한 통증을 호소하는 경우가 많습니다. 손에서 어깨에 해당하는 부위를 뾰족한 나무 이쑤시개 같은 것으로 꼭꼭 눌러보면 유난히 아픈 부위를 찾을 수 있을 것입니다. 이곳에 수지침을 이용하여 상응점만 자극해주어도 쉽게 통증이 해소됩니다.

손안에 상응점을 자극할 때 기구가 필요하나 기구가 없을 때는 이쑤시개를 이용해도 됩니다. 뒷골이 뻐근하고 아프다면 셋째손가락 뒷면 손톱 밑과 셋째마디 부위를 이쑤시개로 꼭꼭 눌러보면 유난히 아픈 부위가 있을 것입니다. 이곳이 상응점인데 이 부분을 이쑤시개로 1분 정도 지긋이 눌러주면 통증이 사라집니다.

편두통은 머리의 한쪽에 반복적으로 생기는 두통입니다. 수시간에서 하루 이틀 정도 나타나고 두통 발작은 수면이나 휴식으로 없어지는 것이 특징입니다. 불규칙적으로 반복되는 편두통이 있을 때에는 배가 아프거나 매슥거리거나 토하는 증상이 나타나기도 합니다. 편두통이 나타날 때는 새끼손가락 끝부분에 사혈(瀉血)을 해줍니다. 왼쪽 편두통인지 오른쪽 편두통인지를 구별하여 셋째손가락 손톱 양 측면을 꼭꼭 눌러보면 유난히 아픈 부위가 나타납니다. 이부위에 수지침을 놓으면 편두통증상이 사라집니다.

수지침은 질병의 치료로도 이용하고 있으나 인체의 기능조절이나 현대의학의 보완요법으로까지 확대 이용되고 있습니다. 즉 치과 마취수술시의 보조, 마취 후유증 처치와 방사선 치료시의 탈모방지, 무통분만, 각종 수술 후유증 처치에 이용되고 있습니다. 또한 성장호르몬의 촉진자극, 미용치료, 비만증 치료, 알코올 중독, 니코틴 중독, 약물중독, 만성피로증후군 등의 해소, 원기 · 저항력증진, 피로의 예방과 처치 등에도 이용될 수 있습니다.

수지침은 어떤 위험이나 부작용이 없기 때문에 누구나 배워서 일상생활에 활용할 수 있습니다. 쉽게 접근하고 직접 볼 수 있는 손을 통해 인체의 자연치유력을 향상시켜 주며, 특히 약물치료에 부적응증을 갖고 있는 사람에게는 이상적인 치료방법입니다.

수지침은 기초적인 치료이며, 단박에 즉효가 있는 경우도 있지만 만병통치는 아닙니다. 그러나 일상의 사소한 스트레스를 날려 보내는 데는 수지침이 효과가 있습니다. 수지침을 통해 손을 통한 건강관리법을 익혀 건강하고 행복한 삶을 누리면 좋겠습니다.

'한국의 수지침(Korean Hand Acupuncture)'은 약품 사용에 의한 부작용이 없습니다. 손부위에만 약한 자극을 주어 치료하기 때문에 고통과 부작용이 없고 효과가 우수하며 배우기 쉬워 스스로 질병을 치료할 수 있는 장점이 있습니다. 한비야 등의 책을 읽어보면 아프리카 서아시아 같은 곳에는 기본적인 의약품조차 없는 곳이 너무 많습니다. 수지침은 약품 사용 없이 통증을 줄여줄 수 있습니다. 이런 곳에서 한국의 수지침으로 인술(仁術)을 펼쳤으면 합니다. 선진국에서는 복잡한 현대사회로 정신적인 스트레스를 많이 받습니다. 이럴 때 수지침은 좋은 자연치료·요법이 될 수 있을 것입니다.

제가 당나라 송나라 시대의 중국 풍속, 이야기를 담은 책을 읽다가 그 중에서 사람이 주머니에 돈 한 푼 가진 게 없더라도 어느 지방에 가든지 먹고 사는데 전혀 지장이 없는 직업을 세 가지 꼽은 것을 읽은 적이 있습니다. 그것이 무엇일까요? 바로 한의사, 역술가, 스님이었습니다. 미국인은 한국에 와서 영어강사만 해도 돈도 벌고, 한국 관광도 하며, 잘 먹고 잘 놀다 돌아갈 수 있습니다. 우리 한국 사람도 수지침을 배워두면 세계일주 여행을 하는데 여러 가지로 많은 도움이 될 것입니다. 고려수지침도 한국의 뮤지컬 '난타(亂打)'와 더불어 한류열풍처럼 전세계로 널리 보급되고 수출됐으면 하는 바램을 꿈꾸어 봅니다.

스트레칭 & 요가

바쁜 현대인들은 운동할 시간을 내기 쉽지 않습니다. 운동을 해야 한다는 생각을 늘 가지고 있지만 그것을 실천하기는 쉽지 않은 것이 현실입니다. 그럴 때 집이나 사무실에서 하루의 긴장을 부드럽게 풀어주는 스트레칭은 특별히 비용과 시간이 많이 들지 않는 좋은 방법입니다.

매일 똑같은 일 변화없이 반복되는 삶, 하루 종일 사무실에서 컴퓨터 모니터와 씨름하며, 과도한 업무에 시달리는 직장인, 운동량이 절대 부족한 현대인이 직장이나 사무실에서도 충분히 스트레칭을 할 수 있습니다. 가정주부들도 집안일로 쌓인 피로를 스트레칭으로 풀 수 있습니다. 스트레칭은 따로 시간을 특별히 내지 않더라고 일상중에 자투리시간을 활용해서 할 수 있다는 점이 장점입니다.

스트레칭은 근육의 유연성을 길러주는 확실한 방법입니다. 평소에 사용하지 않던 근육을 움직여 주고 온몸의 근육을 골고루 사용해 신체의 균형있는 발달을 도와 줍니다. 스트레칭은 생활의 활력을 주고, 탄력이 넘치는 몸을 만들어 인생이 즐거워집니다.

과격한 운동을 갑자기 하면 근육에 무리한 부담을 주게 됩니다. 이럴 때 준비운동으로 스트레칭을 하거나 마무리 운동으로 활용할 수 있으며, 스트레칭을 함으로써 우리 몸을 부드럽게 풀어주어 근육에 무리를 가져오는 일이 없도록 해줍니다.

요가는 고대로부터 전해오는 인도의 심신단련법으로서 산스크리트로 <결합시키다>는 뜻이며, 그 기원은 인더스문명의 유물로서 요가의 좌법(坐法)을 나타내는 시바신상(神像)에서 찾을 수 있습니다.

요가라는 말이 처음으로 나타난 문헌은 《카타우파니샤드》인데, 여기에서는 아트만(ātman ; 我)에 관한 요가를 터득함으로써 마음 속 깊이 잠재하는 신과의 합일을 염원한다고 하였으며, 이를 위한 정신집중을 요가라고 하였습니다.

미국에서는 줄리안 로버츠, 맥 라이언, 마돈나, 제인 폰더, 크리스티 클링턴 등 할리우드 스타들로부터 일반인에 이르기까지 요가가 열풍입니다. 타임즈도 커버스토리로 요가를 심층 보도했으며, 요가의 매력에 빠진 미국인들이 1,500만명에 이를 정도라고 합니다.

요가는 건강을 지키며, 아름다운 몸을 지킬 수 있는 가장 큰 힘을 가지고 있는 놀라운 건강법입니다. 요가는 잃어버린 건강을 쉽고 간단하게 되찾게 해줍니다. 자신의 몸에 필요한 요가를 하루 5분내지 30분만 실시해도 자신도 모르는 사이에 자기 안에 놀라운 변화가 일어남을 체험할 수 있습니다.

현대인은 각종 스트레스에 시달리고 피로가 누적되고 있습니다. 특히 직장인과 학생들은 늘 좁은 공간에서 컴퓨터나 업무, 학습 등으로 갇혀 지내다보면 신체가 굳어지게 되고 그만큼 피로감이 누적되어 두통이 생겨 머리가 맑지 못하고 집중력도 떨어져 사무능률이나 학업성적이 떨어지기 쉽습니다. 직장에서 스트레스에 시달리는 직장인과 가사노동에 시달리는 주부들의 경우에도 요가를 통해 스트레스 해소는 물론 명상과 단전호흡으로 함께 함으로써 불안증도 떨어내는데 아주 효과적입니다.

현대의 복잡한 사회에서는 남녀노소 누구나 요가를 하는 것이 필요하게 되었습니다. 요가에는 몸의 균형과 지구력을 위한 요가, 스트레스 해소를 위한 요가, 습관의 불균형 해소를 위한 신체수정요가, 스스로 치유능력을 높여주는 힐링요가 등 다양한 요가가 있습니다. 요가는 군살을 제거해 주고 평소 잘 사용하지 않는 근육도 고르게 사용하여 오십견도 예방할 수 있도록 하며, 변비해결, 다이어트 효과도 있습니다.

요가와 단전, 복식호흡, 명상 등을 하면 혈액순환이 잘되고 마음이 편안해져 얼굴이 맑아집니다. 요가는 고대로부터 전해오는 인도의 심신단련입니다. 요가는 산스크리스트어로 '결합시키다'라는 뜻입니다. 본래의 의미는 아트만(我)에 관한 요가를 터득함으로써 마음속 깊이 존재하는 신(神)과의 합일(合一)을 염원(念願 ; pray for)하는 것이라고 합니다.

요가에는 감정순화에 의한 헌신을 추구하는 박티요가, 이성개발에 의한 지식을 추구하는 주나나요가, 심리적 통제에 의한 심신과학의 라자요가, 사회활동에 대한 행동규제의 카르마요가, 욕구통제에 의한 육신해방을 추구하는 탄트라요가, 음양조화에 의한 심신조화를 추구하는 하타요가, 신경력개발을 추구하는 쿤달리니요가, 성주(聖呪)의 만트라요가의 8가지가 있으며, 이 8가지 요가 가운데 정신적 건강을 강조하는 라자요가와 신체적 건강을 요구하는 하타요가가 널리 알려져 있습니다. 특히 하타요가는 복잡다단한 현대에서 긴장과 스트레스를 해소하는데 좋은 심신요법의 하나로서 각광받고 있습니다.

요가는 집에서 혼자 배울 수 있으며, 누구나 할 수 있는 쉽고 간단한 요가를 통해 잃어버린 몸과 마음의 휴식을 가질 수 있습니다. 요가는 땀을 흘리고 근육의 피로를 주는 근육운동과는 달리 호흡조절을 통한 근육이완으로 잘 사용되지 않는 온몸의 여러 부위를 자극해 사람을 건강하게 만듭니다. 요가는 늘 피로감에 지친 현대인들, 늘 몸이 자주 아프거나 굳어있는 사람들, 격렬한 운동이 체질적으로 맞지 않아 엄두를 내지 못하는 사람들, 하루 종일 격무에 시달리는 직장인, 창조력이 필요한 예술가, 심리치료가 필요한 사람들, 운동부족과 컴퓨터만 즐기는 어린이들에게 특히 효과가 있습니다.

저도 '몸이 아름다워지는 최윤영의 요가 30분' 책을 요가 동작에 대한 설명에 따라 해보았습니다. 요가책을 사면서 요가동작을 보여주는 비디오도 함께 사야하는가 하고 생각했지만, 자세를 설명해 주는 사진과 동작에 대한 자세한 설명이 나와 있어 책만으로도 충분히 따라할 수 있었습니다. 물론 몸이 굳어있어 따라하기 힘든 동작도 사실 많았습니다.

중국에 가보면 아침에 공원에서 많은 사람들이 태극권을 하는 것을 볼 수 있습니다. 태극권은 얼핏 보기에는 동작이 느리고 단순해 보이지만 정중동(靜中動)과 같이 태극권을 하면 온몸이 땀에 젖을 정도로 상당히 운동 강도가 높습니다. 요가도 축구나 테니스와 같은 격렬한 운동이 아닌 것처럼 보이지만 동작을 제대로 따라하자면 겉으로 보이는 것보다 운동 강도가 훨씬 높습니다.

요가를 하면 자세의 불균형을 바로 잡아 신체의 균형을 고르게 회복시켜 줍니다. 단순히 동작만 따라하면 스트레칭 이상의 효과를 기대하기 어렵지만 꾸준히 요가자세를 갖추어 나간다면 육체적인 건강뿐 아니라 정신적인 건강까지 가져다 줍니다. 요가 자체가 본래 우리의 마음을 우주의식과 합일시키는 수행의 목적에서 비롯된 것이기 때문입니다.

요가의 본래의 의미는 우리의 좁은 마음, 이기주의, 편협한 생각에서 벗어나 우주의식, 신(神)과의 합일(合一)을 가져다주는 정신적인 수행법의 하나로서 육체를 튼튼하게 만들어 줄 뿐만 아니라 정신을 맑고 건강하게 만들어 주며, 또한 질병도 치유하는 효과를 가지고 있습니다.

요가의 동작 하나하나가 중국의 태극권과 마찬가지로 기의 흐름을 고려해 만들어졌고, 그 동작 하나 하나에 우주와의 합일을 추구하는 수행의 의미가 담겨져 있어 먼저 마음을 건강하게 만들면 육체적인 건강은 자연히 따라오게 하도록 하는 아유르베다와 인도 철학의 깊은 의미가 담겨 있습니다.

복잡한 현대를 살아가는 현대인에게 있어서 처음에는 요가를 스트레칭 하듯이 가벼운 마음으로 따라하다가 점점 요가 자세의 틀을 갖추어 나가면 어느덧 심신(心身)모두가 건강해져 있는 자신을 발견하게 될 것입니다.

위파사나 수행

위파사나(VIPASSANA) 수행에 대해서 들어보신 적이 있습니까?

위파사나는 부처님이 2500여년 전 인간의 과거·미래의 번뇌로부터 벗어나고자 수행해 해탈의 경지에 이르게 된 명상 수행법으로, '위'와 '파사나'라는 두개의 뜻이 결합돼 이루어져 있습니다.

'위'는 모든 사물의 불영원성, 고통의 원초적 내재성, 자아의 부존재성을 뜻하며, '파사나'는 알아차림, 꿰뚫어 봄, 자세히 살펴봄, 사물의 실상에 대한 지혜를 말합니다. 위파사나는 초기 불교의 전통을 고수하며, 스스로 근본불교라고 자칭하는 남방의 미얀마와 베트남·태국·인도·스리랑카 등지에서 많이 하는 수행법입니다.

위파사나의 기본 수행은 좌선과 행선입니다. 좌선은 호흡 때 배의 일어나고 사라짐을, 행선은 서서히 걸으면서 발을 관찰합니다. 좌선·행선뿐만 아니라 식사를 비롯한 일체의 동작과 생각, 외부 소리 등 모든 것을 주시해서 알아차려야 합니다.

저자의 경우는 밥을 먹을 때 TV를 보거나 신문을 읽는 습관이 있습니다. 밥을 먹을 때는 밥먹는 일 그 자체에 몰두해야 하는데 신문을 읽다보면 습관적으로 음식을 씹고 있지만 무슨 맛인지 무엇을 먹고 있는지 모를 때도 종종 있었습니다.

위파사나 수행에 대해 컴퓨터를 예를 들어 이야기 해보겠습니다. 컴퓨터는 본체와 모니터 키보드 세가지로 나눠 볼 수 있습니다. 그런데 처음부터 이 3가지를 동시에 만들어서 나오는 것이 아닙니다. 각각 따로 만들어서 조립해 컴퓨터로 사용하는 것입니다. 그런데 모니터가 고장났을 때 여러분은 컴퓨터 전체를 버리나요? 아닙니다. 모니터만 교체하면 됩니다.

이와 마찬가지로 인간도 오온(五蘊), 즉 육체와 감각기관, 의지, 사고작용, 자아의식(말나식), 심층의식(아뢰야식) 등의 집합체일 뿐인 것입니다. 서양철학에서 강조하는 '자기라는 존재의 자기정체성(self-identity)'은 선정(禪定)을 통해 몇차원 높은 눈으로 통찰(introspection)해 보면 실체(substance)가 없는 것입니다. 자기정체성(我相)이란 살아있는 동안 이 몸에 잠깐 일시적으로 존재하는(假立 가립 ; existing temporarily) 것에 지나지 않는 것입니다.

다른 사람이 나에게 경우에 어긋나는 말을 해서 내가 몹시 화(火)가 났을 때 바로 그 즉시 '아! 이것은 나의 자존심, 나의 제7의식(말나식 ; manas)의 일어남이구나!' 하고 깨달으면 다른 사람과 싸울 일이 줄어들 것입니다. 나의 제7의식은 나의 진정한 자아(自性)가 아니며, 모니터처럼 컴퓨터 전체를 구성하는 일부분에 지나지 않는 것입니다. 이런 가아(假我)에 휘둘리지 않으면 여러분은 깨달음(enlightenment)에 근접하게 되는 것입니다.

그리고 몹시 화(火)가 날 때, 이것을 분자생물학, 뇌신경생리학적 측면에서 보면, 뇌속에서 일시적으로 생체전기가 과도하게 방전되는, 신경전달물질의 과잉분출 등으로 볼 수도 있습니다. 본래 전기방전은 한 순간일 뿐이므로 그때만 넘기면, 한템포만 늦춰주면 아무것도 아닌 경우가 많습니다. 사람이 화(火)만 다스릴(control)줄 알아도 벌써 인생의 50% 이상은 성공시킨 것이며, 사주팔자(四柱八字)의 지배를 어느 정도 벗어나게 되어 타고난 운명(運命)이 달라지게 되므로 마음닦기가 그렇게도 중요한 것입니다.

위파사나수행은 경전에 충실한 체계적 수행법으로서, 뛰어난 관찰로써 삼법인, 즉 일체개고, 제행무상, 제법무아의 삼법인을 통찰한다는 의미를 담고 있습니다. 진리를 지혜의 눈에 의해 보고 열반에 이른다는 뜻입니다. 법구경에 이르기를 '모든 조건 지어진 현상을 무상(無常)이라고 내적 관찰의 지혜로써 이렇게 보는 사람은 고(苦)에 대해 싫어함을 갖나니 이것이 청정에 이르는 길이다. 모든 법에는 자아가 없다고 내적 관찰의 지혜로써 이렇게 보는 사람은 고에 대해서 싫어함을 갖나니 오직 이것이 청정에 이르는 길이다.' 고 하는데, 여기서 내적관찰의 지혜로써 보는 것이 위파사나 수행법입니다.

위파사나 수행은 배우기가 쉽고 수행방법이 구체적이고 체계적입니다. 선(禪)수행은 확철대오한 스승 밑에서 공부하거나 수행자 본인이 고도의 집중력을 가지고 수행해야 하므로 아주 어려우나 위파사나는 경전에 제시된 수행방법을 따라하기만 하면 되며 스승으로부터 매일 점검을 받을 수 있습니다.

위파사나 수행체계는 많은 방법이 있습니다. 중국이나 한국, 일본의 대승불교에서는 위파사나가 근거를 두고 있는 아함경을 소승경전으로 폄하했습니다. 중생구제를 목적으로 한 보살의 원대한 정신이 없다는 것입니다. 대승불교는 12연기나 수식관을 무시하고 공을 바탕으로 한 여래장, 법신, 보신, 화신의 관점에서 바로 자성을 참구하는 수행법을 택하였습니다. 그러나 화두선도, 12연기나 수식의 철저한 연구가 없으면 안됩니다. 부처님의 위파사나는 계정혜가 핵심입니다. 철저한 계율준수와 확고한 정견을 바탕으로 해야 합니다.

대승불교에서는 교외별전이라는 선종의 영향으로 철저한 계율준수와 확고한 정견을 중시하지 않는 경향이 있습니다. 화두선을 기본으로 하는 우리나라의 조계종의 전통과 더불어, 이제 우리 한국에서도 부처님의 경전안에서 수행방법이 구체적이고 체계적인 위파사나 수행법을 배울 필요가 있습니다.

부처님은 보리수 아래에서 12연기를 깨치시고, 사성제, 중도를 가르치셨습니다. 부처님은 유언으로도 '모든 조건 지어진 것은 무상하다. 방일(放逸)하지 말고 해탈을 이룰 때까지 정진하라.'고 하셨습니다. 이때 조건 주어진 것은 오온(五蘊), 12연기(緣起)이고 방일하지 않는 것은 정진(精進)입니다.

위파사나 수행은 '무슨 일을 하든 놓는 마음으로 하라. 어떠한 보상이나 칭찬을 기대하지 말라. 조금 놓아 버리면 조금의 평화가 올 것이다. 크게 놓아 버리면 큰 평화가 올 것이다. 만일 완전히 놓아버리면 완전한 평화와 자유가 올 것이다. 세상을 상대로 한 그대의 싸움은 끝나게 되리라.' 고 합니다.

우리가 사회적으로 많은 성취를 하더라도 가슴 밑바닥에는 알 수 없는 허무가 밀려오는 경우가 많습니다. 우리 일반인들은 직장생활에 얽매여 있으면서 '언젠가는 다른 삶을 살고 싶다. 내가 진정으로 원하는 삶을 살고 싶다.' 고 많이 생각할 것입니다.

우리 세상 일체는 무상한 것입니다. 돈, 명예, 사회적 지위, 우리의 인생까지도 말입니다. 우리가 하루하루는 고민과 스트레스에 쌓여 정신없이 살고 있지만 지나간 10년 20년을 생각해보면 한바탕 아련한 꿈과 같습니다. 우리가 죽음에 이르러 지나간 인생을 돌이켜보면 마찬가지로 한바탕 꿈과 같을 것입니다. 그렇다고 허무주의는 아닙니다. 무상한 것에 집착하는 삶이 아니라, 나도 행복하고 남도 행복하게 하는 일을 하며 사는 것이 좋습니다.

위파사나 수행을 하면서 기독교, 천주교, 불교, 유교, 이슬람교 등 종교의 구분은 전혀 필요 없습니다. 오직 마음을 평화로 이끄는 수행만 있는 것입니다. 복잡다단하고 마음이 각박해진 한국사회에서, 많은 사람들이 고통스러워 하고 괴로워 하는데, 이들의 마음을 평안하고 행복하게 만들어 주는 것은 진정으로 의미가 있습니다.

불교 수행의 근본 목적은 불교의 근본원리인 사성제, 팔정도, 12연기를 알고 우리의 무명과 탐진취 삼독을 제거하며, 최후로 우리의 자성이 불성임을 깨닫는 것입니다. 그리고 일체중생을 위해서 내가 쌓은 복덕을 회향(廻向)하는 것입니다.

위파사나는 몸과 마음, 감각, 진리를 철저히 관찰하여 이 모든 것이 무상하며, 독립적인 실체가 없음을 깨닫는 수행입니다. 이제 여러분이 위파사나 수행법을 배우게 되면 모든 스트레스가 본래 실체가 없는 것임을 깨닫게 되어 마음이 평안해지고 행복하게 됩니다.

웃음의 10가지 법칙

외국인들이 한국에 와서 보고 느낀 첫 인상을 이야기 하는 것 중에서 '한국인의 표정이 너무 딱딱하다.' 는 말이 종종 나옵니다. 마치 싸운 사람처럼 얼굴 표정이 무뚝뚝하다는 겁니다.

저자가 지하철을 타고 좌석에 앉아서 맞은 편에 앉아 있는 사람들의 표정을 보면 얼굴 근육이 굳어있고 웃는 표정을 찾기가 쉽지 않았습니다.

우리가 80세 까지 산다고 해도 평생에 웃는 시간을 다 합해도 20일이 채 안된다고 합니다. 돈들이지 않는 웃음 운동이 값비싼 보약보다 건강에 훨씬 더 좋은데 몸에 좋다는 식품은 잘 챙기면서 얼굴은 찡그린다면 모순입니다. 보약보다 웃음을 챙겨야 합니다. 웃음을 생활화한다면 병원에 가지 않고도 몸과 마음의 건강을 지킬 수 있습니다.

웃음의 효과는 인간관계를 원활히 하는 데에 그치지 않고, 면역력과 자연치유력을 높여 몸과 마음을 건강하게 만드는 데에도 탁월한 효과를 보입니다. 실제로 웃음은 엔돌핀, 쾌감호르몬, 면역력을 강화시키고 암세포를 잡아먹는 NK세포와 T세포를 증가시킵니다. 또한 통증을 완화시켜주는 엔케팔린, 염증을 막는 항체 면역글로빈 A, 미생물체와 싸우는 B세포, 바이러스를 공격하는 호르몬 감마 인터페론 등의 각종 세포의 능력을 강화시켜, 몸속 질병과 스트레스로 인한 각종 질환에 놀라운 효과를 보이는 만병통치약입니다.

마음의 병을 치유하는 데 있어서도 마찬가지입니다. 우울하거나 기운이 없을 때, 짜증나거나 화가 날 때, 웃음은 순간적인 감정을 가라앉히고 삶의 태도를 바꿀 수 있도록 해줍니다. 아무리 몸에 좋다는 약을 먹는다고 해도, 크게 소리 내어 웃는 웃음과 그 효과면에서 비교가 안됩니다.

웃으면 인생이 바뀝니다. 자주 웃기만 해도 행복해지고, 잘 웃으면 인생이 바뀝니다. 하지만 문제는 나이가 들수록 웃음을 잃는다는 사실입니다. 하도 웃는 일이 없이 살다보니 막상 웃으려고 해도 웃음이 잘 지어지지 않을 만큼 얼굴 근육이 굳어버린 것입니다.

웃음을 습관화하기 위해서는 매일 조금씩이라도 웃어야 하지만, 사실 웃는다는 것은 생각보다 쉬운 일이 아닙니다. 그만큼의 용기와 실천이 필요한 일이기에, 스스로의 마음가짐이 가장 중요합니다. 무엇보다 인식의 전환이 필요합니다.

"억지로 웃는 게 무슨 소용 있느냐, 웃고 싶지 않은데
웃으려고 하면 오히려 더 스트레스를 받는다."

고 생각하기 쉬운데,

"웃음운동을 하면 내 표정, 건강, 운명이 좋게 바뀐다."

라고 새롭게 인식하고 맨손체조 하듯 규칙적으로 웃는 것입니다. 여러 연구결과에 의하면, 의식적으로라도 웃으면 기분과 생각이 변하고 무의식적으로 웃는 것과 그 효과면에서 별 차이가 없다고 합니다.

'웃으면 복이 온다'지만 웃을 일이 별로 없는 게 세상살이입니다. 집안에 되는 일이 없어서 한숨만 나온다는 사람들, 내가 사는 동네만 빼고 다 오른 아파트 값을 보면서 한숨짓는 사람들, 세상 돌아가는 모습이 한심해 웃을 수 없다는 사람들에게,

"그럴수록 더 웃어야 하며, 웃을 일이 있을 때만 웃는 게 아니라, 억지로 노력해서라도 웃어야 한다."

고 웃음치료사는 말합니다.

웃음의 힘은 강력합니다. 몸과 마음이 밝고 가벼워집니다.

웃음운동은 처음에는 억지로 웃으려고 노력해서 웃습니다. 그런데, 그렇게 웃어도 기분이 달라지고, 그러면서 점점 몸까지 가벼워집니다. 웃음운동이 습관화되면 우울증을 극복하고 삶의 재미와 보람을 새삼 느끼게 됩니다.

기분이 침울하고 낙담했을 때, 억지로라도 웃으면 몸에 기(氣)가 순환하고 기가 살아나게 되어 다시 새로운 일을 시작할 수 있는 힘을 얻게 됩니다. 몸에 좋은 보약을 열심히 챙겨 먹듯이 마음의 보약인 웃음을 매일 부지런히 충전해야 합니다. 웃는 표정을 얼굴에 짓기만 해도 뇌는 몸에 좋은 신경전달물질을 분비한다고 합니다.

행복해서 웃는 것이 아니라 웃으면 행복하게 됩니다. 웃음은

기쁘고 좋은 일들의 결과가 아니라 그런 일들을 불러오는 원인이고 출발점인 것입니다.

이제 '웃음의 10가지 법칙'를 소개하겠습니다.

'웃음의 10가지 법칙'

● **의식적으로라도 웃어라**

의식적으로 웃어도 기분이 좋아지고, 기운이 올라가며, 건강이 좋아지는 효과가 있다.

● **시간 날 때마다 웃어라**

하루중 시간날 때마다 웃으면 피로가 풀리고 몸이 가벼워진다.

● **웃음의 힘을 믿어라**

웃음은 나에게 행복을 주며, 나에게 건강을 가져다 준다.

● **힘들 때 웃어라**

힘들 때 웃을 수 있어야 한다. 힘들 때 웃으면 위기를 극복하는 힘을 얻는다.

● **크게 웃어라**

큰소리를 내며 크게 웃어라. 크게 소리내어 웃으면 그만큼 몸에 더 강한 힘을 준다.

● **같이 웃어라**

혼자 웃는 것보다 여럿이 같이 웃으면 훨씬 효과가 크다.

● **나부터 웃어라**

나부터 웃으면 우리 가족이 웃고, 가정이 화목해 진다.

● **즐거운 상상을 하면서 웃어라**

자신의 꿈이 이루어졌을 때의 자신의 모습을 상상하면서 웃으라.

● 좋은 기운을 느끼며 웃어라

좋은 기운이 자기 몸을 감싸고 있다고 생각하며 웃으라.

● 온몸의 세포가 다 웃어라

온몸의 모든 세포 하나 하나에 이르기까지 다 웃으라.

스파에서 전우주적 행복에 잠기기

인도양의 패러다이스 몰디브 섬의 리조트 스파에서 목욕을 한 후 전신 마사지를 받아 온몸이 노곤하게 풀어지면서 '전우주적 행복(全宇宙的 幸福)'에 잠겨본 적이 있습니까?

현대인의 스트레스 해소를 위해 스파는 심신안정에 더없이 좋습니다. 스트레스 해소를 위한 스파테라피는 다양한 압력의 물살이 비만부위나 특정부위를 중점적으로 맛사지 해줌으로써 체내의 신진대사가 촉진되고 신체의 산소, 혈액, 영양분의 순환을 개선시켜 독소와 노폐물을 제거해주는 기능이 있습니다.

스파는 벨기에 리에주에 있는 온천도시의 이름이자 광천을 뜻하는 말입니다. 스파는 단순한 온천욕이 아닌, 물로 몸과 마음을 치유한다는 포괄적인 의미를 가지고 있어 바쁜 일상에 지친 현대인에게 휴식의 차원을 넘어 치료의 수단으로 사랑받고 있습니다. 스파는 단순한 온천을 뛰어넘어 피로회복과 피부미용, 놀이와 휴식공간으로 진화하고 있으며, 기존의 온천처럼 온천수의 효능에만 만족하지 않고 다양한 맛사지, 명상을 결합해 몸과 마음을 치유하는 곳으로 발전하고 있는 것입니다.

스파가 인기를 끌고 있는 것은 현대사회가 점점 복잡해지면서 스트레스가 증가하기 때문입니다. 스트레스에 찌든 현대인의 화두는 웰빙과 노화방지입니다. 스파에서 반신욕을 한 후 천연 아로마 오일로 온몸 마사지를 받으면 온몸이 따뜻해지면서 노곤하게 잠이 밀려오며, '작지만 확실한 행복' 을 느끼게 됩니다.

스파라고 하면 동남아시아의 리조트를 떠올리는 분이 많겠지만 최근에는 국내에도 기능성 스파테라피시설을 갖춘 스파리조트가 많아지고 있습니다. 온천수의 품질은 물론 실내인테리어, 휴식시설, 놀이시설 등에 대한 투자를 통해 고급스런 시설과 서비스를 갖추고 있습니다.

유명한 스파로는 안면도 롯데오션캐슬의 아쿠아월드, 미란다 호텔의 이천스파플러스, 아산스파비스를 들 수 있습니다.

몇 년전 여름 휴가철에 가본 안면도 롯데오션캐슬 아쿠아월드에는 고급스런 느낌이 드는 실내정원 스파풀 페라디움이 있었고, 오션 캐슬은 뒤로는 해송이 우거지고 앞으로는 아름다운 바다를 볼 수 있는 곳에 자리잡고 있었습니다. 이곳에 있는 아쿠아월드는 여성미용클리닉센터, 남녀유황해수사우나, 유황해수노천탕, 실내정원 스파풀 페라디움이 있습니다. 아쿠아월드에는 지하420m 암반에서 솟은 유황해수가 공급되는데, 유황해수에는 칼륨, 칼슘, 나트륨, 마그네슘, 황산이온 등 인체에 유익한 광물질이 다량 함유되어 있다고 합니다.

다음은 충남 아산 스파비스입니다. 충청도 아산 온양, 예산, 덕산을 차로 여행해보니 온천이 군데군데 있었습니다. 건강, 가족, 테마가 있는 아산스파비스는 온가족이 즐길 수 있는 건강온천으로 인공암반과 야외 온천풀, 자갈이 깔려있는 지압보도가 외국의 리조트에 온 것 같은 착각을 불러 일으킬 만큼 이국적입니다. 워터슬라이드 등 물놀이시설과 적외선 선탠룸, 아로마향을 넣은 스파욕조, 황토탕, 레몬탕, 동굴탕 외에도 눈썰매장, 야외공연장, 피크닉장과 야외체육시설 등이 있어 온 가족이 함께 즐길 수 있는 곳입니다.

경기도 이천 미란다호텔의 스파플러스는 2002년 12월에 개장한 첨단 온천테마 파크입니다. 우리나라 최초로 온천에 사는 물고기가 몸을 자극해 치료하는 효과를 얻는 닥터피쉬탕을 설치해 놓았습니다. 이천온천(현 미란다 호텔대온천탕자리)은 약 500여 년전 조선 세종대왕 때부터 온천배미라고 불리어 온 곳으로 온천이 발견되기는 120여 년 전에 한 농부가 바로 이곳에서 용출하는 더운 샘물을 기이하게 여겨 그 물에 낯을 씻고 때마침 눈병이 있는 터에 신기하게도 씻은 듯 완치되어 그후 눈병, 피부병 등의 환자들이 이곳을 찾아 효험을 얻게 되고 또한 약수라고 일컬어 온 곳입니다. 갖가지 재료를 넣어 만든 이색온천탕이 있는데, 레몬탕부터 해수탕까지 다양한 이벤트 탕이 마련되어 있습니다.

이밖에도 전남 녹색테마온천인 담양리조트온천과 경기도 마성 에버랜드의 캐러비안베이스파, 그리고 강원도 설악워터피아 등도 추천할만한 스파입니다.

여러분은 기타노 다케시 (北野武 Takeshi Kitano)가 감독 & 주연으로 나온 영화 '하나비(1997, Hana-bi)'를 보신 적이 있습니까?

니시(기타노 다케시)는 부인과 마지막 여행을 떠나는데, 일본 전통 여관이 나옵니다. 일본 전통 여관은 깨끗하게 청소한 방에다가 음식 하나하나 정갈하고, 맛도 있습니다.

일본 전통 여관(료칸)에서 푹 쉬면서 온천을 한다면 복잡한 일상을 잠시 잊고 여유를 찾는 '**쉼 여행**'의 정수를 맛볼 수 있을 것입니다.

눈이라도 오는 날 노천온천을 즐길 수 있다면 낭만여유(浪漫旅遊)이며, 뜨끈한 온천물에 몸을 담그고서, 온 천지에 눈이 내리는 설경(雪景)을 보고 있노라면 신선(神仙)이 따로 없습니다.

음악치료

스트레스를 풀기 위해 음악을 듣는 것은 아주 좋은 방법입니다. 인간은 신성(神性)과 악마성(惡魔性)을 함께 가지고 있습니다. 그런데 아름다운 음악의 선율을 듣고 있노라면 음악과 같은 예술활동은 신성(神性), 즉 신의 영역에 속하는 것 같은 느낌을 종종 받습니다.

음악을 들으면 이런저런 스트레스 뿐만 아니라 불안한 마음도 어느 정도 감소시킬 수 있습니다. 1시간 일하고 10분 정도 휴식을 취할 때 조용한 음악을 듣는 것은 몸과 마음에 쌓이는 스트레스를 말끔히 풀어줍니다. 일반적으로 음악을 들을 때에는 락이나 랩보다는 클래식이 더 좋다고 하지만, 장르를 구분할 필요는 없으며 자기가 좋아하고 자기에게 기쁨을 주는 음악이면 됩니다. 락과 랩은 신경을 흥분시키고 클래식은 신경을 편안하게 안정시켜 줍니다. 클래식 음악을 틀어주면 젖소도 우유를 더 많이 분비하며, 식물의 성장도 촉진된다고 합니다.

마음이 불안해질 때는 요한스트라우스의 비엔나 숲속의 이야기를 들어보세요. 그리고 긴장이 될 때는 바흐의 G선상의 아리아, 모차르트의 플루트와 하프를 위한 협주곡 2악장을 들으면 좋습니다. 편하게 들을 수 있는 것은 드보르작의 신세계교향곡 입니다.

사람이 음악을 들으며 공부를 하면 정신이 음악쪽으로 가기 때문에 능률이 떨어집니다. 조용한 음악이라도 공부에 방해가 됩니다. 정신이 공부쪽으로 집중되어야 공부가 잘됩니다. 그러나 50분 공부하고 10분 휴식할 때 휴식시간에 마음을 진정시키는 음악을 들으면 효율을 높여줍니다. 공부하다가 지루할 때 자기가 좋아하는 음악을 들으면 됩니다. 공부를 할 때 음악을 같이 틀어 놓는 것보다는, 공부를 하다 피곤해지면 잠시 쉬면서 음악을 듣는 것이 뇌의 피곤을 풀어주므로 더 효과적인 방법입니다.

우리가 평소에 접하는 자연의 소리, 즉 영화 '봄날은 간다.'에 나오는 것과 같은 자연의 소리에는 비오는 소리, 파도 소리, 폭포수 소리, 대나무 가지에 바람 스치는 소리 등은 우리가 평상시에 듣고 지내는 일상적인 소리이기 때문에 우리가 심리적으로 별 의식하지 않으면서 공부에 방해가 되지는 않습니다.

바닷가의 파도소리, 빗소리, 폭포소리와 같은 자연의 소리를 들으면 잠이 잘 옵니다. 빗소리나 바닷가의 파도소리는 자연 백색소음(white noise)입니다. 자연 백색소음을 들음으로 인해서 알파파가 유도되어 잠이 쉽게 오게됩니다. 백색소음(white noise)은 주변의 소음을 중화시켜주고 심신이 안정될 때 나오는 알파파를 유지해 줍니다. 사무실에서 소음을 차단하기 위해 백색소음을 이용하고 있으며, 편안한 수면을 위하여 보조음으로서 백색소음을 이용해 오고 있습니다.

현대인은 고도로 산업화된 시대에 살면서 그 어느 때보다 풍부하고 편리한 문명의 혜택을 누리나 그 댓가로 스트레스라는 보복에 시달리게 되었습니다. 스트레스는 심장병, 소화기병, 화병 등 많은 질환의 중요한 원인이 됩니다.

현대사회의 무한경쟁시대에서는 스트레스를 잘 이겨내는 사람이 성공합니다. 많은 사람들이 스트레스 해소를 위해 음주와 흡연을 합니다. 그러나 이같은 방법은 일시적일 뿐 아니라 지나칠 경우 건강에 악영향을 미칩니다. 일반적으로 스트레스 해소에 좋은 보편적인 방법이 독서와 운동입니다. 여러 사람이 함께 즐길 수 있는 등산 또한 아주 좋은 스트레스 해소방법입니다.

사람에 따라 '**스트레스해소법**'이 다 다릅니다. 어떤 사람은 스트레스를 해소하려 자기가 좋아하는 음악을 듣습니다. 또 어떤 사람은 그림감상을 통해 스트레스를 풉니다. 이런 예술을 통한 정서순환은 생활에 활력소를 불어넣어줍니다.

음악치료는 음악을 이용하여 질환을 고치는 것을 말합니다. 인류최초의 음악치료 사례는 사울왕 이야기입니다. 이스라엘왕이었던 사울은 말년에 정신불안증상을 앓았는데 다윗이라는 소년이 하프를 연주해 주면 사울이 마음의 평정을 되찾았다고 합니다. 다윗이 인류최초의 음악치료사였던 셈입니다.

모차르트효과라는 말이 있습니다. 모차르트음악이 두뇌와 감성개발에 도움이 된다는 이야기인데, 영국의 세계적인 과학지 네이쳐지에 관련논문이 나오면서 주목을 받기 시작했습니다. 미국에서 대학생들을 세 그룹으로 나누어 먼저 지능검사를 한 후 한 그룹에게는 모차르트음악을 들려 주고, 나머지 두 그룹은 음악을 들려주지 않거나, 현대음악을 들려주었습니다. 그 후 다시 지능검사를 실시했더니 모차르트음악을 들은 그룹의 지능점수가 가장 높이 향상되었다고 합니다. 모차르트 음악은 스트레스, 우울증치료에도 효과적이라고 합니다. 모차르트 음악은 병원에서도 인기를 끌고 있습니다. 모차르트음악은 환자들의 감성을 아우르고 스트레스를 줄여주어 질병치료에 도움을 주기 때문입니다.

음악치료는 불안증 등 정서장애 치료에 이용되며, 치매관리와 호스피스에도 적용됩니다. 스트레스 조절이 병세에 중대한 영향을 미치는 고혈압, 위궤양, 노이로제 관리 등에도 음악치료가 쓰입니다. 음악치료사는 환자들의 증상과 병세에 맞게 미리 짜여진 음악을 이야기와 함께 들려주어 정서적 상상을 할수 있도록 도와주며, 심리적 안정에 필요한 정신과 환자나 주의력 결핍아동(ADHD : attention deficit hyperactivity disorder) 등에게 모차르트음악이 효과가 있다고 합니다.

음악은 과도한 스트레스환경에서 자기 제어능력을 키워주는 효과가 있습니다. 특히 모차르트 음악은 잘 정리된 선율로 신체 안정을 관장하는 부교감신경을 자극하여 마음을 차분히 가라앉히는 효과를 냅니다. 이 때문에 모차르트음악을 들으면 맥박수가 느려지고 피부온도가 올라갑니다.

피로한 심신을 달래는데는 왈츠가 어울립니다. 사람의 몸과 마음에는 일정한 파도를 가지고 있는데, 일정한 선율의 파도와 같은 왈츠를 듣는다면 그 경쾌한 리듬이 피로한 심신에 맛사지 효과를 준다는 것입니다.

온화한 음악은 혈압을 낮춥니다. 부드러움이 넘치는 차이코프스키의 백조의 호수나 넓은 대자연이 연상되는 베토벤의 6번교향곡 전원 등이 긴장을 풀고 혈압을 떨어뜨리는 효과를 준다고 합니다.

사람마다 사상체질(四象體質)이 있듯이, 사람마다 음악적 감수성이 다르기 때문에 아무리 편안한 음악이라도 자신이 좋아하지 않는 음악을 억지로 들으려면 오히려 역효과가 나므로, 자신에게 어울리는 음악을 찾으려고 노력해야 합니다.

음악을 좋아하는 사람이든 좋아하지 않는 사람이든 누구나 어느 순간 자기마음속에 느낌이 와닿는 노래가 있습니다. 차를 타고 멋진 곳을 드라이브할 때 듣는 음악, 숲속의 창가에 앉아 내리는 비를 보면서 듣는 음악, 노르웨이의 숲 그리고 안개가 자욱할 때 듣는 시크릿 가든의 노래, 붉게 물든 노을이 아름다운 해질녘에 듣는 음악, 마음이 너무나 기쁘거나 너무나 슬플 때 듣는 음악 등 음악은 우리도 모르는 사이에 스트레스를 깨끗이 치유해 주며, 우리의 삶을 풍요롭게 해 줍니다.

사운드 테라피

사운드 테라피(sound therapy)는 어떤 원리로 스트레스를 치유하는 것일까요?

사운드 테라피(sound therapy)는 자연요법의 하나로서 음악치료보다 폭넓은 개념이며, 음악뿐만 아니라 음악이 가지는 진동(음파)이 인체에 긍정적인 영향을 미치는 것을 이용하는 것인데, 싱가포르에서는 구리로 만든 종(鐘)모양의 그릇을 진동시켜 환자를 음파로 치유하는 방법을 사용하기도 합니다.

음악의 요소는 음파와 진동으로 나누어 볼 수 있습니다. 귀로 듣는 음파는 뇌(腦) 신피질의 좌뇌 부분에 작용합니다. 피부를 통해서 전달되어지는 진동은 우뇌에 작용하며, 잠재의식 세계에도 영향을 미쳐 보다 정서적, 본능적인 면에 작용하여 인간의 근원적인 면에 영향을 미칩니다.

음악이나 음파로 치료할 수 있는 이유는 인간의 신체는 70%가 수분이며, 신체를 구성하는 뼈나 수분은 공기보다도 진동을 훨씬 잘 전달하기 때문에 음악의 진동이 몸에 전달되어 정서적으로 영향을 미치기 때문인데, 엄마 뱃속의 아기는 피부로 전달되는 진동으로 엄마와 같은 음을 듣고 있는 셈입니다. 태교의 중요성이 여기에도 있는 것입니다. 그리고 성인이 되어서도 잠재의식 속에는 태아기의 기억이 남아있습니다. 음악의 감동이나 도취감은 태아기의 기억에 연결되어 '릴렉세이션(relaxation)의 효과'를 가져옵니다.

입체사운드는 소리의 진동을 이용하여 귀뿐만 아니라 피부를 통하여 우리의 몸에 진동을 전달하여 맛사지 하듯 몸속으로 진동이 전달되게 합니다. 태아가 양수를 떠다니며 엄마의 소리를 진동으로 느끼듯 음악의 진동이 말초신경에까지 전해지는 부드러운 파동의 에너지로 자율신경을 안정시켜 인체의 균형을 찾아 줍니다.

종소리와 같은 음은 상당히 높은 릴렉세이션 효과가 있습니다. 단조로우면서도 비교적 천천히 반복되어 마음의 바이브레이션으로서 많은 효과를 주고 있습니다. 이것을 감성진동이라고 하는데 여러 가지 심리적, 생리적 치료효과가 있습니다.

인간이 가지고 있는 중요한 문화적 요소의 하나가 음악입니다. 인간은 음악을 통해 자신의 정서를 나타내기 때문에 음악을 들으면서 그 음악이 갖고 있는 정서와 자신을 동일시하기도 합니다. 사람은 음악을 통해 신체적, 정신적, 그리고 영적 상태를 조화롭게 해 여러 가지 질병까지 치료할 수 있습니다. 음악은 인간의 생리, 심리에도 영향을 미칩니다. 음악에서 나오는 진동, 즉 음파도 마사지하듯이 신체에 좋은 영향을 줍니다.

음악은 삶에 기분좋은 윤활유가 될 뿐 아니라 건강에도 좋은 효과가 있습니다. 이처럼 눈에 보이지는 않지만 큰 힘을 가진 음악을 스트레스 치료 등에 이용하는 것이 음악치료입니다.

인간의 뇌에는 신경세포와 신경섬유가 있는데 음악을 들으면서 이 신경들이 소리를 전달하는 과정에서 경험이 축적됩니다.

이 신경전달 과정에서 음악은 근육의 긴장상태를 이완시키고 맥박속도를 변화시키며, 장기 기억력을 향상시킵니다.

현대인들은 하루중에 이성, 언어부문을 담당하는 왼쪽 뇌를 많이 사용하기 때문에 집에 들어와서는 음악에 의해 긴장을 풀면서 왼쪽 뇌를 쉬게 하고 비언어적인 오른쪽 뇌를 활용함으로써 상상력, 연상력 같은 것을 활성화 시키면 두뇌의 능력이 향상되어 상상력이 풍부하게 됩니다.

음악은 의사소통의 일환으로 자신의 태도나 느낌, 분위기 등을 전달하는 도구로 사용됩니다. 음악은 사람들을 참여시키고 동기를 유발시키며, 유대감을 갖도록 해줍니다. 음악은 가사를 통한 메시지 전달기능만이 아니라 상징성을 가진 의미도 전달합니다. 음악을 통해 의사소통이 가능하게 되는 것입니다. 자신이 이해할 수 있는 음악을 들으면 자신과 그 음악을 동일시하게 됩니다. 이때 음악이 주는 소속감으로 안정감을 얻고 심리치료가 됩니다.

한편, 음악에는 강한 연상작용이 있기 때문에 인생을 회고시키는 자극의 수단으로서 음악치료에 사용되며, 치매성 환자, 노인들에게 이러한 음악치료는 효과가 있습니다.

자기가 좋아하는 음악을 들으면 정서를 안정시키며, 엔돌핀의 생산을 도와주고 생리적, 정신적, 심리적으로 긍정적인 영향을 미칩니다. 복잡한 생활속의 현대인들에게 스트레스는 면역계, 신경계, 호르몬계에 지대한 영향을 미쳐 질병에 쉽게 걸리도록 합니다. 음악치료나 사운드테라피는 전신(全身)에 파동효과를 이용해 효율적으로 스트레스를 관리할 수 있습니다. 음악치료는 스트레스에 대한 반응을 감소시켜 인체의 밸런스를 찾아주며, 뇌의 알파파 촉진기능을 가지고 있어 심신의 피로회복, 스트레스

완화 등 릴렉세이션 효과가 있습니다. 음악치료로 유도된 알파파는 원기회복, 우울증 치료, 집중력 회복, 심신 밸런스 회복 등 심신의 활성화를 유도해 줍니다. 이로 인해 고혈압, 긴장성 두통, 편두통, 불안신경증, 불면증 등에 치료효과가 있습니다.

미국이나 유럽에서는 음악치료법이 폭넓게 사용되고 있으나 국내에서는 대중적으로 낮은 인지도 때문에 음악치료에 대한 인식이 그렇게 높지 않아 뛰어난 효과가 있음에도 불구하고 국내에서는 아직 보편화 되지 못했습니다.

어떤 음악은 호흡을 늦출 수 있고, 심장의 박동수도 줄일 수 있으며, 치매환자의 기억을 되살릴 수 있다고 합니다. 어떤 음악은 체표면의 온도를 변화시키고, 혈압과 근육의 긴장을 경감시키며, 뇌파의 주파수에 영향을 끼칠 수 있다고 합니다.

음악치료법은 알츠하이머 환자에게 먼 과거의 기억을 되살려주기 위해서도 사용하며, 자폐아동으로부터는 잠재력을 끌어내 줍니다. 암환자에게는 약물치료에 들어가기 전에 음악치료를 통해 고통을 경감시켜 주고 수술 후의 고통을 경감시키는 데에도 이용됩니다.

중국에서는 양방과 한방이 서로 협진(協診)하여 환자에게 가장 알맞은 처방을 내리며, 유럽에서는 의사, 간호사, 음악치료사, 미술치료사, 운동치료사, 자연요법치료사가 머리를 맞대고 의논하면서 환자에게 어떤 치료가 가장 적합할 것인가를 의논해서 결정한다고 합니다. 이렇게 종합적인 접근방법이 더 합리적이라고 생각합니다.

'사운드테라피'와 '음악치료'는 면역계 질환, 뇌신경계 질환, 혈액순환계 질환의 예방과 개선에도 상당히 효과가 있다고 합니다. 이렇게 자연치유를 높여주는 음악요법은 스트레스로 고통받는 현대인들에게 알파파를 촉진하고 스트레스 호르몬의 분비를 현저하게 줄여주어 인체의 밸런스를 맞춰주며, 스트레스를 해소하고 심신의 활성화를 유도합니다. 음악치료는 심리적 스트레스의 완화를 가져다 주는 릴렉세이션(relaxation) 효과가 좋으며, 사운드테라피는 음파로 몸 속을 마사지 해주는 효과가 좋습니다.

미술치료

『내게는 낙서본능이 있다. 전화나 대화도중 무의식적으로 움직이는 펜은 종이 한장 가득 낙서로 채워놓고 만다. 의식적으로 하려면 절대로 불가능한 무의식의 영역. 낙서는 내 안의 내가 일상의 내게 보내는 편지가 아닐까? 내안의 또 다른 내가 무언가 끊임없이 내게 말을 거는 것이다. 우주에서의 텔레파시처럼 깊은 무의식의 세계에서 오는 메시지. 그 메시지 안에서 나는 자유를 느낀다.』

한젬마의 '그림 읽어주는 여자'에 나오는 구절입니다.

요즘 미술치료요법이 다양한 영역에 적용되면서 주목을 받고 있습니다. 그러나 일반인들에게 미술치료는 아직 생소한 분야입니다. 미술치료라 하면 도대체 미술로 무슨 치료를 한다는 것인지 머리를 갸우뚱할 이들이 많을 것입니다.

현대인은 사회가 갈수록 각박해지고 경쟁이 치열해지면서 우울증 등 심리적 질환으로 시달리는 사람들이 늘어나면서 그림은 말이나 글보다 심리적 상황을 더욱 쉽게 표현할 수 있는 표현의 수단으로 활용되고 있습니다.

외국에서는 미술치료가 일반화되고 자리를 잡고 있는 반면에 국내에는 미술치료가 도입된 지 얼마 되지 않습니다. 미술치료는 의학적 치료법에 예술적 기법을 접목한 대체의학으로 자신의 머릿속에 떠오르는 이미지를 그림으로 그리거나 작품을 만드는 과정을 통해 심리상태를 파악, 치료하는 심리치료법으로서, 미술이라는 도구로 심신을 안정시키고, 긍정적인 에너지를 얻어 스스로 치유할 수 있도록 돕는 치유법입니다.

굳이 환자가 아니더라도 현대인은 미술치료를 통해 각자 가지고 있는 심리적인 문제, 즉 내면의 상처나 불안, 스트레스를 치료할 수 있습니다. 미술치료를 통해 얻어진 내면의 힘은 보다 긍정적으로 앞으로의 삶을 가꿔나갈 자양분이 되기 때문입니다.

미술치료는 미술활동에 몰두하는 것만으로도 말로는 표현할 수 없는 내면의 억압된 심리를 표출하게 되어 저절로 마음의 안정을 찾을 수 있게 되고, 스스로 자신의 문제를 해결할 힘을 얻게 됩니다. 미술치료는 어린아이부터 청소년, 성인, 노인 등 다양한 연령대의 모든 사람들에게 적용됩니다. 뿐만 아니라 육체적인 질병이나 정신적인 문제로 고통받는 환자들, 즉 약물중독자, 중증말기환자, 장애인, 가정불화가 있는 가족, 그리고 정서적인 어려움을 경험한 적이 있는 사람에게 모두 적용할 수 있습니다.

'그림치료'는 아이들에게는 정서적 안정과 균형잡힌 뇌 발달에 도움을 줍니다. 청소년에게는 자아정체성을 기르고 변화에 적응할 수 있는 능력을 줍니다. 노인들에게는 치매예방 효과와 함께 우울증을 극복하는데 탁월합니다. 학교나 복지관, 양로원, 병원 등에서는 집단적인 미술치료를 할 수 있습니다. 이것은 사회복지차원에서 문제를 예방하고 해결하는 방법으로 활용할 수 있습니다.

미술치료는 쉽게 드러내지 않는 마음속 깊은 상처를 읽고 이해의 손길을 내미는 것입니다. 그래서 미술치료는 사람의 마음을 읽고 그 상처를 보듬을 수 있습니다.

여러 가지 스트레스로 시달리는 현대인에게 미술치료는 정서를 안정시켜 주고 정체성을 찾아가는 길잡이 역할을 해줍니다. 그림속의 인물에 자신의 감정을 이입해 봄으로써 내면의 억압된 감정을 발산할 수 있게 됩니다.

찰흙, 점토 등으로 작품을 만들거나, 종이를 찢고 오리고 붙이고 하면서 하는 미술활동은 가장 단순하면서도 풍부하게 자신을 표현할 수 있는 방법이며, 진솔한 자기 고백입니다.

한편, 미술작업이 주는 시각적, 육체적, 촉각적 자극이 뇌세포의 활동을 활발하게 합니다. 또한 심리적 안정감과 자신감을 얻어 우울증도 쉽게 극복하게 하며, 자신의 삶을 긍정적으로 수용하고 독립성과 자아실현을 도와주는 역할도 합니다.

미술치료사는 스트레스를 많이 받는 현대인의 문제가 미술작품에 충분히 표현되면 대화를 나누면서 문제의 해결실마리를 찾습니다. 작품을 시작할 때와 만들 때 그리고 끝났을 때의 느낌이 어떠한가? 어떤 부분이 마음에 드는가? 그 이유는 무엇인가? 만약 작품을 수정한다면 어느 부분을 어떻게 수정하겠는가? 그림 요소간의 상관관계는 어떠한가? 이와 같은 질문을 던지고 상대방의 대답을 듣는 과정이 중요합니다.

상대방이 무엇을 표현하고자 했는지, 그림 대상에 대해 어떤 감정을 느꼈는지를 아는 것은 상대방의 심리상태를 파악하고 문제점을 찾아내는데 유용합니다. 미술작품을 제작하는 과정 자체가 치료의 기회를 제공하지만 평가와 토론을 통해 작품에서 받은 느낌과 제작 과정의 감정을 다룸으로써 보다 깊은 자기 인식의 기회를 마련할 수 있습니다.

일본에서는 심리치료사가 과도한 정신적 스트레스에 시달리는 사람에게 보드판위에 다양한 축소 조형물, 즉 집, 나무, 사람, 동물, 가구, 기타 여러 가지 물건 등을 보드판위에 배치하도록 하고 그것을 어떻게 배치하는가 하는 것과 축소 조형물의 상징적 의미를 찾아내어 그 사람의 내면의 심리상태와 그에 따른 문제점을 치유하는 것을 읽은 적이 있습니다.

사람들은 평소 자기 마음에서 가장 많은 비중을 차지하고 있는 것을 보드판 중앙에 배치하는 경향이 있다고 합니다. 그 조형물들은 단순한 조형물이 아니라 내면의 심리를 반영하는 것이며, 그 조형물의 배치와 그 조형물에 담긴 상징의 의미를 분석하여 내면의 심리상태와 그 문제점을 알아내는 것입니다.

미술치료는 언어로 표현하지 못하는 속마음을 자유롭게 표현하는 과정을 통해 닫힌 마음을 조금씩 열고 내면의 상처를 치유하는 과정이자 나는 무엇을 하고 싶은지 진정한 자아를 찾을 수 있는 행복한 만남의 시간이기도 합니다.

평범한 일상 속에서 겪는 사소한 마음의 상처에서부터 정신과에 가지 않아도 될 마음의 병까지 치유하는데 쓰이는 것이 바로 미술치료입니다. 서양에서는 많은 사람들이 심리치료나 카운슬링을 받고 있으며, 우리나라에서도 '나는 그런 정신적인 문제가 없다.' 라고 장담하던 사람이라도 막상 미술치료를 받아보면 자신이 문제점을 가지고 있다는 점을 발견하여 이러한 치료법을 통해 자신을 새롭게 발견하고 멋진 삶을 살 수 있는 기회를 얻게 되며 또한 타인을 이해하고 타인과의 의사소통에 대해 새롭게 인식하는 계기가 됩니다.

미술치료는 꼴라쥬(Collage), 그리기, 꾸미기, 만들기 등의 다양한 미술방법을 통해 자신의 체험과 관념들을 밖으로 표출하고 자신이 전혀 깨닫지 못한 자신이 자란 배경, 가족관계, 자신의 성격과 행동 등에 대해 어떤 문제가 있는지 알게 됩니다.

정신의학이 정신질환과 나아가 건강상태와 병적 상태에서 개인의 행동을 연구하고 치료하는 의학의 한 분야라면, 심리학은 생물체의 의식과 행동을 연구하는 학문입니다. 미술치료는 심리학과 정신의학적 측면을 동시에 가지고 있으면서 치료방법으로써 미술영역을 적극적으로 도입하고 있다는 특징을 가지고 있습니다.

미술치료는 이미 여러 나라에서 그 가치와 중요성을 인정하여 전문적인 교육기관이 세워졌고 여기서 많은 전문적인 치료사들이 배출되어 매우 활발한 활동을 하고 있으며, 일반인들도 미술치료를 긍정적으로 보고 있습니다. 그만큼 미술치료가 대중성을 확보해가고 있다는 뜻입니다.

한국에서는 미술치료의 역사가 짧은 편이며, 현재 활동중인 국내 미술 심리치료 전문가들도 외국에서 공부하고 온 경우가 많습니다. 미술심리치료는 주로 정신과에서 사용되기도 하는데 아이들의 주의력 결핍 과다행동(ADHD)이나 불안장애, 우울증 등 간단한 증상에서부터 그보다 심각한 정도에까지 걸쳐 사용합니다. 미술심리치료는 여러 가지 검사를 거친 후 약물치료를 하지 않는 정도 내에서 사용하기도 하며, 약물치료와 병행해서 사용하기도 하는데 그 효과는 단순히 약물치료만으로 해결할 수 없는 부분을 해결해 줍니다.

미술치료는 마음을 고스란히 담은 그림을 통해 자신의 문제를 새롭게 바라다볼 기회를 제공해 줍니다. 미술치료는 정신과처럼 멀리 있는 것이 아니라 우리 곁에 가까이 있습니다. 하루하루 일상생활 속에서 겪는 사소한 마음의 상처에서부터, 스트레스 해소, 정신과까지 갈 정도는 아닌 마음의 치료에 이르기까지 미술치료가 도움이 되기 때문입니다.

스톤테라피

여름 피서철에 강(江)으로 놀러가서 강가에서 둥그런 큰 돌을 몇 개 주워와 버너위에 올려놓고 삼겹살을 구워먹으면 훨씬 맛있었다는 경험을 한 적이 있을 것입니다. 물론 야외에서 먹으니까 맛있다는 측면도 있지만 돌에서 방사되는 원적외선이 고기 내부까지 익혀줌으로 훨씬 맛이 있게 된 것입니다. 이와 마찬가지로 웰빙을 추구하는 현대인에게 스트레스 치료법으로 부상하고 있는 스톤테라피는 돌의 원적외선을 이용한 것입니다.

미국에서는 아로마테라피, 인도의 아유르베다 마사지에 이어 스톤테라피가 자연을 이용한 요법으로 크게 각광받고 있으며, 현대식 스톤테라피의 시초인 에리조나주의 라스톤테라피에는 멜 깁슨과 나오미 켐벨 등이 단골이라고 합니다. 스톤테라피는 물리치료의 개념이 담겨있어 독소배출과 근육 긴장완화가 가능하며, 따끈하게 달군 돌을 수건에 감싼 뒤 배와 등에 얹어주는데 은근하게 올라오는 열기에 기분까지 좋아집니다.

스톤테라피는 골반뼈에서부터 반뼘 간격으로 살짝 달궈진 돌을 올려놓아 맛사지를 하는 것입니다. 따뜻한 온기를 느끼기 위해 그냥 올려놓기만 해도 괜찮습니다. 좀더 효과를 얻고 싶으면 척추를 중심으로 반뼘 간격으로 위아래 근육을 따라 가볍게 맛사지 해줍니다. 그런데 스톤테라피는 고급 맛사지샵에서 우아하게 테라피를 즐길 수도 있지만 가격이 비쌉니다. 그리고 굳이 비싼 맛사지샵에서 스톤테라피를 받지 않더라도 적당한 돌을 구해 집에서도 스톤테라피를 할 수 있습니다.

온기를 담을 때는 천연현무암이 좋고 차갑게 할 때는 천연대리석이 좋습니다. 온기를 담을 때 쓰는 돌을 핫스톤이라고 하고 차갑게 할 때 쓰는 돌을 쿨스톤이라고 합니다. 이러한 돌을 구하기 어려울 때는 냇가나 개울에 둥글둥글하고 크기가 알맞은 조약돌을 선택해도 무난합니다.

돌을 데울 때에는 될 수 있으면 알루미늄이 들어있지 않은 스테인레스나 뚝배기, 질그릇을 이용해서 돌을 데웁니다. 돌을 넣은 다음 물을 넣고 10분정도 끓입니다. 돌을 건질 때에는 나무주걱을 이용하고 너무 뜨거우면 수건위에 올려놓고 이용합니다.

찐빵정도의 크기의 돌을 배에 올려놓을 때는 배꼽중앙에서 5cm 정도 떨어진 양옆 대각선 방향에 놓습니다. 3cm 크기의 조약돌 10개 정도를 물에 데워서 수건으로 감싼 다음 배꼽 밑에 있는 단전을 자극하는 방법도 좋습니다. 돌을 올려놓을 때는 척추를 중심으로 대칭이 되게 10개 정도 올려놓습니다. 주의할 점은 배위에 직접 올려놓지 말아야 합니다. 수건을 깔고 데운 돌을 올려놓으며 돌이 미지근해지면 수건을 치우고 피부위에 직접 올려놓아도 좋습니다. 음양오행으로 보면 돌은 금의 기운을 가지고 있어 근육과 뼈에 도움을 주고 현무암의 경우 물의 기운이 있어 신장, 방광에 도움을 줍니다.

스톤테라피는 돌의 무게와 품질이 중요합니다. 돌의 무게가 너무 무거우면 인체에 부담을 주며, 너무 가벼우면 스톤테라피의 효과가 줄어듭니다. 적당한 무게의 스톤을 준비하는 것이 중요합니다. 핫스톤의 경우 검은 현무암을 35℃ 정도로 데워서 사용합니다. 쿨스톤의 경우 대리석을 냉장고에 보관했다가 차게 만들어 얼굴 부위와 염증, 열이 있는 곳에 사용합니다. 인체의 신진대사는 35℃ 정도가 적당하기 때문에 돌을 물에 넣고 끓이면 물의 온도가 100℃까지 올라가므로 스톤의 온도를 35℃ 정도로 식혀 사용합니다.

핫스톤은 35℃가 적당한데 돌을 물에 끓여서 나무주걱으로 꺼냈을 때에는 온도가 상당히 높습니다. 이때는 두꺼운 타올로 감싸서 맛사지에 사용하고 돌의 온도가 35℃ 정도로 식으면 타올을 벗겨내고 사용합니다. 경혈부위에 스톤테라피를 할 경우에는 적당한 무게의 스톤을 10분정도 올려놓습니다.

돌을 가지고 맛사지를 하려면 아로마 에센스 오일을 바른 후 10분정도 손바닥으로 문지르듯이 피부를 맛사지 합니다. 맛사지는 처음에는 약하게 천천히 하다가 이후에는 강약을 바꾸어 가며 반복합니다. 손바닥 크기의 돌을 누운 사람의 허리에 올려두고 돌로 등 전체를 문질러도 좋습니다. 이때 등, 허리, 팔, 어깨의 경락이나 경혈을 자극해 주면 좋습니다. 얼굴에는 스톤을 사용하면 지압의 효과가 있습니다. 발맛사지는 바둑알크기의 스톤을 발가락 사이에 끼운 후 큰 돌로 발바닥을 맛사지 해줍니다. 발맛사지는 발이 피곤한 사람에게 탁월한 효과가 있습니다. 맛사지가 끝난 후에는 따뜻한 타올로 닦아주고 로션을 바릅니다.

숙취 해소를 위해서는 데운 돌을 10분 정도 배꼽 주변에 올려둡니다. 몸이 피곤할 때에는 35℃ 정도로 데운 돌을 피곤한 부위에 얹고 5분정도 돌에서 나오는 원적외선 에너지를 받은 다음 로즈마리 오일을 스톤에 묻혀 문질러 주면 좋습니다. 스톤테라피를 하면서 아로마오일을 함께 사용해 주면 마음까지 편안하게 풀어주는 효과를 얻을 수 있습니다.

잠을 잘 자기 위한 7가지 방법

여러분은 하루 몇시간 주무시나요? 밤에 자다가 자주 잠을 깨는 일은 없습니까?

잠을 깊게 잘 자려면 어떻게 해야 할까요?

잠을 잘 자는 것은 우리가 생각하는 것 이상으로 중요합니다. 불면은 건강에 치명적인 영향을 미치며, 우울증으로 이어져 자살로까지 몰고 갈 수 있는데, 모(某) 연예인은 자살 전에 심각한 불면증에 시달렸다고 합니다. 그러나 현대인은 갈수록 숙면이 어려워지고 있습니다. 야근, 술 문화, TV시청, 인터넷 서핑 등으로 잠 못드는 밤이 강요되는 문화인 것입니다. 이것은 '시애틀의 잠 못이루는 밤' 과 같은 낭만적인 이야기가 아니라, 현대인들은 사회 구조적으로 심각한 수면부족에 빠지기 쉬운 환경에 처해 있는 것입니다.

수면부족 상태가 되면 몸이 언제나 나른하고 정신이 멍한 상태가 지속되며, 업무능력도 떨어지고 매사에 의욕도 없어집니다. 특히 정신노동자의 경우 7-8시간의 수면시간이 필요합니다. 특히 밤 11시에서 새벽 2시 사이에는 반드시 잠을 자야 하는 시간입니다. 이 시간에 멜라토닌 등 인체를 보호하는 여러 가지 호르몬이 많이 분비되기 때문입니다. 밤 12시 이전에 잠들어야 뇌(腦)가 깊은 잠에 들 수 있어, 잠의 질이 높아지는 것입니다. 인체에 꼭 필요한 멜라토닌은 오전 2시 이후에는 분비가 급격히 줄어들기 때문에 그 다음에는 잠의 질과 숙면의 효과가 반감됩니다.

잠이 보약이라는 말이 있습니다. 잠을 잘 자는 것이 보약만큼이나 건강에 좋다는 뜻입니다. 그러나 복잡한 일상에 쫓기며 사는 현대인에게는 숙면을 취하기가 그렇게 쉬운 일이 아닙니다. 잠을 잘 자지 못하면 다음날 업무능률이나 학업능률이 떨어집니다. 수면부족현상이 장기적으로 이어질 경우 고혈압, 심장병, 당뇨병 등에 걸릴 위험이 높아집니다.

저자가 몇 년전 울산에서 택시를 탔을 때 택시 기사분한테 직접 들은 이야기입니다. 그 기사분은 우리나라 유명 자동차메이커에서 3교대로 근무를 하였는데 월급은 괜찮았지만 신체 바이오리듬이 깨지고 건강이 나빠져 직장을 그만두고 택시운전을 한다고 했습니다. 3교대 근무시 야간근무를 하지 않을 때에도 밤에 잠을 제대로 자지 못해 건강과 몸 컨디션이 좋지 않을 때에는 차라리 급여는 적더라도 자기 수면체질에 맞는 일을 구하는 것이 장기적으로 볼 때 더 낫지 않을까 생각합니다. 먼저 사람이 살고 봐야 하는 것이고, 사람이 건강해야 무슨 일이든 할 수 있는 것이니까 말입니다.

곧바로 깊은 잠을 자기 위해서는 취침 전에 얼마나 긴장을 잘 풀었느냐가 중요합니다. 신경을 부드럽게 부교감신경으로 전환시켜야 뒤척이지 않고 수면상태에 이릅니다. 취침 전 긴장을 푸는 방법으로는 스트레칭, 마사지, 따뜻한 물에 목욕하는 방법 등이 있는데 자신에게 적합한 방법을 택합니다. 침실의 조명은 완전히 끄고, 온도와 습도를 쾌적하게 유지하는 것도 숙면에 도움이 됩니다.

수면은 낮동안 활발하게 활동했던 뇌를 식혀주는 생리적 과정입니다. 하루 종일 머리를 많이 써 뜨거워진 뇌를 식힐려면 뇌의 온도를 낮춰야 합니다. 잠이 올 때 손발이 뜨거워 지는 것을 종종 느낄 수 있는데, 이는 몸이 뇌의 혈액을 손끝 발끝으로 흘려보내 뇌의 온도를 조절하기 때문입니다. 손발이 차갑다는 것은 뇌의 온도가 뜨겁다는 뜻으로 이럴 때는 쉽게 잠들지 못합니다. 잠자기 전에 목욕을 하는 것이 좋은 것도 손끝 발끝까지 혈액순환을 원활히 하여 뇌를 차갑게 하기 위함입니다. 목욕은 잠자기 약 2시간 전에 뜨거운 물이 아닌 따뜻한 물로 하는 것이 좋습니다. 그리고 메밀베게는 냉(冷)한 성질이 있어서 뇌의 열을 식혀주는 작용을 하므로 숙면에 도움이 됩니다.

미인은 잠꾸러기라는 말이 있습니다. 잠을 잘자야 피부가 고와지는 것입니다. 클레오파트라는 침실에 장미꽃잎을 깐후 향을 뿌리고 잠을 잤다고 합니다. 중국의 서태후는 베게에 한방약재를 넣어두었다고 합니다. 마릴린 먼로 역시 나체로 샤넬넘버5 향수만 뿌리고 잠을 잔 것으로 유명합니다. 이렇게 잠자리 기호가 까다로운 것은 숙면이 피부미용과 직결되기 때문입니다.

잠을 잘자기 위해 자기체질에 맞는 허브차를 마시는 것도 방법의 하나입니다. 저자는 자스민차를 종종 마십니다. 자스민차는 숙면에 도움이 되는데 우리가 보통 자스민차라 하더라도 3가지로 나눠볼 수 있습니다. 첫째 녹차잎 97%에다 자스민꽃 3%를 섞어 만든 화차(花茶), 둘째 우롱차 97%에 자스민꽃 3%를 섞은 차, 그리고 셋째로 100% 자스민꽃을 말려 만든 자스민차가 그

것입니다. 이중에서 숙면에 도움이 되는 것은 세 번째 차입니다.

저자는 첫 번째 자스민차는 매일 2-3잔씩 마시고, 세 번째 자스민차는 일주일에 2-3차례 마십니다. 100% 자스민꽃을 건조시켜 만든 자스민차는 카페인이 없고, 숙면에 도움이 되며, 신경을 안정시켜주고, 불안증, 우울증을 없애주는데 좋습니다. 이 자스민차를 약간 큰 티스푼으로 한스푼 내지 두스푼을 95℃ 정도로 끓인 물에 넣고 2분정도 우려낸 뒤 마십니다.

'잠을 잘자기 위한 7가지 방법'을 알아보도록 하겠습니다.

01 첫 번째가 균형잡힌 식사를 하는 것입니다.

몸에 칼슘이 부족하면 안절부절 못하게 될 뿐 아니라 스트레스의 원인이 됩니다. 균형잡힌 식사를 하는 것이 숙면의 기본요건입니다.

02 두 번째 기분좋을 정도의 노동이나 운동을 하는 것입니다.

낮동안의 생활속에서 긴장감을 유지해 적당한 피로감이 느껴지도록 하는 것이 중요합니다. 피곤을 느끼는 육체는 밤에 체온이 쉽게 낮아져 깊은 잠을 잘 수 있게 합니다.

03 세 번째 취침 전 따뜻한 물에 목욕을 합니다.

뜨거운 물은 오히려 교감신경을 자극해 흥분시켜 잠에 방해가 됩니다. 잠자리에 들기 전이라면 40℃ 정도의 따뜻한 물에서 목욕을 하는 것이 좋습니다.

04 네 번째 취침 전 많은 양의 알코올이나 차는 피합니다.

차에 함유된 카페인과 다량의 술은 수면리듬을 깨뜨리므로 지나친 음주는 삼가합니다. 카페인이 없는 차는 숙면에 도움이 됩니다.

05 다섯 번째 잠이 들지 않을 때에는 무리하게 자려하지 않아야 합니다.

잠이 오지 않는다는 생각만으로도 스트레스를 받아 오히려 잠을 쫓아냅니다. 느긋하게 생각하고 긴장을 풀어야 합니다.

06 여섯 번째 침실환경을 쾌적하게 만듭니다.

여름에는 25°C 내외, 겨울에는 18°C 내외, 습도는 50~60% 정도가 쾌적지수입니다. 조명은 완전히 끄는 것이 좋습니다.

07 일곱 번째 자신에게 맞는 침구를 선택합니다.

침구는 취향, 사용감 등을 고려하되 순면 등 자연소재가 좋습니다. 특히 베개는 숙면을 좌우하는 중요한 요소이므로 신중하게 선택해야 합니다.

베개는 특히 재질이 중요한데, 우리 선조들은 메밀을 넣은 베개를 애용해 왔습니다. 이것은 메밀의 찬성분이 뇌의 열을 식혀주어 머리를 맑게 해주고 건강에 좋다는 생활의 지혜에서 나온 것입니다.

큰소리로 노래 부르기

평소 노래를 자주 부르거나 콧노래를 흥얼거리면 몸과 마음에 어떤 영향을 줄까요?

미국 웨스턴 온타리오대학의 연구에 따르면 노래는 면역성과 지각기능을 높이며, 행복감을 증진시킨다고 합니다. 또 목소리의 노화도 방지합니다.

노래를 부르면 정신 건강 뿐 아니라 육체적 건강도 좋아지는데, 신체의 저항력이 증대되고 명상과 걷기 운동과 같이 건강에 유익한 효과를 가져 온다고 합니다. 정기적으로 노래를 부르면 호흡이 개선돼 산소 흡입량이 늘어나고, 순환기에 자극을 줘 신체를 균형잡히고 활력 있게 합니다.

그뿐만 아니라 노래를 자주 부르면 표현력이 향상되고 창의력이 발휘되는 등 정신적으로도 긍정적인 결과를 얻을 수 있습니다. 큰 소리로 노래를 부르면, 자신감이 넘치게 되고 업무능력의 향상을 가져와 다른 직업 분야에서도 도움을 줄 수 있다고 합니다. 노래를 많이 하면 목소리를 통한 표현 능력이 증대되고 이는 성공적으로 인생을 살아가는 데 유리한 점으로 작용합니다.

노래는 목소리를 젊게 유지하는 데도 도움을 주며, 특히 폐경기에 들어서는 여성들은 노래 부르기를 통해 목소리의 노화를 막을 수 있습니다. 노래를 부르면, 신체의 노화 진행을 늦추는 효과가 있는 것입니다. 노래는 특히 단조로운 가사에 지친 주부들에게 단순히 취미생활을 넘어 삶의 활력소를 제공하고 화목한 가정을 만드는 윤활유가 됩니다.

우리나라에서는 노래방이 국민 오락으로 자리 잡았는데, 노래방에서 노래를 부르며, 가볍게 몸을 움직여주면 열량을 소모할 수 있고 알코올을 빨리 배출시켜 스트레스까지 해소하는 효과가 있다고 합니다. 노래할 때 소모되는 열량은, 1시간 동안 노래를 할 경우 약 100 칼로리가 소모된다고 하며, 이는 산보 30분, 골프 20분, 농구나 배드민턴을 12분 정도 하는 것에 해당합니다. 1시간 동안 춤을 출 경우엔 약 240Kcal 열량을 소모할 수 있습니다. 흥겨운 댄스곡을 부르며, 가벼운 춤까지 곁들인다면 1시간동안 300 Kcal 안팎의 칼로리를 소모하는 셈이 됩니다.

스트레스를 많이 받거나 머리가 복잡할 때는 좋아하는 노래를 불러 봅시다. 노래를 듣지만 말고 큰소리로든 작은 흥얼거림이든 꼭 따라 부르는 것이 좋습니다. 스트레스는 만병의 근원인데, 좋아하는 노래를 부르면 스트레스를 해소합니다.

'노래 부르기'는 기분을 상쾌하게 하고 대인 기피나 우울증 치료에도 효과가 있으므로, 평소 설거지를 하거나 빨래를 개면서 노래를 흥얼거리는 습관을 가져 마음을 젊고 건강하게 합시다.

영어를 배울 때 크게 소리내어 말하는 것이 영어를 잘할 수 있는 비결이듯이, 큰소리로 노래를 부르면 생활속에 쌓인 스트레스가 해소됩니다. 악기연주를 같이 한다면 더욱 좋습니다.

기독교인들이 찬송가를 부르거나 불교인들이 염불, 독경을 큰소리로 하는 것은 입으로 소리를 냄으로써 기의 순환이 촉진되고, 마음이 편안해지며, 머리가 맑아져 수행에 도움이 되기 때문입니다.

퇴계 이황 선생은 본래 몸이 허약하고 건강이 좋지 않았으나 자신이 창안한 건강수련법인 '활인심방'에 병을 없애고 장수하는 여섯가지 비결 중에서 사계절에 따라 큰소리 내기를 제시했는데 몸이 허약함에도 70세까지 산 것은 이러한 소리냄이 건강에 도움이 되지 않았나 생각됩니다.

클래식이나 국악 등의 좋은 음악은 노화방지에도 탁월합니다. 노래를 많이 부르면 갑상선호르몬을 자극하여 젊음과 건강을 유지시켜줍니다. 사람이 음악을 듣거나 노래를 하면 뇌에서 알파파 세타파 등이 방출되어 심신이 안정되고 신경계 혈관계 뇌분비계 등에 바람직한 변화가 일어납니다.

노래에서 나오는 음파와 같은 자연적인 파동은 우리 몸을 편안케 하며, 신경전달물질을 원활히 나오게 합니다. 엔돌핀, 도파민 등의 호르몬생성을 도와서 약을 쓰지 않고도 우울증, 불면증 치유효과가 있습니다.

노래를 하면 머리에서 흉부와 복부, 대퇴부에 이르기까지 한꺼번에 넘나드는 호흡으로 온몸에 자극을 줍니다. 자기가 좋아하는 음악을 들으면 건강에 큰 도움이 됩니다. 사물놀이, 유진박의 퓨전바이올린 연주, 싱가폴 바네사 메이의 크로스오버 퓨전바이올린 연주를 들으면 신바람이 납니다.

노래는 또한 고통을 치유하는 효과가 있습니다. 에릭 클랩턴(Eric Clapton)은 미국 뉴욕의 한 아파트에서 어린 아들이 실족사한 후 아들을 위해서 추모곡을 만들었습니다. 그 이후 그는 술과 마약을 끊었습니다. 그는 노래의 힛트에는 관심이 없으며, 단지 아들을 기리기 위해 할 수 있는 최선의 일은 노래뿐이었다고 합니다. 에릭 클렙턴은 노래를 통해서 아들을 잃은 마음의 고통을 치유할 수 있었던 것입니다.

여행으로 건강하게 사는 법

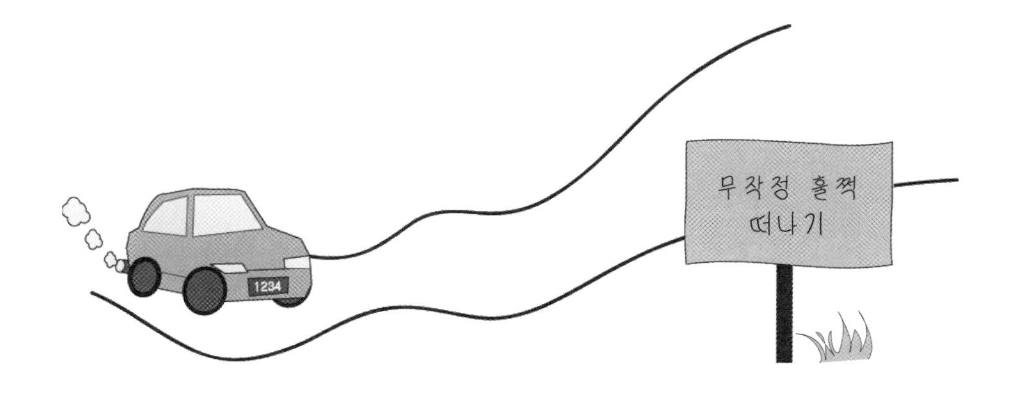

관광버스 투어

여러분은 여행을 즐기고, 종종 여행을 떠나십니까?

우리가 주말에 여행을 떠나려 해도 시간과 비용이 많이 들고, 운전시 피곤함, 그리고 돌아올 때의 주차장을 방불케하는 꽉 막힌 교통체증 생각이 떠올라 떠나고 싶은 생각만 머리에 뱅뱅 맴돌 뿐 망설여지고 실제 여행 떠나기가 쉽지 않습니다. 그에 대한 대안(代案)의 하나가 '관광버스를 이용한 투어(tour)' 입니다.

각 지역 생활정보지를 보면 각종 산악회 등에서 관광버스를 전세내어 산행을 떠나기도 합니다. 저는 종종 관광버스를 이용한 투어(tour)를 떠납니다. 보통 아침 07:00경에는 영등포 경방필 백화점이나 영등포구청역 근처, 07:30 서울역 9번 출구 대우빌딩 앞, 08:00 잠실역 3번 출구 너구리상 앞에 가면 많은 관광버스가 서 있습니다. 지하철을 타고 아침 7시40분쯤 잠실역에 내려 3번 출구로 나와보면 관광버스가 15~20대 정도 쭉 서있는데, 그 전날 미리 예약을 해야 하지만, 보통 빈자리가 있기 때문에 예약을 하지 않고 와서 관광버스의 행선지를 보고 마음에 드는 곳을 골라 가이드에게 탑승이 가능한지 물어보고 차에 올라

탑니다.

그런데 관광버스를 이용한 투어를 하려면 체력이 좋아야 합니다. 출발시간에 늦지 않기 위해서는 보통 새벽 5시경에 일어나 준비를 하고 부산하게 서둘러야 하며, 행선지까지 가는데 걸리는 시간이 보통 3시간 이상이고, 목적지에 도착해서 약 4시간정도의 산행과, 서울로 다시 돌아올 때에는 교통체증으로 보통 5시간이상 걸리므로, 강행군을 견딜만한 몸이 필요합니다.

저자는 관광버스를 이용한 투어를 하며, 이런 생각을 해보았습니다. 이렇게 관광버스 패키지투어를 다니는 사람들이 그렇게 큰 부자는 아니지만 하루 강행군 일정을 소화시킬 수 있을 만큼 체력적으로 건강하고, 적은 돈이나마 패키지여행 비용을 지불할 여유가 있으며, 무엇보다도 여행을 떠날 수 있는 마음의 여유와 시간을 가진 사람들이 행복한 사람이구나 하는 생각을 종종하였습니다.

저자가 아는 사람 중 재산이 수십억이 넘는 사람이 몇사람 있습니다. 그런데 건강이 좋지 않아서, 또는 마음의 여유가 없어서 여행을 거의 하지 않습니다. 그리고 주변에는 여행을 하고 싶어도 관광 패키지투어를 위해 내야 하는 2~3만원의 적은 돈조차도 없는 사람들도 있습니다. 몸이 건강하고 여행을 하고 싶지만 이 적은 돈을 낼 여유조차 없는 형편의 사람들도 우리 주위에는 꽤 있는 것입니다.

미국에서 '**소득과 행복지수**'(幸福指數)의 상관관계를 연구해본 결과 연봉 2만달러 이하의 경우는 자신이 행복하다고 느끼는 비율이 상당히 낮았습니다. 그러나 연봉이 4만 달러 수준대의 사람들과 연봉이 9만 달러 이상인 사람들과는 행복도에 있어 눈에 띄는 차이는 거의 없었다고 합니다. 이 조사 결과는 어느 정도 기본생계가 충족된 뒤에 본인이 행복한가, 행복하지 않은가를 결정하는 것은 개인의 심리, 즉 주관적인 만족도에 달린 것으로 '행복은 마음에 달려있다.'는 뜻일 것입니다.

이 관광상품에는 일반상품과 패키지상품이 있습니다. 일반상품은 중간에 쇼핑코스를 들르지 않고, 관광목적지로 바로 갔다가 오는 것이고, 패키지상품은 중간에 쇼핑코스를 들러서 1시간 정도 상품의 소개를 듣고 다시 목적지로 가는 것입니다. 쇼핑코스는 보통 30만원 내외의 홍삼, 흑삼, 녹용 등을 팝니다. 그런데 이 물건은 자기가 설명을 들어보고 괜찮다싶으면 사고 마음에 들지 않으면 사지 않아도 됩니다. 쇼핑코스가 포함되지 않은 일반 1일짜리 여행상품은 3-4 만원 수준이고, 패키지 여행상품은 2만원 내외입니다.

관광버스를 이용한 여행코스에는 대체로 다음과 같은 것이 일반적입니다.

● 한려수도 소매물도

서울에서 출발하여 차안에서 조식을 하고 통영시 여객선 터미널로 가서 소매물도로 가는 유람선을 타고 소매물도 관광을 하고 한산도에 들러 제승당 등 이순신 장군의 유적을 구경한 다음 서울로 돌아오는 일정입니다. 저자가 간 날은 파도가 심해 배가 접안하지 못하고 배로 섬 주위를 돌기만 했습니다. 제가 여러 곳을 많이 다녔지만 소매물도의 기암절벽은 너무 신비하고 아름다워 말로 표현하기가 어려웠으며, 앞으로 기회가 있으면 소매물도에 가서 한두달 머무르며, 책을 쓰고 싶은 섬이었습니다.

● 서산 천수만 철새기행

서산 천수만에 가서 철새를 관찰하고 수덕사와 남당포구를 돌아오는 코스입니다. 서울에서 서해안 고속도로를 타고 수덕사를 찾은 다음 점심 식사 후 서산 A지구에서 철새탐방을 합니다. 간헐도를 들러 남당리 대하와 새조개 축제를 보고 다시 서울로 돌아옵니다.

● 대둔산 관광

전북 완주와 충남 금산 사이에 있는 대둔산에 가서 케이블카를 타고 산에 오른 후 다시 강경 젓갈시장을 들르는 것입니다. 서울에서 대둔산까지 가서 케이블카를 타고 금강구름다리 마천대까지 다녀온 다음 온천에 들르고, 나서 강경 젓갈시장에서 어시장 구경을 하고 서울로 돌아오는 일정입니다.

● 덕유산 관광

서울에서 무주 리조트로 가서 곤도라를 타보고 또 덕유산 설천봉과 향규봉을 등반하고, 참숯가마에 들른 다음 서울로 옵니다.

● 쌍계사 벚꽃 십리길

서울-지리산-화개장터-섬진강-벚꽃십리길-쌍계사 -서울

● 보탑사 관광

서울에서 목천 참숯가마에 간다음 점심식사 후 통일대탑이 있는 보탑사를 방문하고 서울로 옵니다.

● 청풍호반 관광

서울에서 청풍나루에 간 다음 청풍호반을 구경 후 점심식사를 하고 참숯가마를 들르고, 금일봉 박달재 조각공원을 관광한 다음 서울로 옵니다.

● 백담사 관광

서울에서 홍천으로 간 다음 백담사에서 만해기념관을 구경하고 온천 후 서울로 옵니다.

● 공작산 수타사관광

서울에서 홍천으로 가서 수타사로 가서 공작산 수타사를 둘러보고, 참숯가마에 들르고 서울로 돌아옵니다.

● 마이산 관광

서울에서 마이산으로 간 다음 등반을 하고, 탑사 은수사를 들른 다음 온천을 하고, 강경 젓갈시장을 들러 서울로 옵니다.

● 토지문학관 관광

서울에서 원주로 가서 박경리 토지문학관을 구경하고, 원주 숯가마에 들른 다음 명성황후 생가에 들르고 서울로 옵니다.

● 소양호 청평사, 남이섬 관광

서울-춘천-소양호-청평사트레킹-구성폭포-회전문-가평-유람선-김유정생가-남이섬상륙-서울

● 홍도 관광

2박3일 일정이 많습니다. 서울에서 목포로 간 다음 흑산도, 홍도, 유달산을 관광하고 옵니다.

● 백령도

1박2일 관광은 인천 연안부두에서 집결한 다음 여객선을 타고 백령도, 심천각, 두무진 유람선 관광을 하고, 숙박 후 등대해안 사고 천연비행장, 담수, 콩돌해안, 중화도를 관광후 다시 인천으로 돌아옵니다.

● 삼천포 크루즈 유람

서울-사천백천사-삼천포대교-코섬-장구섬-해골바위-매바위-고래바위/삼천포화력발전소-코끼리바위-남일해수욕장-동백섬-서울

● 지리산 바래봉 철쭉제

서울-남원-지리산-바래봉-철쭉군락지-서울

● 독립기념관 & 동학사 벚꽃 & 유성온천

서울-독립기념관-동학사-유성온천-서울

● 경포벚꽃 & 월정사

서울-대관령 경포벚꽃-주문진-진고개 월정사-서울

● 추암촛대바위 & 무릉계곡

서울-추암촛대바위-삼척항(회센터)-무릉계곡(약 2시간)-삼화사-용추폭포-아우라지-숙암계곡-백석폭포-서울

● 정선장날 & 청령포

서울-영월 청령포-정선장날-관광열차 아우라지-진부 숙암계곡-백석폭포(가리왕사약수)-서울

● 서천 마향리 동백꽃 & 쭈꾸미 축제

서울-서천 마향리동백꽃-쭈꾸미축제장- 서울

● 대천항 유람선 여행

서울-대천항-여자바위-거북이섬-왁세섬(남근바위)-허육도(삼형제바위)-소도-추도-영목(안면도)-원산도-고대도-삽시도-대천항수산물대축제-개심사-서울

● 가야산 벚꽃 & 합천 해인사

서울-홍류동계곡-합천해인사-서울

주말여행 즐기기

스트레스를 많이 받는 현대 직장인들! 멋진 여행으로 스트레스도 풀고 새롭게 일을 시작할 수 있도록 재충전의 기회를 만들기 위해 아름다운 여행지로 주말여행을 떠나지 않으시겠습니까?

여행은 시간이 많고 주머니가 넉넉한 사람들만 꼭 떠날 수 있는 것은 아닙니다. 몸과 마음을 충전시키기 위해, 연인이나 가족간에 친밀한 관계를 회복하기 위해, 그리고 자잘한 일상에 파묻혀 잃어버린 나의 정체성을 되찾기 위해 떠나는 것입니다.

직장인의 경우 시간이 부족하므로 주말을 이용해서 자기 취향에 맞는 여행코스를 개발할 필요가 있습니다. 주말이라도 새벽 일찍 집을 나선다면 차가 막히지 않아 좋습니다. 집이 서울에 있는 경우 이런 여행지를 개발한다면 먼 곳은 쉽지 않고 경기도와 인천시, 강원도, 충남의 범위 내에서 고속도로나 기차의 접근이 용이한 곳을 선정 대상으로 하는 것이 좋습니다.

자기만의 여행코스를 개발할 때 조상의 역사와 슬기가 배어있는 체험여행지, 꽃과 식물, 나무와 생물이 조화된 자연여행지, 눈앞 가득히 바다가 펼쳐지는 섬 여행, 스트레스를 날리는 드라이브 코스 등 테마별로 나누어 여행을 다니면 다양한 아름다움을 맛볼 수 있을 것입니다.

여행작가 유연태의 '서울 근교여행'을 참고로 소개하겠습니다. 유연태는 사륜구동차와 케논디카를 소중한 벗으로 삼아 이 땅의 아름다움과 사람들의 따스한 정을 만나고 다니는 전문 여행작가입니다.

여기에 나오는 여행지는 멋진 풍경의 감동을 그대로 느낄 수 있는 인상적인 모습과 여행지의 다양한 면모, 그리고 스스로 몸과 마음이 원하는 곳을 찾아가서 가슴으로 느낄 수 있는 곳을 고른 것입니다.

먼 여행은 피곤하고 부담스러운 사람, 여행은 좋아하지만 교통체증이 걱정스러운 사람, 연인이나 가족과 멋진 추억을 만들고 싶은 사람들이라면 가 볼 만한 코스입니다.

서울 근교여행 추천지

● 서울에서 가장 가까운 바다, 섬으로 떠나다

- 진분홍빛 해당화 곱게 핀 해변이 있는 승봉도
- 서포리 해변에 마음을 뺏기는 덕적도
- 섬마을 선생님이 미소 짓던 그곳, 대이작도
- 도시의 연인을 유혹하는 세 개의 해변이 있는 영흥도
- 영화와 드라마의 아름다운 흔적들이 남아있는 무의도
- 섬에 생명을 불어넣은 조각공원이 있는 모도, 시도
- 갈매기 타고 부처님 만나러 가는 석모도
- 신이 남기고 간 마지막 조각작품인 백령도

길에서 사랑을 발견하다, 여행 속 데이트

- 사랑의 유람선, 노을 속으로 사라지는 인천 월미도
- 낭만이 가득, 겨울연가의 춘천 남이섬
- 인연의 의미를 다시 생각하게 하는 여주 목아박물관
- 사랑을 위한 문화마을, 독특한 건축미를 자랑하는 파주 헤이리마을
- 미래의 경주마들이 비상을 꿈꾸는 초원, 고양 원당종마목장

숲과 꽃을 그리워하다, 자연 만나러 가는 길

- 지친 자를 위로하는 녹색 쉼터인 포천 국립수목원
- 그 숲에선 내 마음의 나무가 자라는 가평 유명산휴양림
- 노란 꽃에 취하고 선홍색 열매에 반하는 이천 산수유마을
- 낙엽송이 가을의 대미를 장식하는 양평 산음휴양림
- 풀은 생명의 근원, 꽃은 생명의 절정, 용인 한택식물원
- 사계절 내내 꽃잔치가 이어지는 곳, 아산 세계꽃식물원

가족이 있어 즐거운 여행, 체험학습의 장

- 정조대왕의 효심이 낳은 세계문화유산인 수원 화성
- 물 위로 종소리가 울려퍼지는 가람, 남양주 수종사
- 솔향 맡으며 역사 속으로 가보는 광주 남한산성
- 신명나는 남사당놀이의 텃밭인 안성 남사당전수관
- 우리나라 최대의 왕릉군이 있는 구리 동구릉

스트레스를 한번에 날리는 드라이브 코스

- 포도향기와 음악에 취하는 안산 대부도
- 밴댕이회의 본고장 김포 대명포구
- 길 따라 들어선 계곡, 당일 피서지로 딱 좋은 연천 동막골

· 일출, 일몰을 같은 곳에서 볼 수 있는 바닷가, 당진 왜목마을
· 분단의 상처를 딛고 래프팅 명소로 변신한 철원 한탄강

국내 · 해외 대표여행지 가기

국내 대표여행지

국내여행지 중 어느 곳이 가장 가볼만 할까요?

관광명소 선정은 사람에 따라서 호감도가 달라 주관적인 측면에 많이 좌우되지만, 여행전문가의 컨센서스를 모아서 그 중 가장 공감(共感 sympathy)이 가는 '대한민국 대표여행지 52'에서 선정한 곳을 소개합니다.

'대한민국 대표여행지 52'는 우리가 평생에 한번쯤은 꼭 가봐야 할 여행지를 엄선하여 소개한 것입니다. 여기에 나오는 관광명소(名所 tourist attraction)는 52 곳인데, 일년이 52주로 이루어져 있으니 일주일에 한 군데씩 가면 일년 동안 우리나라에서 꼭 가봐야 할 곳들을 다(all) 가 보게 되는 셈이 됩니다.

● 봄의 추천여행지

'꽃그늘에 주저앉아 시집을 읽는' 제천 청풍호반
'백제로 가는 시간여행' 공주 공산성과 무령왕릉

'섬사랑 시편(詩篇)들이 온종일 바람을 타는' 제주 우도
'숲과 섬 사이를 지르는 환상의 바닷길' 거제 홍포~여차 해안도로
'내성천이 350도로 휘감아도는 오지의 강마을' 예천 의성포
'보리밭 고랑마다 서편제 가락 일렁거리는 섬' 완도 청산도
'신라인이 꿈꾼 불국토' 경주 남산
'안개와 해풍이 연주하는 녹색의 교향곡(交響曲)' 보성 차밭
'구만 리 장천(長天)을 나는 도요새들의 휴게소' 군산 옥구염전
'도요새 산책하는 해변에 해당화는 만발하고' 옹진 승봉도
'고고하게 피어나 부처의 정각 일깨우는' 안면도 수련못
'웅장하고 아름답고 전망 좋은 최고의 산성' 단양 온달산성
'춘정 못 이겨 우는 정열의 무희(舞姬)를 보는 듯한' 지리산 바래봉

여름 추천 여행지

'적가리골 청정 계류가 빚어낸 숲의 나라' 인제 방태산 휴양림
'속세를 벗어나 선계(仙界)에 들어선 듯한' 동해 무릉계곡
'용암이 흘러갔던 길을 따라가는' 철원 한탄강
'열두 폭포의 낙숫물 소리가 지축을 흔드는 곳' 포항 청하골과 하옥계곡
'미륵님이 하늘재 넘어오시다 여장 푼 곳' 충주 미륵리절터
'33개의 비경 품은 다도해의 진주' 신안 홍도
'백악기시대 공룡들의 야외무도장' 고성 상족암 해안
'조선 선비만 있으면 조선시대다' 담양소쇄원

'가시연꽃 피고 고니떼 노니는 천연늪지' 창녕 우포늪
'우리에게 내린 최치원의 선물' 함양 상림숲
'멀고 먼 진도 땅이 나를 미치게 하는 까닭' 진도 세방해안의 낙조

● 가을을 느끼는 여행지

'이 땅의 포장도로 중 하늘과 가장 가까운 고갯길' 정선 만항재
'사람을 맑게 하는 땅' 순흥 소수서원
'여그 처녀는 모래 서 말 먹고 시집갔어라' 신안 우이도의 모래산
'백일홍에게 길을 물어 땅끝마을로…' 태안 만대포구
'오래된 마을에서 새로운 해를 보는' 고성 옵바위와 송지호
'그리운 풍경 속에서의 꿈결 같은 시간들' 통영 소매물도
'구름다리 올라 만나는 호남의 소금강' 완주 대둔산
'아직도 가보지 않았단 말입니까' 고창 선운사
'피눈물의 역사 어린 천혜의 바다전망대' 제주 송악산
'줄줄이 매달린 작은 태양들' 상주 남장사 곶감마을
'새소리 물소리 벗삼아 걷기 좋은 옛길' 문경 새재
'송시열이 은거한 별유천지' 괴산 화양구곡
'골산과 육산의 아름다움을 두루 갖춘 단풍 명소' 양양 주전골
'미완의 꿈을 간직한 미륵 영토' 화순 운주사

● 겨울 추천여행지

'강물 따라 흐르는 추억이 잠시 머무는 곳' 영월 섶다리
'2년 6개월만에 완성된 세계문화유산' 수원 화성
'찰나의 인간과 억겁의 자연이 만든 두 보배' 삼척 굴피집과 환선굴
'가장 한국적인 공간' 순천 낙안읍성
'바람의 절벽 위에서 동해 먼 바다를 밝히는 불' 울릉도 태하등대
'전나무 숲길 속의 성지' 변산반도 내소사
'아침형 인간에게 산오징어회를 바친다' 삼척 장호항
'원시림에 둘러싸인 은밀한 설국' 울릉도 나리분지
'겨울이면 축제장으로 변하는 곳' 강릉~평창 대관령
'대자연과 인간이 완벽하게 하나 되는 곳' 해남 고천암 간척지
'오산 거북님이 동백처럼 살라 이르는' 여수 돌산도
'혼자 있어도 외롭지 않은 아담한 포구' 제주 자구내포구
'돌 속에 새긴 백제의 미소' 서산마애삼존불
'첩첩산중에 오롯이 살아남은 금강송숲' 삼척준경묘

해외 대표여행지

해외여행의 목적지는 워낙 많고 사람마다 선호하는 지역이 다를 수 있습니다. 그래서 세계적인 사진작가 스티브 데이비와 마크 숄로스만의 선정(選定 selection)을 참고로 했습니다.

해외여행지 선정은 짧은 시간에 한군데라도 더 보려고 주마간산 격으로 훑고 지나가는 '**관광 여행**'이나 외제 물품을 잔뜩 사들이는 '쇼핑 여행'이 아니라 뭔가 특별한 감동을 꿈꾸는 사람들

을 위한 것이 되어야 합니다. 너무 아름다워서 평생 잊을 수 없는 여행지들 속으로 들어가 보도록 하겠습니다.

01 캄보디아 앙코르와트

아침의 금빛 태양 속에서 가장 아름답다.

02 러시아 상트페테르부르크

에르타미쥬 미술관을 꼭 가보야 한다.

03 쿠바 아바나

시간이 멈춰선 도시.

04 타이 방콕 와트 프라캐오

반짝이는 금탑들, 하늘을 향해 치솟은 아치형 지붕의 금빛건물들이 시선을 끈다.

05 미국 애리조나 그랜드캐니언

야키 포인트에서 바라보는 일출. 장엄한 경치가 드러난다.

06 인도, 아그라 타지마할

타지마할은 자무나 강 건너편에서 바라봤을 때 가장 아름답고 신비롭다.

07 스코틀랜드 에일린도난 성

성의 경관이 아름답고, 성 주변의 히스와 야생화들이 어우러져 향기를 내뿜고 있는 스코틀랜드 고지의 전형적인 성.

08 스페인 그라나다 알함브라 궁전

너무 아름다워서 천국에라도 온 듯한 궁전.

09 쿡 제도 아이투타키 섬

물이 놀라울 정도로 맑고 모래는 눈부시게 희다. 이곳 석호의 반짝이는 청록색은 세상에서 가장 아름다운 빛깔이다.

10 멕시코 쿠쿨칸 피라미드

쿠쿨칸 피라미드는 조화미와 시선을 사로잡는 당당한 풍채를 자랑한다.

11 이탈리아 베네치아

안개 낀 모로 선창가에서 곤돌라가 물살에 오르락내리락 흔들리는 모습은 특히나 로맨틱하다.

12 나미비아 데드 플라이

나미브 사막에 떠오르는 아침 햇살은 눈부신 오렌지빛이다.

13 브라질·아르헨티나 접경 이과수 폭포

다가갈수록 점점 포효로 변해 가는 물 떨어지는 소리, 폭포수 주변에 온통 퍼져있는 차가운 물보라, 난타하는 바람.

14 요르단 페트라

알카즈네 사암의 붉은 빛깔이 진하게 드러날 때가 아름답다.

15 미국 알래스카 칼리지 피오르드

추카치 산맥을 타고 내려오는 칼리지 피오르드를 크루저를 타고 구경하면 푸른색 빙하를 볼 수 있다.

16 이집트 룩소르 카르나크 신전

대 열주홀의 136개 돌기둥은 높이가 23m, 둘레가 15m로 웅장하다.

17 브라질 리우데자네이루

리우데자네이루에서 가장 인상적인 것은 코르코바도산 정상에 32m 높이로 우뚝 솟아 있는 거대한 예수 그리스도상!!!

18 말레이시아 타만네가라

물과 정글이 어우러진 숨 막히는 장관.

19 인도 자이살메르 성

마지막 황혼이 라자스탄의 자이살메르성을 노란색에서 작열할 듯 시뻘건 금빛으로 바꾸어 놓는 모습은 대단한 장관.

20 에콰도르 갈라파고스 군도

해질녘의 로보스 섬을 크루저로 돌아다니다보면 세상의 때가 묻지 않은 세계를 경험한다.

21 미국 뉴욕 맨해튼

자유의 여신상, 타임 스퀘어, 센트럴 파크와 석양의 브루클린 다리.

22 볼리비아·페루 접경 티티카카 호수

티티카카 호수의 강렬하면서도 적막한 아름다움.

23 프랑스 지베르니 모네의 정원

모네의 정원은 빛과 그림자가 있는 공간이다. 작은 수련못 물 위에 떠 있는 꽃과 잎사귀들의 반사광이 아름답다.

24 탄자니아 응고롱고로

세상과 완전히 단절된 별세계 같은 곳.

25 그리스 산토리니 섬

흰 벽에 푸른색 돔 지붕을 한 교회들은 산토리니의 명물.

26 남아프리카공화국 드라켄즈버그 원형분지

850m 높이의 절벽 끝에 서면 인간이 얼마나 작은 존재인가를 가슴 깊이 깨닫게 된다.

27 탄자니아 잔지바르

잔지바르 시내 부둣가. 술탄의 궁전이었던 '경이로운 저택'이 있다.

28 네팔 히말라야 산맥 마칼루

빙하로 뒤덮인 히말라야 산맥 한가운데 경이로운 풍경을 자랑하는 곳.

29 에티오피아 랄리벨라

고산지대에 거대한 돌을 파고 들어선 랄리벨라 암굴교회.

30 페루 마추픽추

험준한 안데스 산맥의 한없이 외진 곳에 있는 신비로운 곳.

31 오스트레일리아 울루루

주변 경치를 압도하는 위풍당당함.

32 인도 바라나시 가트

바라나시의 진정한 매력과 아름다움을 볼 수 있는 때는 바로 일출 시간이다.

33 오스트레일리아 그레이트배리어리프 헤론 섬

그레이트배리어리프의 진정한 크기와 선명한 빛깔은 공중으로 올라가거나 바다 속으로 들어가야 알 수 있다.

34 티베트 라사

라사의 숭고함과 향에 취해 보자.

35 중국 구이린 양수오

석회암 봉우리들이 빚어내는 절경.

36 크로아티아 두브로브니크

빨간 타일 지붕들이 따뜻하고 편안한 느낌을 주며, 도시는 조용하고 차분하다.

37 터키 에베소

로마 유적지 중 가장 잘 보존돼 있는 곳.

38 중국 상하이 번드

식민시대의 산물인 무역회사 본부, 보험사, 은행 등의 건물이 있는 상해 구 시가지.

39 우즈베키스탄 사마르칸트

레지스탄 광장과 푸른색 타일의 돔 지붕.

40 아일랜드 킬라리 항구

항구와 섬들 너머로 해가 지는 모습이 무척 아름다운 곳.

도전! 체험여행

국내 체험여행

한주 내내 일만 하다가 주말이 되면 반갑기도 하지만 한편 무엇을 해야될까 머리에 딱 떠오르지도 않고 곤혹스럽기도 합니다. 피곤한 몸 그리고 귀경길 고속도로의 꽉 막힌 교통체증을 생각하기만 하면 그냥 집에서 쉬고 쉽기도 하지만 남들은 주말에 다 여행을 떠나는데 나 혼자만 방콕하고 있으면 무언가 손해보고 뒤처지는 듯한 느낌이 드는 것 또한 사실이며, 아무것도 하지 않고 주말을 보내기는 무언가 아쉽습니다.

사람들이 많이 가는 곳에 가서 관광을 하거나 고기나 구워먹고 오는 여행이 아니라 자기만의 무언가 의미 있는 관광여행, 역사체험, 문화체험, 자연체험 등을 개발해 내는 것은 색다른 의미가 있으며, 더 나아가 레포츠여행을 한다면 아름다운 경치 구경뿐만 아니라 몸으로 직접 해봄으로써 평생 잊을 수 없고 몸으로 기억하는 추억을 만들기 때문에 일석이조입니다. 온몸으로 즐기는 레포츠를 해 보면 레포츠가 얼마나 사람을 활기차게 하고 사람에게 새로운 힘을 불어넣어 주는지 알 수 있게 됩니다.

레포츠 여행은 단지 눈으로만 보는 관광여행이 아니라 몸으로 직접 즐기기 때문에 기억에 생생히 남을 뿐만 아니라, 몸과 마음에 맑은 산소를 흠뻑 들이키고 대자연과 몸이 하나가 되는 체험을 하게 해줍니다. 가족과 함께 스키를 타고 래프팅을 하고 갯벌체험과 탐조여행을 해 본다면 처음에는 두려움을 주기도 하겠지만 사람과 놀이가 얼마나 친밀한 관계인가를 알게 되고 오랫동안 잊을 수 없는 멋진 추억을 선사할 것입니다.

국내 체험여행에 대한 여러 자료를 조사해 본 결과, 그 중에서 제가 가장 호기심을 느낀 허시명의 '평생 잊을 수 없는 체험여행 40'을 소개하겠습니다.

산에서 즐기는 놀이

- 밟아라, 달려라, 스트레스여 안녕! - 산악자전거
- 추운 겨울이여, 어서 오라! - 스키
- 설원의 폭주족 스릴 만끽 - 스노보드
- 대관령 삼양목장에서의 겨울 체험 - 설피와 전통스키
- 등반 모험과 도전, 겨울 기둥에 매달리다 - 빙벽 등반
- 동심의 세계로 질주하다 - 눈썰매
- 발끝에 닿는 원시 자연의 숨결 - 트레킹
- 불타는 가을 속으로 말 달리다 - 승마
- 모험 관광의 메카, 강원도 인제 - 인제 레저 체험

물에서 즐기는 또다른 스릴

- 강물에 몸을 싣다 - 래프팅
- 휙~ 휙~ 급류 로데오 모험 천하 - 카약

· 용의 등에 올라타다 - 드래곤보트
· 손이 꽁, 발이 꽁, 그래도 손맛은 짱 - 빙어낚시
· 우럭을 가장 싸게 사는 법 - 바다낚시
· 바람맞아 좋은 날들 - 윈드서핑
· 용궁에 초대되다 - 스킨스쿠버다이빙
· 해양레포츠의 꽃, 요트 - 요트
· 놀이냐, 피서냐 - 천렵
· 지구의 콩팥을 살피다 - 갯벌 체험
· 제주를 새롭게 보는 법 - 제주 체험 레저 여행
· 한강은 나의 운동장 - 한강 수상 레포츠

하늘에서 즐기는 짜릿한 모험

· 바람에 몸 띄워 하늘아 놀자! - 패러글라이딩
· 새를 닮은 큰 날개, 큰 자유 - 행글라이딩
· 딱 한 번만이라도 날고 싶다면 - 패러세일링
· 하늘 속에 내가 있다 - 초경량비행기
· 무한대의 창공, 구름 되어 둥실둥실 - 열기구
· 두둥실 내 마음을 실어 띄워볼까 - 스포츠카이트
· 오싹… 짜릿… 황홀한 추락 - 번지점프
· 새를 따라 걷다 - 탐조여행
· 충주호 연가 - 충주호 레포츠 체험

시내 한복판에서 누리는 재미

· 자가바퀴 시대를 열다 - 인라인스케이트
· 굴러라 바퀴야, 솟아라 몸! - 스케이트보드

- 내 몸속으로 들어온 엔진 - 모터보드
- 탕탕 명중 온몸이 짜릿 - 클레이사격
- 작은 차 큰 스릴! - 카트
- 스피드의 향연, 스릴의 무대 - 자동차 경주
- 되살아나는 스파이더맨의 본능 - 인공암벽등반
- 멈추지 않는 길 위의 도전 - 마라톤
- 휙~ 쏜살같이 밀려오는 쾌감 - 활쏘기
- 디지털 시대의 아날로그 레저 - 전통놀이

체험여행은 눈으로만 보는 관광여행에서 한단계 진화(evolution)한 것으로서 온몸으로 즐기는 것이며, 가족과 함께, 연인과 함께, 친구와 함께 아름다운 경치도 구경하고, 몸으로 직접 스릴도 만끽하며, 모든 스트레스를 원 셧(one shot)에 날려버리는 일석이조의 감성여행인 것입니다.

해외 체험여행 꿈꾸기

'인생은 사는 것보다 꿈꾸는 것이 더 행복하다.' 라는 말이 있습니다. (To dream of life is better than to live it.) 실제여행을 떠나는 것보다 여행을 떠나기 위해 준비할 때가 더 행복한 법입니다.

누구나 한번쯤은 떠나고 싶고 평생 잊을 수 없는 추억을 꿈꿉니다. 그러나 결코 잊을 수 없는 감동과 생생한 추억을 남기는 여행은 드뭅니다. 잊을 수 없는 여행이 되기 위해서는 평범함을 뛰어넘는 무엇인가가 필요하기 때문입니다. 그것은 바로 체험입니다.

직장이나 사회생활의 스트레스에서 벗어나고 싶다는 당신에게 혼자 즐길 수 있는 일주일의 시간이 주어진다면 어디론가 떠나고 싶은 충동에 사로잡힐 것입니다. 실제 떠날 수도 있고, 여러 가지 사정으로 실제 떠날 수는 없더라도 환상적인 세계로의 간접체험을 한다면, 일상 생활의 스트레스쯤은 발로 걷어 차 버리고 여러분의 상상력은 어느새 자유롭게 내달릴 것입니다.

세계적인 사진작가이자 여행작가인 스티브 와킨스, 클레어 존스가 1년 간의 탐사 기간 동안 5개 대륙을 다니면서 선정한 '평생 잊을 수 없는 체험여행 40'을 소개합니다.

스웨덴에서 허스키들이 끄는 썰매를 타고 폭풍우같은 눈보라를 일으키며 내달리기도 하고, 몰디브에서 세상에서 가장 행복한 스파를 받으며 '전 우주적 행복(全 宇宙的 幸福)'에 포근히 쌓여 더 이상 원(願)할 것이 없는 휴식이 주는 편안함에 스르르 눈을 감기도 하며, 타키르 해변을 백마를 타고 달리는 자신의 모습을 상상만 해도 일상생활의 좁은 얽매임을 초월하게 되며, 마음껏 상상의 나래를 펼치면 정신건강에도 더없이 좋을 것입니다.

가을 석양이 지는 캐나다 프린세스 로열 아일랜드의 낙원 같은 우림지역에서 얼룩 다람쥐를 찾아 코를 킁킁대는 샴페인 빛깔의 곰을 만나거나, 뮤지컬의 본고장 이탈리아에서의 '아이다' 공연 관람, 완벽한 흑진주를 손에 넣을 수 있는 최상의 장소인 폴리네시아에서 혼자만의 흑진주 찾기, 고급스럽게 개조된 라이스보트를 타고 인도의 땅 케랄라를 발견하는 크루즈 여행과 정적이 살아있는 신비로운 오지 요르단의 낙타여행...

실제 해외체험여행을 떠나보거나 아니면 떠나지 못하더라도 상상력을 자유롭게 내달리게 하면 스트레스에 벗어나 보다 넓은 시야, 보다 높은 시야에서 세상을 보는 눈을 가지게 됩니다.

꿈은 이루어진다는 말이 있습니다. 강한 집념만 있으면 돈이 적더라도 인생을 살면서 언젠가 미래에 꿈꾸던 해외체험여행을 하고 있는 자신을 발견하게 될 것입니다. 중요한 것은 여행경비가 아니라 당신의 의지입니다.

유럽

- 개썰매에 올라타다 스웨덴
- 동서양의 차이를 뛰어넘다 터키
- 샤토, 그리고 와인 맛보기 프랑스
- 플라이 낚시와 위스키 스코틀랜드
- 아이다 관람 이탈리아
- 온천에서 수영을 즐기다 아이슬란드
- 들꽃과 인사하기 크레타 섬
- 발레 블랑쉬에서 스키를 프랑스
- 중세의 도시를 발견하다 에스토니아

아시아

- 히말라야 모험 네팔
- 전사의 삶을 맛보다 몽골
- 코끼리 타기 네팔
- 만리장성을 따라 걷는 여행 중국
- 낙원을 발견하다 몰디브
- 달리는 궁전에 몸을 싣다 인도
- 라이스보트로 크루즈 여행을 인도
- 논길을 달리는 자전거 여행 베트남 ☆ 아프리카 급류 타기 잠비아
- 사파리 비행 나미비아

- 펠러커를 타고 나일 강으로 이집트
- 낙타 여행 요르단
- 홍해 속으로 잠수하다 이집트
- 수크에서 쇼핑을 모로코
- 검은꼬리누를 따라가다 탄자니아
- 사하라의 축제 튀니지

오세아니아

- 애버리지니의 꿈을 엿보다 오스트레일리아
- 최고의 산책길 밀퍼드 트래킹 뉴질랜드
- 백마를 타고 달리는 바닷가 뉴질랜드
- 흑진주를 찾아서 폴리네시아

아메리카

- 영혼의 곰을 뒤따라가다 캐나다
- 열대우림과 산호초 탐험, 벨리즈
- 아치 밑을 통과하는 도보 여행 미국
- '잃어버린 세계'의 강으로 베네수엘라
- 도박 그리고 현란함 미국
- 헬리 하이킹의 낙원 로키 산맥 캐나다
- 파도 속을 질주하다 미국
- 화산에 오르다 과테말라
- 오지, 토레스 델파인 트레킹 칠레
- 바자 반도에서 즐기는 바다 카약 멕시코
- 마디그라 축제에 빠져들다 미국

자연 속에서의 생활 & 산림욕

'숲속의 생활(Life in the Woods)'과 '오두막 편지'를 쓴 사람은 각각 누구이며, 어떤 공통점을 가지고 있을까요?

'숲속의 생활(Life in the Woods)'이라는 제목으로도 불리는 『월든』(Walden)을 쓴 헨리 데이비드 소로우와 '오두막 편지'를 쓴 법정스님은 문명을 떠나 자연속에 살면서 시간과 공간을 뛰어넘어 자연과의 교감, 고독을 노래하며, 우리에게 시원한 청량감을 선사합니다.

소로우는 하바드 대학을 졸업한 뒤, 1845년 7월부터 1847년 9월까지 월든 호숫가의 오두막집에서 홀로 지냈으며, 월든 호숫가에서 보낸 2년의 삶을 소로우 자신이 기록한 책이 『월든』(Walden)입니다.

소로우는 자연주의자로서 단순히 호숫가 오두막에서의 생활을 기록해 놓은 것이 아니라, 자연과 깊이 교감하면서 생각하고 느끼고 깨달은 것들을 솔직하게 적고 있기 때문에 우리에게 감동을 줍니다. 그는 호수 표면의 잔잔한 움직임 하나에서도 크나큰 아름다움과 감동을 느꼈습니다.

『물은 새로운 생명과 움직임을 끊임없이 공중에서 받아들이고 있다. 물은 그 본질상 땅과 하늘의 중간이다. 땅에서는 풀과 나무만이 나부끼지만, 물은 바람이 불면 몸소 잔물결을 일으킨다. 나는 미풍이 물 위를 스쳐 가는 곳을 빛줄기나 빛의 파편이 반짝이는 것을 보고 안다. 이처럼 우리가 수면을 내려다볼 수 있다는 것은 놀라운 일이 아닐 수 없다.』

소로우가 2년 동안 홀로 '월든' 호숫가의 숲에서 지낸 숲 생활의 산물인 월든은 단순한 숲 생활의 기록이 아니라, 자연의 예찬인 동시에 문명사회에 대한 통렬한 비판이며, 그 어떤 것에 의해서도 구속받지 않으려는 한 자주적 인간의 독립 선언문이기도 합니다. 자연과 조화를 이루는 삶, 소박하고 검소한 삶만이 인간에게 진정한 행복을 가져다줄 것이라는 소로우의 사상을 아름다운 문장에 담은 소로우의 글은 현대인들에게 깊은 깨우침과 위안을 줍니다.

소로우는 현대에 들어서면서 더욱 중요시되고 있는 환경보호 운동의 실질적인 최초의 주창자이며, 그가 주창한 단순한 생활, 절대적인 자유의 추구, 자연과 더불어 항상 깨어있기, 앉아서 하는 교육이 아닌 실천을 통한 교육 등은 이 시대에 끊임없는 시사점을 주고 있습니다.

서양의 그린피스 운동, 호주의 야생동물 보호를 위한 엄격한 환경 정책, 유럽의 자전거 이용 정책, 미국의 치밀한 공원녹지화 정책, 새로운 무역장벽으로 떠오른 그린 라운드 등이 소로우의 자연주의 정신의 영향을 받은 것이라 보입니다.

법정스님의 '오두막 편지'는 무소유로 잘 알려진 법정스님의 순수한 정신세계를 담고 있는 산문집입니다. 우리가 무엇을 위해 살고 있고 무엇을 향해 가고 있는가를 영혼의 언어로 일깨우고 있습니다. 법정스님의 오두막편지는 자연을 벗한 감성적인 글과 다양한 사람들이 모여서 살아가는 이 사회에서 오랫동안 살아온 이 시대의 어른으로서 세상을 향해 토해내는 지혜의 가르침, 그리고 스님의 지극히 개인적인 일까지 때로는 강한 어조로, 때로는 부드럽고 감성적인 어조로 우리의 가슴을 두드립니다.

강원도 산골, 단칸 오두막, 전기도 들지 않는 그곳에서 법정스님은 개울물 길어다 밥을 해먹고, 장작을 패서 땔감 만들어 불을 지피고, 그렇게 물을 끓여 차를 달입니다. 그리고 시간이 나면 그 깊은 산골 오두막에서 세상을 향해 편지를 씁니다. 그런 편지들을 모은 책이 바로 '오두막 편지'입니다. 그 깊은 산골에서 법정 스님은 혼자인 것 같지만, 혼자가 아닙니다. 계절마다 다른 모습으로 친근하게 다가오는 자연이 언제나 함께 있기 때문입니다.

산속은 온갖 생명체가 충만한 곳입니다. 나무들이며 들꽃이며 작은 동물들이 있고 밤이면 찾아오는 달님까지 벗이 됩니다.

> '예불을 마치고 뜰에 나가 새벽달을 바라보았다. 중천에 떠 있는 열여드레 달이 둘레에 무수한 별들을 거느리고 있다. 잎이 져버린 돌배나무 그림자가 수묵으로 그린 그림처럼 뜰가에 번진다. 달빛이 그려 놓은 그림이라 나뭇가지들이 실체보다도 부드

럽고 푸근하다.'

'다래도 예년에 볼 수 없을 만큼 넝쿨마다 주렁주렁 열렸다. 서리가 내리면 맛이 들 텐데 짐승들이 먹고 남기면 얼마쯤 내 차지도 될 것이다. 뒤꼍에 있는 산자두도 풍년을 맞았는데 밖에 나갔다가 며칠만에 돌아왔더니 비바람에 저다 떨어져 삭고 말았다. 그 열매의 향기로 온 산중의 벌떼들이 모여들어 붕붕거렸다.'

'밤에는 넘치는 물소리 때문에 깊은 잠을 이루지 못한다. 한 산중에 사는 나무와 짐승과 새들도 그런 내 기분과 마찬가지일 것이다. 살아 있는 것들은 모두 한 생명의 뿌리에서 나누어진 가지들이기 때문이다.'

'올 가을은 산에 열매가 많이 맺혔다. 돌배나무 가지마다 열매가 너무 많이 달려 가지들이 처져 있다. 밤 사이 돌배가 수두룩이 떨어져 있다. 마을에서는 이것으로 술을 담근다고 하는데, 나는 쓸 일이 없어 나무 아래서 그 향기만을 맡고 다람쥐들이 주워 먹는다. 다람쥐가 앞발로 돌배를 들고 야금야금 먹는 모습은 참으로 귀엽고 사랑스럽다.'

법정 스님은 이렇게 오두막에서의 생활을 통해 우리에게 이렇게 아름답고 소박한 삶도 있다는 것을 가르쳐 줍니다. 어지럽고 혼탁한 세속에 발을 담고 살아가는 우리들의 눈을 도시 밖으로, 우리들 삶의 근원인 자연으로까지 넓혀 줍니다. 어쩌면 그렇게 살고 싶어도 도시에서 버릴 수 없는 것들이 너무 많아서 이리 살 수 밖에 없는 우리들을 위로하려는 것인지도 모릅니다.

산속의 작은 생물들까지 놓치지 않고 살피는 법정스님의 감수성은 황순원의 소나기에 나오는 사춘기 소년처럼 풍부하고 섬세합니다. 법정스님은 이렇게 오두막에서의 생활을 통해 우리에게 이렇게 아름답고 소박한 삶도 있다는 것을 가르쳐줍니다. 소로우의 '숲속에서의 생활'과 법정스님의 '오두막 편지'를 읽으며, 스트레스에 시달린 마음을 잠시 쉬어가도록 했으면 합니다.

지금으로부터 약 17년 전의 일입니다. 저자가 아는 분이 용평에 조그만 집을 사두어서 같이 놀러 갔습니다. 그때 그 집에 하루 묵으면서 책을 읽었는데, 서울에서는 하루에 책 반 권만 읽어도 머리가 아팠는데, 그곳에서는 하루에 책 2권을 읽어도 머리가 아프지 않았습니다. 저자는 왜 그럴까 하고 그 원인을 곰곰이 생각하다가 용평에 위치한 그 집 주변이 소나무, 전나무가 빽빽한 조그만 산속에 위치하여 공기가 청정하고 산림욕 효과 때문이 아닐까 생각해 보았습니다.

저자는 평소 여행가는 것을 좋아해서 강원도로 자주 여행을 가면서 영동고속도로 하진부를 빠져나와 오대산의 월정사와 상원사를 종종 찾아 갔습니다. 월정사 입구의 전나무 숲길을 걷는 것은 낭만적일 뿐만 아니라, 수백년 된 전나무 우거진 숲을 거닐다보면 몸과 마음이 모두 상쾌해졌습니다. 이것이 산림욕 효과일 거라고 생각합니다.

산림욕은 자연치유 분야에서 최근 주목받고 있는데, 숲은 놀라운 자연치유력을 가지고 있기 때문입니다. 도심빌딩의 시멘트 숲에 사는 현대인들에게 산림욕은 필요하며, 도시인들은 주말만이라도 산림욕장에서 몸과 마음을 편안하게 쉴 필요가 있습니다. 현대인의 지치고 피곤한 몸은 자연의 품에서 비로소 온전하게 치유될 수 있습니다. 우리가 시간의 여유가 없어 산림욕장에 가지 못한다면 도심의 공원을 산책하거나 아파트내에서도 화분가꾸기, 그리고 친환경적인 주거만들기 등 자연친화적인 생활을 한다면 도시생활에서의 팍팍함을 보다 더 행복하고 건강한 생활로 바꿀 수 있습니다.

숲에는 나무가 내뿜는 건강물질인 피톤치드가 많습니다. 피톤치드는 식물이 병원균이나 해충, 곰팡이에 저항하려고 내뿜는 물질을 말합니다. 산림욕을 통해 피톤치드를 마시면 스트레스가 해소되고 장과 심폐기능이 강화되며, 우리 몸 안에 살균작용도 이뤄집니다. 20세기 초까지 폐결핵을 치료하려면 숲속에서 좋은 공기를 마시며 요양해야만 한다고 생각하였는데, 산림욕을 하면 식물에서 나오는 각종 항균성물질, 즉 피톤치드가 몸속으로 들어가 나쁜 병원균과 해충, 곰팡이 등을 없애는 구실을 하기 때문입니다.

인간의 간섭이 없는 지역의 공기에는 건강에 좋은 음이온이 양이온에 비해 약 20% 더 많으며, 세계적으로 공기가 좋다고 평가받고 있는 미국의 나이아가라 폭포지역이나 요세미티공원의 공원에는 1㎤당 10만개 이상의 음이온이 측정된다고 합니다. 공기중의 음이온은 거의 대부분이 산성 음이온으로 헬스 이온이라고 불립니다. 산성 음이온이 호흡을 통해 헤모글로빈과 반응해 혈액에 녹아들고 혈액순환을 통해 신체 각기관의 세포로 운반되어 신진대사를 통해 각종 에너지와 영양소를 생산합니다. 산성 음이온은 신진대사를 원활히 하여 건강을 증진하고 면역체계를 활성화하여 자연치유력을 증진시킵니다.

숲은 생명을 유지하는 공간체계입니다. 숲은 사람과 야생의 동식물들이 함께 어우러져 살고 있는 삶의 터전입니다. 사람은 원래 숲에서 태어나 숲속에서 살아왔으나 문명의 발달과 함께 점차 숲밖을 벗어나 생활하게 되었습니다. 현대문명이 급속도로 발달함과 동시에 숲도 그만큼 빠르게 사라져 가고 있으며, 그러한 가운데 현대인들은 갖가지 질병과 스트레스 속에서 생활하고 있습니다. 사람들이 겪고 있는 질병과 스트레스는 우리가 이룬 문명의 편리함 뒤에 숨은 또 다른 얼굴입니다.

최첨단을 자랑하는 물질문명속에서도 인간이 아프고 불행한 이유는 자연과 단절된 채 살아가고 있기 때문입니다. 현대인은 약이 아니라 자연의 품안에서 비로소 온전하게 치유될 수 있습니다. 우리가 스트레스를 많이 받았더라도, 전나무숲, 소나무숲을 조용히 걷다보면 자신도 모르게 스트레스가 씻은듯이 사라지는 경험을 해 보았을 것입니다. 숲은 스트레스 받고 화난 마음을 안정시키고 마음을 평온하게 만들어주는 힘을 지니고 있습니다. 산림욕을 경험해 보면 숲을 걷거나 단지 숲속에 있기만 해도 건강에 도움을 준다는 사실을 체험적으로 알게 됩니다. 숲에는 우리가 상상하는 것 이상으로 신비로운 힘이 있습니다.

계절에 따라 계속 옷을 갈아입는 숲의 환경은 우리의 오감을 자극하고 나무와 식물의 향기성분인 피톤치드와 음이온은 우리 몸의 건강을 되찾아 줍니다. 우리의 몸은 숲속에서 쾌적함을 느끼며, 진정한 휴식을 느끼며, 신체면역력도 증가해서 병에 걸리지 않는 건강한 몸이 됩니다.

숲은 놀라운 치유효과를 가지고 있으며, 몸과 마음을 동시에 건강하게 만들어 줍니다. 스트레스로 몸과 마음이 지쳤다면 주말을 이용하여 산림욕장에서 1박2일, 아무 것도 하지 않고(無爲 ; doing nothing) 단지 휴식만을 취하고 오는 것도 좋은 방법이 될 것입니다.

낭만적인 코스 드라이브

여러분은 국내를 자동차로 여행할 때 어느 코스를 드라이브할 때가 가장 아름답게 느껴졌습니까?

도시생활에서 스트레스가 쌓이면 훌쩍 드라이브를 떠나는 게 어떨까요. 외국 영화에서 보는 것처럼 오픈카를 타고 드라이브는 하지 못하더라도 그리 춥지 않으면 차의 윈도우를 활짝 열고 드라이브를 하면 스트레스를 바람에 날려 버릴 수 있습니다. 쪽빛바다를 곁에 두고 달리는 해안도로, 수면위로 붉게 물드는 석양의 아름다운 호반 길, 곧게 뻗은 방파제, 수목이 우거진 산길 등 환상의 드라이브코스를 찾아 달려봅니다.

대한민국에서 드라이브 하기 좋은 아름다운 길은 어디 있을까요?

동해안의 푸르른 파도를 따라가는 7번 국도, 전남 영광의 해안도로, 섬진강을 따라가는 19번 국도, 그리고 경기도 가평에서 강원도 화천을 지나 양구, 설악산과 속초까지 이르는 길이 대표적인 낭만 드라이브 코스입니다.

46번 경춘국도를 따라 가다가 청평댐에서 우회전하여 청평호반과 북한강변을 따라 363번 지방도를 따라 춘천으로 돌아오는 길 역시 아름다운 길의 하나로 꼽힙니다. 청평호반의 양쪽으로 우거진 가로수 길을 드라이브하는 기분도 아주 낭만적입니다. 서울근교에서는 임진강, 남한강변, 북한강변, 팔당대교에서 덕소, 강화도, 남산순환도로 등이 가볼만한 코스입니다.

저자 개인적으로는 속초 영랑호에서 시작하여 송지호 해수욕장, 화진포를 지나 통일전망대까지의 쪽빛 바다를 품고 달리는 해안도로, 울산 동구 남목에서 정자해변을 거쳐 감포까지의 길, 제주도 남제주군 남원에서 중문단지를 끼고 송악산 해안도로 까지가 좋았습니다. 이 세 곳 모두 너무나 아름답고 환상적인 드라이브 코스입니다. 운전하는 도중에 차를 멈추고 경치를 구경하고 싶은 유혹이 끊이지 않은 곳, 그 길을 달려 보도록 합시다.

그 외에도 호젓함을 맛보고 싶다면 담양 메타세콰이아길, 섬진강, 충주호, 의암 호반을, 산에서 느끼는 정취를 맛보고 싶다면 평창 오대천, 대관령, 동강, 홍천강코스가 좋습니다. 북한강을 끼고 도는 청평호반 드라이브코스는 넓은 강줄기가 유유하게 흐르는 모습을 감상할 수 있는데, 이 코스는 청평댐 방향으로 들어와 지방국도를 타면 왼쪽으로는 호명산을, 오른쪽으로는 북한강과 청평호를 끼고 달리게 됩니다. 이 길은 차량통행이 적어 북한강과 청평호를 따라 시원한 강바람을 맞으며 여유롭게 드라이브할 수 있습니다.

흐드러지게 핀 봄꽃, 하루가 다르게 녹색 빛이 짙어가는 나무, 기분 좋게 살랑이는 바람… 어디론가 훌쩍 떠나고 싶다는 생각이 들 때 차창 밖으로 펼쳐지는 비경을 감상할 수 있는 드라이브 코스를 소개합니다.

● 양수리 코스

남한강과 북한강이 만나는 마을 양수리는 TV나 드라마, CF의 단골 촬영지로 이미 유명한 곳이며, 서울에서 가기도 멀지 않아 당일 드라이브 코스로 좋습니다. 서울에서 팔당댐을 지나는 약 10km 구간이 왕복 4차선으로 새롭게 뚫려 강을 따라 시원하게 달릴 수 있습니다. 확 트인 이 길을 달리다 보면 팔당호가 한눈에 들어오는데 시원하게 뻗은 강줄기와 아담한 산등성이가 아름답게 어우러져 있습니다. 특히 비라도 오는 날이면 마치 바다에 온 것 같은 느낌을 줍니다.

양수리에 도착하면 다리를 건너는 입구에서 서울종합촬영소 이정표를 볼 수 있는데, 영화 속 촬영지를 둘러보는 재미가 가득합니다. 차를 돌려 양수교를 건너면 시내로 접어듭니다. 식사를 저렴하게 즐기려면 이곳에서, 우아하게 즐기고 싶다면 전망 좋은 카페나 레스토랑이 밀집한 카페촌을 이용하는 것이 좋습니다. 식사 후에는 양수리에서 북한강 방면으로 50리가량 이어지는 길을 따라 달려봅시다. 서종리를 중심으로 북쪽은 가평, 남쪽은 양평으로 가는 갈림길이 나오는데 길 좌우로 보이는 연꽃 군락지가 장관입니다.

● 서해안고속도로~안면도 코스

서해안고속도로가 개통되면서 충남 태안·당진권은 당일 드라이브가 가능해졌습니다. 특히 안면도는 꽃지해변 등 아름다운 바다와 울창한 나무숲이 인상적인데 5월 초순에는 안면도 꽃 축제가 열려 수많은 기화요초들을 구경할 수 있을 뿐만 아니라, 꽃축제가 열리는 꽃지해수욕장은 아침 썰물에 길이 열려 할미바위·할아비바위까지 걸어서 들어갈 수 있고, 갯벌에서 주울 수

있는 바지락과 고둥, 참게를 잡아보는 또 다른 재미도 있습니다. 해수욕장 바로 옆의 방포항에서는 갓 잡아올린 싱싱한 횟감을 맛볼 수 있습니다. 5월에는 쫀득하고 매콤한 맛을 내는 '아귀탕'이 계절 음식이고, 이때부터 서해안의 대표적인 수산물인 꽃게가 나기 시작합니다.

서울에서 서해안고속도로를 이용. 홍성 IC에서 갈산 방면으로 달리다 서산 A·B 방조제를 지나면 안면도에 진입할 수 있습니다. 안면읍을 지나 꽃지해수욕장 푯말을 따라 2분 정도 더 달리면 꽃지해수욕장에 도착합니다.

● 마석 아침고요수목원 코스

마석에서 가평으로 이어진 강변도로는 만족할 만한 드라이브 코스입니다. 남양주군 수동면을 지날 때는 수동계곡과 나란히 달릴 수 있어 운치를 더합니다. 다음으로 보이는 것이 축령산 자연휴양림이며, 잣나무 숲길을 따라 들어가면 계곡 물이 귓전을 울리며, 몽골 문화촌도 멋진 볼거리 입니다. 몽골문화촌을 기점으로 전후 8km는 이 코스중에서도 백미(白眉)입니다. 인적이 없는 아담한 길에 계곡, 멋진 전원주택이 차례로 나타나고, 차창 밖으로 서리산의 고운 능선이 끝없이 펼쳐집니다. 연하리에서 우회전해 들어가면 아침고요수목원이 있습니다.

구리에서 46번 국도를 타고 마석까지 갑니다. 마석으로 들어서는 내리막 초입에서 몽골문화촌 이정표가 있는 좌회전 길을 보고 진입하는데, 이 길이 수동과 현리로 가는 362번 지방도입니다.

● 충주호 청풍호반 드라이브

충주호에 가면 산 그림자를 가득 담은 호반이 그림같이 펼쳐지는, 환상의 드라이브를 만끽할 수 있습니다. 충주호 나들이의 백미는 충주호 중 제천시 청풍면에 속한 청풍호반인데, 충주호 중에서 경치가 가장 좋기로 손꼽히는 곳입니다. 제천에서 청풍으로 향하는 597번 지방도로를 달리다 보면 한쪽으로는 기암괴석이 도열하듯 늘어서 있고 반대편으로는 드넓은 호반이 펼쳐져 있어 자신도 모르는 사이에 시선을 빼앗기곤 합니다. 볼거리로는 마치 금강산을 축소한 듯 날카로운 칼봉우리가 장관인 금월봉, <태조 왕건>에 이어 <제국의 아침> 촬영장으로 쓰였던 KBS 촬영장 등이 있습니다. 좀 더 가면 교리관광단지가 나오는데, 이곳에서는 국내 최고 높이인 62m의 번지점프와 빅 스윙, 비행기 조종사의 탈출 시스템에서 고안한 이젝션 시트, 수상 경비행기 등 스릴 만점의 레포츠를 즐길 수 있습니다.

충추댐을 건설하면서 수몰될 뻔한 문화재들을 망설산 기슭에 옮겨놓은 청풍문화재단지 역시 가볼만한 곳입니다. 한벽루, 청풍석조여래입상 등의 보물과 민가, 생활 유품이 잘 보존되어 있습니다.

서울(수도권)에서 가려면 영동고속도로와 중앙고속도로를 이용. 영동고속도로를 타고 강릉 방면으로 달리다 원주 못미쳐 만종분기점에서 우회전하여 중앙고속도로로 들어섭니다. 중앙고속도로를 달리다가 남제천 IC에서 내려가면 597번 지방도로를 만납니다.

● 강화도 해안 드라이브

강화는 역사적인 유물과 사연이 섬 전체에 널려 있어 여행길에 소중한 경험과 역사를 얻어 올 수 있는 이색적인 곳입니다. 덕진진, 대명포구, 초지대교, 초지진, 광성보로 이어지는 길을 달리면 다양한 볼거리를 만날 수 있습니다. 특히 강화도 화도면 동막리의 동막해수욕장에서 여차리, 장화리로 이어지는 해안도로는 드라이브 코스의 백미입니다. 넓게 펼쳐진 갯벌과 그 위에 듬성듬성 서 있는 고깃배, 바다 위로 날아드는 철새 떼가 눈길을 끕니다. 도로변 곳곳에 외적의 침입을 막기 위해 만들어 놓은 돈대(포대)에 오르면 사방이 확 트인 '끝내주는' 전망에 탄성이 절로 나옵니다. 해 질 무렵이면 환상적인 낙조 드라이브를 즐길 수 있습니다. 화도에서 10여 분 정도 호젓한 길을 더 달려 선수포구에 들러도 좋습니다. 이곳에는 강화도 명물인 밴댕이회 등을 파는 횟집촌이 모여 있어 별미를 맛볼 수 있습니다.

올림픽대로 김포공항 방면으로 가다 48번 국도를 이용 김포를 지나 24km 정도 지나면 강화대교를 만날 수 있습니다. 혹은 김포 시청에서 10km를 가다 만나는 삼거리에서 좌회전, 352번 국도를 타고 김포 대곶면에 이르면 강화 초지리까지 이어지는 초지대교(제2강화대교)를 이용해도 됩니다.

스트레스 해소로 건강하게 사는 법

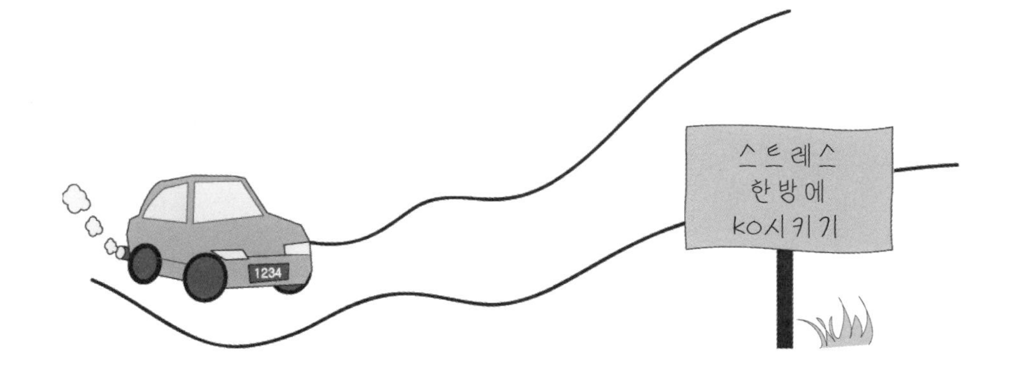

스트레스 바로 알기

손자병법에 지피지기하면 백전백승이라는 말이 있습니다. 스트레스를 극복하려면 스트레스가 근본적으로 무엇인가를 잘 알아야 합니다. 그리고 자기 자신에 대해서도 심층적으로 이해한다면 스트레스를 이겨낼 수 있을 것입니다.

스트레스란 무엇일까요? 사람들은 흔히 직장에서의 압박감, 직장에서의 복잡한 인간관계, 교통체증 등을 스트레스로 생각합니다. 그러나 단지 이것은 스트레스를 일으킬 수 있는 유발인자(trigger)라고 할 수 있으며, 스트레스는 이와 같은 요인에 의해 실제적인 신체반응이 일어나는 것을 말하는 것입니다.

'스트레스'라고 말을 처음 사용한 사람은 캐나다 내분비학자 한스 셀리에이며, 스트레스란 우리 몸을 위험에서부터 보호하기 위해 자극 호르몬인 아드레날린이나 다른 호르몬이 혈중내로 분비되어 위험에 대처해 싸우거나 그 상황을 피할 수 있는 힘과 에너지를 주는 것이며, 보통은 건강에 좋지 않은 영향을 끼치나 적당하면 오히려 신체와 정신에 활력을 주는 것입니다.

스트레스가 우리에게 모두 나쁜 것은 아니며, 스트레스에는 우리 몸에 도움을 주어 더 나은 상태를 유지할 수 있는 좋은 스트레스, 우리 몸의 혼란을 야기하고 병들게 하는 나쁜 스트레스가 있습니다.

스트레스를 일으키는 '유발인자(trigger)'로는 외적(外的) 원인과 내적(內的) 원인이 있는데 문명화된 현대 사회에서는 외부 위협이 줄어들면서 자기 자신의 내부에서 기인한 내적 원인의 비중이 높아지고 있습니다.

스트레스를 일으키는 외적 원인으로는 시끄러운 소음, 듣기 싫은 소리, 강한 빛, 먼지 등의 물리적 환경과 다른 사람과의 인간관계, 갈등 등의 사회적 환경, 그리고 직장에서의 업무, 시간 준수, 조기 퇴직, 주위의 가까운 사람의 죽음 등을 들 수 있습니다.

스트레스를 일으키는 내적 원인으로는 충분하지 못한 잠, 과도한 업무에 따른 압박감, 부정적인 생각, 자기비하, 경직된 사고, 독선적인 사고, 마음의 감옥, 완고한 주관적 관념을 구성하여 자기 스스로가 만든 마음의 감옥에 자기가 갇히는 것을 주요한 내적 원인으로 들 수 있습니다.

스트레스가 잘 생길 수 있는 개인의 특성을 보면 혈액형으로 A형, 완벽주의자, 강박관념을 가진 사람, 일벌레 등을 들 수 있을 것입니다.

그런데 우리가 여기서 알아야 할 것은 우리가 받고 있는 스트레스 대부분은 실제로 자기가 외부 상황을 어떻게 인식하고 해석하고 받아들이느냐에 많이 좌우된다는 사실입니다.

우리들은 일반적으로 스트레스를 외적 원인 탓으로 돌리기 쉽습니다. 그러나 똑같은 외부상황이라도 그것을 어떻게 받아들이느냐는 결국 자기 자신에 달려 있으므로, 이러한 사실을 이해하는 것이 스트레스를 이겨 나가는데 매우 중요한 첫걸음이 됩니다.

우리 평범한 일반사람이 명상(瞑想), 참선(參禪)을 통해서 '마음의 본질'을 깨닫는 경지에 도달하거나, 마음수련을 통해서 나의 마음과 우주의식이 하나라는 깨달음을 얻기가 쉽지 않습니다.

그러나 우리가 받는 스트레스가 외부 유발인자에 의한 것이라기보다는 그것을 해석하고 수용하는 우리 내적 요인에 의해서 좌우되는 측면(側面)이 크다는 사실을 안다면 스트레스를 극복하는데 중요한 첫걸음을 내디딘 것입니다.

스트레스를 받으면 우리에게 어떤 증상이 나타날까요? 먼저 신체적으로는 피로, 두통, 불면증, 심장이 두근거림, 복부 통증, 안면 붉어짐 등이 나타나며, 정신적으로는 마음이 텅빈 듯한 느낌, 웃음이 사라짐, 집중력이나 기억력 감소, 안절부절 못함, 신경과민, 우울증, 분노, 좌절감, 불안, 인내심 부족 등의 증상이 나타납니다.

스트레스는 인체에 어떤 영향을 미칠까요? 스트레스를 받으면 인체는 그것에 적극적으로 대응하기 위해 심장박동이 갑자기 증가합니다. 땀이 나며 피가 머리와 근육에 집중됩니다. 스트레스가 지속적으로 가해지면 부신피질호르몬이 분비됩니다. 부신피질호르몬인 코티졸이 장기적으로 분비되면 혈압을 높이고 임파구 수를 감소시키는 등 면역기능의 약화를 가져옵니다. 스트레스호르몬인 코티졸은 단기적으로 볼 때는 인체가 외부의 스트레스에 대응하는데 도움이 되지만 지속적으로 분비되면 인체에 아주 좋지 않은 영향을 미치는 것입니다.

최근 연구에 의하면 몸이 아파 병원을 찾는 중요한 환자의 상당수가 스트레스에 기인한 것이라고 합니다. 현재 한국사회와 같이 갈등이 심한 사회에서는 스트레스가 건강을 해치는 가장 주요한 원인이라고도 할 수 있을 것입니다. 심신상관의학, 즉 육체와 정신이 긴밀히 연결되어 있다는 이론을 굳이 이야기 하지 않더라도 정신적인 스트레스가 육체적인 질환을 일으키거나 아니면 일으키기 쉽게 만든다는 것은 사실입니다.

그러면 이러한 스트레스에 대한 해결방안으로는 어떤 것이 있을까요?

만약 자녀의 학업성적이 좋지 않아 당신이 스트레스를 받고 화를 낸다면 그 스트레스를 받는 원인은 당신의 자녀에 대한 지나친 기대 때문일 수 있습니다. 자녀에게 짜증을 내는 대신 자녀가 학업에만 전념할 수 있도록 화목한 가정분위기를 만들고, 효과적인 공부 방법, 공부 기술을 가르쳐 주며, 균형잡힌 식단, 조명, 환기(換氣)등에 관심을 쏟는 것이 자녀의 장래를 위해서 더 지혜로운 선택일 것입니다.

자녀를 위해 부모로서 해줄 수 있는 최선을 다하고, 자녀의 눈높이에서 자녀의 입장이 되어서 대화를 하는 것이 필요하며 어느 정도는 자녀에게 맡겨두어야 합니다. 자기의 틀을 자녀에게 지나치게 강요한다면 부모와 자녀사이의 관계도 소원해지고 더 큰 스트레스를 일으킬 것입니다. 따라서 당신이 마음을 바꾼다면 더 이상 자녀의 성적이 당신에게 스트레스 요소로서 작용하지 않을 것입니다.

마호메트의 제자가 마호메트에게 물었습니다.

"스승님은 선지자시니까 저 산을 움직일 수 있습니까?"

마호메트가 기도로 산을 움직이려 했으나 산이 움직일 리가 없었습니다. 그러자 마호메트가,

"저 산이 움직이지 않으면 내가 저 산으로 걸어 가겠다."

고 했습니다. 무거운 절보고 떠나라 하지 말고 가벼운 중이 떠나면 되는 것입니다. 자기에게 외부적으로 주워진 환경을 변화시킬 수 없다면 자기의 마음을 바꾸면 되는 것입니다.

스트레스의 원인이 본인 스스로의 마음이 만들어내는 내적 요인의 비중이 높기 때문에 스트레스를 극복하기 위해서는 스트레스의 원인을 이해하고 자기스스로 내면적으로 변화해야 합니다. 우리가 스트레스를 이기려한다면 스트레스의 본질을 잘 이해하고 스트레스를 효과적으로 통제(control)하고 다루는 방법을 배워야 합니다.

스트레스 극복을 위해서는 자기의 생각, 자기의 행동, 자기가 처한 환경을 변화시켜야 하는 것입니다. 여기서 환경을 변화시킬 수 없다면 먼저 자기가 변화시킬 수 있는 영역인 자기의 생각, 자기의 마음, 자기의 행동을 변화시키면 시간이 지날수록 스트레스를 훨씬 덜 받게 됩니다.

스트레스의 재구성(再構成)

스트레스 재구성(reframing)이란 무엇을 변화시키는 것일까요?

재구성(reframing)이란 어떤 일에 대해 더 좋은 방향으로 사물을 볼 수 있도록 인식과 해석 방법을 변화시키는 기술을 말합니다. 이는 먼저 똑같은 상황을 해석하는데 있어서도 여러 방법이 있다는 것을 아는 것으로부터 출발합니다. 재구성은 우리가 늘 생각하던 대로의 패턴, 방법을 바꾸어 똑같은 상황을 해석하는데 있어서도 상황을 긍정적으로 해석하고 당신의 미래를 위해 더 나은 해석을 선택하는 것을 말합니다.

스트레스 재구성이란 외부의 사실을 변화시키는 것이 아니고 어떠한 상황을 다르게, 그리고 스트레스가 적게 받도록 상황을 해석하는 것을 말합니다. 재구성은 부정적 상황에서도 긍정적으로 볼 수 있도록 도와주고 다른 사람의 행동을 이해할 수 있도록 해줍니다.

먼저 인식과 해석에 대해 간단히 이야기 하겠습니다. 현재 지구의 인구가 65억 명이라면 65억 개의 세계가 있는 것과 같습니다. 왜냐하면 세계에 대한 인식은 우리가 외부세계를 직접 인식하는 것이 아니라 65억 명의 지구인 한 사람 한 사람이 외부 세계를 눈으로 받아들여 망막에 영상을 맺고 이를 생체 전기신호로 바꾸어 뇌에 보내면 뇌는 여러 부위가 종합해서 그 영상을 해석하고 비교, 분석, 판별해서 우리에게 시각적 인식 및 사물에 대한 이해를 하게 해줍니다.

이것은 인식이라는 것이 우리가 외부 사물을 직접 보는 것이 아니라 뇌속에서 구성한 제2차적 영상을 보는 것에 지나지 않는다는 것을 말해줍니다. 그런데 이 영상을 만드는 것도, 이 영상을 해석하는 것도 각 사람마다의 마음이며, 사람마다의 마음이 각기 다 다르므로 사람마다 구성한 영상이 다르고 그것에 대한 해석도 달라지게 되므로 지구 인구가 65억 명이라면 65억 개의 세계가 있는 셈이 되는 것입니다.

여기서 우리는 사람마다 인식, 관점에 차이가 있으며 절대적으로 누구의 인식이 옳은가 그른가는 없고 모든 것이 상대적이며 각자가 자기 나름대로 눈에 보이지 않는 안경인 '인식의 틀(frame of cognizance)'을 끼고 세상을 보고 있다는 것을 이해해야 합니다.

우리는 진실이라고 믿고 있는 자기의 관념에 대해 의식적으로든 무의식적으로든 지키려고 하며 이런 관념이 스트레스를 일으킵니다. 자기의 관념과 다른 사람들의 관념간에 갈등이 있을 때 스트레스가 많이 발생되는데, 자기의 주관적 관념이 진실이라고 할 수는 없고 단지 자기가 가지고 있는 개인 의견(personal opinion)에 지나지 않는 것입니다. 관념의 차이에 따른 다툼의 문제는 진리의 문제가 아니라 단지 의견의 차이에 지나지 않는 경우가 많습니다.

만약 자기의 신념, 소신, 이데올로기, 주관적 관념, 믿음이 반드시 진리인 것은 아니라는 것을 알게 된다면 다른 사람과의 인식 차이에서 발생하는 스트레스는 감소할 것입니다. 이러한 주관적 관념의 상대성을 인식한다면, 우리는 이제 스트레스를 어느 정도 통제(control) 가능 범위하에 둘 수 있는 방법을 배우게 된 것입니다.

우리는 항상 열린 마음으로 다양한 의견을 받아들이고, 의견의 차이가 있는 것이 오히려 당연하다는 것을 알고, 프랑스의 '똘레랑스(영어로는 tolerance)' 정신처럼 서로의 차이를 인정하고 서로가 평화 공존하는 길을 모색해 나가야 합니다.

우리가 스트레스를 주는 상황에 대해 지나치게 민감하게 느끼고, 사소한 일을 크게 느끼고, 고통을 자신만 겪고 있다고 생각한다면, 이것은 자신을 더 고통스럽게 만듭니다. 사람은 작은 일이라도 자신에 관계된 일은 너무 심각하게 생각하고 턱없이 부풀리는 경향이 있습니다. 스트레스를 받는가 받지않는가는 외부 상황 그 자체보다는 그 상황에 대한 각자의 해석, 인식에 많이 달려 있습니다.

우리가 받는 스트레스는 우리 스스로가 만들어내는 경우가 많습니다. 혹시 다른 사람이 자신을 비난하더라도 부정적인 반응을 자제하고 비난하는 말을 귓가에 스치는 한줄기 바람처럼 그냥 지나가게 놔둔다면 마음의 상처를 받지도 않고 힘들게 고민할 필요도 없을 것입니다.

따라서 인생을 살면서 스트레스 상황을 피할 수는 없더라도 그 상황에 대응하는 방법에 따라 자신이 받는 고통을 줄일 수 있습니다. 우리가 불행하다고 느끼는 이유는 스스로를 세상의 중심에 놓고 자신만 참을 수 없는 고통을 받는다고 생각하기 때문입니다. 자신의 생각 속에, 자신의 관념 속에 갇혀있는 사람은 언제나 불행할 수밖에 없습니다. 이는 자기가 스스로 만든 마음의 감옥에 자기 스스로를 가둬놓고 자기가 간수이자 동시에 자기가 죄수가 되는 상황을 스스로 만드는 셈이 됩니다. 이 완고한 주관적 관념을 부수고 정신적으로 자유인이 되어야 합니다.

우리는 이제 정신적인 족쇄를 풀고 '새처럼 자유롭게, 바람처럼 자유롭게'(free as a bird, free as a wind), 까마득히 높고 짙푸른 남미의 안데스 산맥을 유유히 나는 콘도르(condor)처럼 정신의 자유, 정신적인 비상(飛翔)을 시작했으면 합니다.

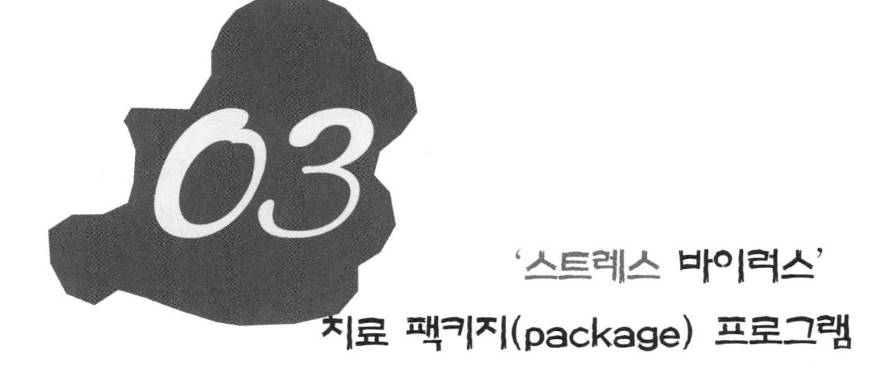

03 '스트레스 바이러스' 치료 패키지(package) 프로그램

우리 인간은 누구나 건강해지고 싶고 행복해지고 싶어 합니다. 그런데 어떻게 하면 건강과 행복을 얻을 수 있을까요?

스트레스가 너무 쌓이면 몸과 마음에 심각한 상처를 입힙니다. 스트레스 바이러스를 박멸하려면 식사 · 수면 · 운동 · 사물을 보는 관점 등 여러 가지 요소가 잘 조합된 **'스트레스 바이러스 치료 패키지 종합프로그램'** 주사(injection)를 놓아야 합니다.

그리고 무엇보다도 여러 가지 시행착오를 거쳐 자기 자신만의 고유한 스트레스 해소법을 개발해 내어야 합니다.

복잡한 현대사회의 다양한 스트레스에 대응하기 위해 한 두 가지 방법이 아닌 종합적이고 다양한 방법의 **'스트레스 해소 패키지(package)'** 방법을 적용할 필요가 있는 것입니다.

01 높은 곳에서 세상 내려다 보기

산의 정상이나 높은 빌딩의 스카이라운지에서 세상을 내려다

보면 다른 시각으로 세상을 볼 수 있게 되며, 여유를 가지고 사리판단을 할 수 있게 된다.

02 연애소설과 영화

언제나 연애하는 게 불가능하다면 연애소설 등으로 그런 기분을 맛보라.

03 새로운 일에 도전

즐거움이 생기면 '좋은 스트레스'에 의해 '나쁜 스트레스'가 완화된다. 너무 욕심을 내면 역효과.

04 긍정적인 생각

싫은 일에서도 즐거운 면을 찾아낸다. 빛과 어둠은 동전의 양면이다.

05 큰 소리로 운다

운 다음에는 기분이 안정되는 경우가 많다. 슬픈 영화나 음악의 도움을 빌려도 좋다.

06 작은 사치

기분전환은 '모습부터 시작'하는 것도 중요하다. 머리 형태를 바꾸거나 패션 또는 화장을 바꿔본다.

07 모양 변화

방의 인테리어나 직장의 책상 주변을 바꿔보면 시원하고 새로운 기분이 된다.

08 운동

격렬한 운동을 할 시간이 없다면 간단한 스트레칭도 좋다.

09 웃는다

웃음은 스트레스를 줄이고 면역력을 높인다. 자발적으로 웃음 띤 얼굴을 만들어 보는 것만으로도 효과가 있다.

10 욕조에서 휴식

약 40°C 정도 되는 따뜻한 물을 욕조에 넣고 20분 정도 몸을 담그면 자율신경이 교감신경(긴장상태)에서 부교감신경(이완 상태)으로 바뀐다.

11 새로운 이미지를 가진다

생각하면 할수록 기억은 고착된다. 싫은 게 머릿속에 떠오른다면 기분 좋은 이미지로 바꿔라.

12 살짝 도피

스트레스가 있는 환경에서 일시적으로 도피하여 혼자만의 시간을 만든다. 화장실에서 잠시 쉬거나 점심시간 때 잠깐 외출 등도 좋다.

13 옛날 생각

즐거웠던 옛 일을 떠올리거나 당시 좋았던 곡을 듣는 것도 기분전환이 된다.

14 노트에 쓴다

생각하고 있는 것을 글로 옮기면 기분이 정리된다.

15 정보 차단

신문이나 TV를 보지 않고, PC나 휴대전화를 사용하지 않는 날을 만든다.

16 일기를 쓴다

즐거운 일 중심으로 쓰면 침체된 기분을 날려버릴 수 있다.

17 노(NO)라고 말한다

싫은 일, 안 되는 일은 적절하게 거절하는 기술을 익힌다.

18 주장한다

주위를 생각하지 않고 생각한 것이나 감정을 솔직하게 표현해 본다.

19 술을 마신다

적당한 술은 이완에 효과가 있다. 그러나 '자책하면서 마시는 술'은 역효과가 난다.

20 타협을 배운다

때로는 문제를 정면에서 맞서기보다는 타협해 본다.

21 쾌적한 수면

수면부족은 스트레스의 원인. 취침 2시간 전에는 식사를 끝내고 1시간 전에는 TV나 강한 자극을 피한다.

22 따뜻한 우유

취침 전에 마시면 수면을 촉진하는 뇌내 물질 멜라토닌이 증가한다.

23 취침 전 술은 피한다

알콜은 정상적인 수면 패턴을 흐트린다. 취침 전 술을 습관화하면 의존증에 걸리기 쉽다.

24 과식하지 않는다

스트레스는 혈당치를 올린다. 과식으로 혈당 컨트롤을 더욱 방해받으면 당뇨병 등의 위험성이 증가한다.

25 요리를 한다

요리 중에는 뇌가 활성화되고, 기분전환에도 좋다. 자신이 만든 요리를 먹으면 만족감이 는다.

26 가사에서 빠지기

가끔 농땡이 쳐보거나 외부 위탁도 생각해 본다.

27 가족과 시간 보내기

하지만 그것이 스트레스의 원인이 된다면 적당히 하라.

28 오픈 마인드, 유연한 사고

항상 모든 가능성을 열어 놓고 유연한 사고로 대처하면 문제에 대처할 수 있는 선택의 여지가 늘어난다.

29 e메일을 쉰다

e메일 연락만으로는 오해나 감정의 얽힘이 늘어난다. 얼굴을 마주보고 하는 커뮤니케이션도 필요.

30 여행을 간다

스트레스의 원인으로부터 멀어지고 즐거운 자극으로 뇌를 새롭게 한다.

31 춤추러 간다

춤을 추거나, 춤을 추는 것을 보는 것만으로도 즐거워 진다.

32 대충대충 한다

모든 것에 완벽을 추구하면 초조해지는 경우가 많다. 일정한 기준을 넘으면 만족할 줄 알아야 한다.

33 아로마테라피

라벤더나 카모마일 등 오일을 이용한 향기 치료나 타이마사지 등을 가볍게 즐기자.

34 일광욕

정신 안정 작용이 있는 신경 전달물질 세로토닌 분비가 늘어난다.

35 리듬운동

워킹 · 조깅 · 수영 · 좌선의 호흡법 등 리듬 운동은 세로토닌의 분비를 늘린다.

36 잘 씹는다

잘 씹으면 소화를 도울뿐 아니라 뇌에 자극을 주어 스트레스 해소에 도움을 준다.

37 그만둘 준비를

언제라도 일을 그만둘 수 있다는 각오와 실제 준비를 해 둔다.

38 항상 새로운 시작을

나이는 숫자에 불과하다. 언제라도 새롭게 시작할 수 있는 마인드를 가진다.

39 돈에 구애받지 않는다

부유층일수록 스트레스가 많다는 조사결과가 있다. 돈이 모든 것이라는 사고를 버려 본다.

40 아파트 베란다에 실내정원 가꾸기

식물을 기르는 작업은 오감에 대한 기분 좋은 자극을 수반한다. 적당한 운동이나 일광욕도 된다.

41 산림욕

삼림이나 폭포 주변의 공기에는 음이온이 많이 포함돼 있다. 부교감신경을 일깨워 기분을 편안하게 만들어준다.

42 명상

스트레스 내성을 기르는 방법으로 전미정신위생협회는 매일 10~20분간 명상을 장려.

43 한 템포 늦추기

고민이 있다면 하룻밤 자면서 생각해 보자. 그 다음날 보면 아무 것도 아닌 경우가 많다.

44 스트레스 타입을 안다

자신의 스트레스 타입을 파악하여 생활을 바꾸어 본다.

45 스트레스는 우리 편

스트레스는 활동 에너지원이기도 하다. '스트레스다'라고 너무 적대시하지 않는 편이 좋다.

46 섹스

아픔이나 스트레스를 줄이는 뇌내 물질 베타엔돌핀의 분비를 촉진한다. 공상만으로도 효과를 기대할 수 있다.

47 친구와 이야기한다

푸념을 털어버리면 속 시원하다. 스트레스 해소의 힌트를 얻을 수 있을지도.

48 서포터 그룹

서포터 그룹의 정신적인 지지를 받은 환자는 병의 재발률이 반감한다는 조사결과가 있다.

49 순조로운 일에 집중

밝은 전망을 가질 수 있는 일에 의식을 집중한다면 적극적인 기분이 된다.

50 확신을 버린다

확실한 것 따위는 없다고 생각한다면 이상과 현실의 격차에 초조해 하지 않는다.

51 10분 릴랙스 법

10분간 조용한 장소에서 눈을 감고 좋아하는 심상(心象)을 떠올린다. 그러면 뇌의 활동을 평화롭게 진정시킬 수 있다.

52 통근 경로를 바꾼다

다른 노선을 사용하거나, 역 하나쯤 걸어 보면 평소와는 다른 신선한 기분이 된다.

53 껴안는다

애인이나 친구를 껴안아 본다. 스킨십의 이완 효과는 어린 아이를 위한 것만이 아니다.

54 선택의 여지를 생각한다

때로 좋지 않은 일이 일어나도 절망하지 않는다. '뭐가 가능한가'를 생각하고, 인생에는 다양한 선택의 여지가 있다는 사실을 확인한다.

55 네트워크를 만든다

혼자서 모든 문제를 해결하고자 하는 사람은 스트레스가 높다. 다른 사람의 도움이 있다면 쉽게 문제해결을 할 수 있는 경우가 많다.

56 자유로운 기분으로

'자신의 뜻대로 컨트롤이 되지 않는다.'고 생각하면 스트레스가 된다. 특정 회사에 종속된 직원이 아니라 전문직 프리랜서라는 생각으로 일해보자.

57 우선순위를 매긴다

생각하고 있는 일을 모두 해치우지 못해 스트레스가 되는 경우도 있다. 우선순위를 매겨 정말 중요한 것만 하도록 하자.

58 살짝 책임전가

때로는 실패의 원인을 외적 요인 탓으로 돌린다. '내 강연이 엉망이었다.'가 아니라 '청중이 너무 수준이 낮았다.'고 생각하면 된다.

59 차근 차근 일처리

한꺼번에 여러 가지 일을 처리 하려면 스트레스를 받는다. 우선 순위를 정해 하나 하나 일을 해결해 나가면 스트레스에 적게 노출된다.

60 가벼운 식사

스트레스 때문에 식욕이 없을 때에는 가벼운 식사를 자주 한다.

61 허브티

불안・스트레스나 그에 따른 불면 등에는 자스민 허브티가 효과가 있다.

62 대추차

대추차는 신경안정에 효과가 좋다.

63 세인트존스워트

독일에서는 우울병치료약으로 처방되고 있는 허브. 병원에 갈

정도는 아니지만 약간 우울할 때 효과가 있다.

64 컴포트 슈즈(comfort shoes) 신기

발이 편하면 몸 전체가 편하다. 족욕을 곁들이면 금상첨화.

65 우유죽 먹기

죽은 마음을 이완시키며, 위에 부담도 없고 영양도 높은 건강식이다.

66 식도락 즐기기

맛있는 음식을 먹으면 삶의 의욕이 넘치고 스트레스와 싸워 이길 수 있다.

67 등 푸른 생선

등푸른 생선의 생선기름에 많이 포함돼 있는 오메가3 지방산이 부족하면 기분이 울적해지기도 한다.

68 인삼

인삼은 몸의 원기를 북돋워 주어 스트레스를 이기는 힘을 준다.

69 사랑을 한다

연애를 하면 스트레스 호르몬을 억제하는 성 호르몬의 분비가 왕성해진다.

70 잡곡밥

밥을 할 때 현미, 보리, 검은콩, 찹쌀 등을 섞어 먹으면 아주 건강해진다.

71 구기자

구기자를 끓여서 보리차 마시듯이 꾸준히 마시면 장수(長壽)한다고 한다.

72 전립(全粒) 곡물을 먹는다

영양분이 높다. 에너지 대사가 느려 기분에 변덕이 잘 생기지 않는다.

73 물을 충분히

인체의 3분의 2는 물. 전신의 기능이 제대로 작동하기 위해서는 물은 필수불가결. 하루에 1.5리터가 적당.

74 설탕에 주의

설탕을 너무 많이 섭취하면 고혈당증을 초래. 무기력과 스트레스 내성의 저하로 연결된다.

75 커피는 오전중에

카페인은 체내에 12시간 정도 남는 경우가 있다. 안락한 수면을 위해 커피나 초콜릿은 오전 중에.

76 카페인은 줄여야

중추신경을 자극해 일시적으로 피로감을 회복시켜 주지만 너무 많이 섭취하면 아드레날린이 과도하게 분비돼 순환기 계통에 악영향.

77 아침 식사를 거르지 말라

아침 식사는 하루의 활동을 시작하는 에너지를 뇌와 몸에 부여한다. 아침을 먹지 않는 사람일수록 신체의 부조화나 스트레스가 높아진다.

78 위파사나 수행

화(火)가 나는 즉시 제7의식(말나식)의 발현임을 깨닫고 화의 실체(substance)가 없음을 통찰한다.

79 긍정적 자기최면

사람은 마음먹은 대로 이루어지므로 긍정적 자기최면을 건다. 미래의 성공한 모습을 이미지로 떠올리며 행복한 상상을 한다.

80 마사지

스트레스 호르몬의 양이 감소하는 것이 과학적으로 증명되고 있다.

81 지압

내관(內關)·신문(神門)·태충(太衝)·백회(百會) 등의 혈은 자율신경을 조절하여 초조감이나 신경질적으로 되는 것을 억제한다.

82 바이오피드백

몸의 기능을 의식적으로 컨트롤함으로써 스트레스에 대처할 수 있다.

83 모차르트

클래식은 예부터 울병치료에 이용되어 왔다. 최근의 음악요법에서는 모차르트를 이용하는 경우가 많다.

84 노래를 부른다

노래방에서 큰소리로 노래를 부르면 복식호흡이 되어 심신의 긴장이 모두 풀어진다.

85 스포츠 관람

응원하면서 큰 소리를 내면 기분이 상쾌해지고, 혈행도 좋아진다.

86 심호흡을 한다

불안이나 긴장 상태에서는 호흡이 얕아진다. 천천히 깊게 복식호흡을 하면 긴장이 완화된다.

87 바다에 간다

바닷물이 찰랑이는 모래 위를 맨발로 걸으면 심신을 이완시키는 효과가 있다. 수평선을 쳐다보면 답답했던 마음도 뻥 뚫어진다.

88 별을 본다

넓은 밤하늘이 마음을 해방시켜주며, 먼 곳을 바라보면 눈의 피로도 풀어진다.

89 사운드테라피

오디오 볼륨을 높여서 좋아하는 음악을 들으면 스트레스가 해소된다.

90 자연의 소리

대나무 숲을 지나는 바람소리, 눈 밟는 소리, 바닷가 파도소리, 실개천의 소리, 산들바람 등 자연 환경의 소리는 '1/f 흔들림'의 법칙이 있고, 이완 효과가 있다.

91 애완동물을 쓰다 듬는다

스트레스를 느꼈을 때 동물을 쓰다듬으면 혈압이 내려간다. 푹신한 인형도 대용이 가능하다.

92 나쁜 기억 delete 하기

직장에서 생긴 스트레스는 집으로 가져가지 않는다. 나쁜 기억은 바로 delete 시킨다.

93 걱정거리 리스트

마음에 걸리는 일이 있으면 그것을 어떻게 할 것인지 써 본다. 명확하게 파악해 두는 편이 대응하기 쉽다.

94 책임범위를 지킨다

책임범위 내에서 전력을 다하고, 다른 사람의 문제에 관여하지 않는다. 자신이 할 수 있는 일과, 할 수 없는 일을 명확하게 구분한다.

95 드라이브

혼자 음악을 크게 틀어놓고 아름다운 길, 낭만적인 코스를 드라이브 하면 상쾌감을 느끼게 되며, 스트레스는 단숨에 바람에 날려버린다.

96 실내 인테리어 풍수

창문을 조금 열어 두어야 실내 공기를 정체시키지 않으며, 걸어 다니는 장소에 물건을 많이 놓아두지 않는 등 기분 좋은 환경조성에 신경 쓴다.

97 버린다

오랫동안 사용하지 않은 물건은 버린다. 인테리어 풍수에서는 오래 사용하지 않은 물건은 기(氣)를 정체(停滯)시킨다고 본다.

98 간접조명

직접 조명은 눈을 부시게 해서 피곤하게 만든다. 조명은 밝게 하되 간접 조명으로 하도록 한다. 침실 등 휴식 공간에는 백열전등의 부드러운 빛이 좋다.

99 간단한 체조

간단한 체조나 스트레칭이 육체의 피로를 풀고 새로운 힘을 준다.

100 가볍게 걷기

가벼운 걷기는 기분전환을 가져온다. 일을 하는 중에도 잠시 자리를 떠나 본다.

스트레스 한방에 KO 시키기

현대 사회가 복잡해짐에 따라 스트레스도 다양해지고 따라서 스트레스 해소를 위한 방법도 종합적이고 다양한 방법을 동시에 적용하는 '탈(脫)스트레스 패키지(package)'를 활용하는 것이 효과적인 방법입니다.

정보화 사회의 특징 중 하나가 스트레스가 증가한다는 점입니다. 특히 한국은 고(高)스트레스 사회입니다. 한국은 인구밀도가 가장 높은 나라 중 하나여서 기본적으로 생존경쟁이 극심합니다. 게다가 IMF 외환위기 이후 구조조정의 상시화, 불황의 장기화, 사회계층의 양극화 심화로 사회여건이 '만인(萬人)에 대(對)한 만인(萬人)의 투쟁' 양상으로 바뀌면서 한국인의 스트레스 수치가 갈수록 점점 높아지고 있는 실정입니다.

스트레스 호르몬인 코티솔은 우리가 위험에 처하거나 스트레스를 극복하려할 때 힘과 에너지를 보충해 줍니다. 코티솔이 증가하면 신체 주요기관으로 더 많은 혈액을 보내기 위해 맥박과 혈압이 증가하고 더 많은 산소를 얻기 위해 호흡이 빨라집니다. 코티솔은 싸우거나 즉각 도망칠 수 있도록 근육을 긴장시키고 상황판단과 신속한 판단을 하기 위해 정신을 더욱 또렷하게 하며, 감각기관을 한층 더 예민하게 만듭니다.

그러나 이러한 스트레스 호르몬의 분비가 계속되어 몸 안에 축적되면 우울증이 유발됩니다. 스트레스가 지나치게 오래 지속되면 우울증으로 발전한다는 뜻입니다. 우울증환자의 대다수가 몸 안에 스트레스 호르몬인 코티솔이 과다하게 축적되어 있다고 합니다. 장기간 스트레스를 받아 스트레스 호르몬이 과다 축적될 경우 극심한 불안증이 생기고 새로운 스트레스에 대해 적절히 대응하지 못하게 됩니다.

결국 코티솔 분비 자체는 스트레스를 주는 원인을 방어하기 위한 것이지만 지속적으로 스트레스 호르몬이 분비될 경우 장기적으로는 몸을 손상시키는 역기능을 한다는 것입니다. 만성적으로 스트레스 호르몬이 분비되면 불안과 초조상태가 이어지게 되고 쉽게 지치게 됩니다. 이런 상태가 지속되면 우울증, 정신장애, 수면장애로 발전합니다.

따라서 탈(脫)스트레스를 위해서 한 두 가지 방법이 아닌, 종합적이고 다양한 방법의 '스트레스 해소 패키지(package)'를 적용할 필요가 있는 것입니다. 스트레스 해소를 위한 다양한 수단을 동시에 적용함으로써 효과를 거둘 수 있습니다.

직장인들을 대상으로 한 설문조사 결과 직장상사와의 갈등, 자기능력의 한계에 대한 인식, 명퇴 위기감, 승진 및 전보, 연봉협상에 따른 스트레스 등이 중요한 스트레스 요인이라고 합니다. 이러한 스트레스를 한방에 날리는 방법은 없을까요?

일본에서는 '스트레스 해소방'이라는 것이 있어 스트레스를 해소하기 위해서 접시나 병을 깨는 곳이 있다고 합니다.

복잡한 사회생활로 쌓인 스트레스를 한방에 KO시키는 방법 중의 하나는 말그대로 체육관에 가서 샌드백을 치는 것입니다.

권투선수가 아니더라도 체육관에 가서 샌드백을 치면 스트레스 해소도 되고 다이어트 효과도 있으며, 정신건강에도 좋습니다. 인터넷쇼핑몰에서도 스트레스 해소용 펀치볼이 상당히 잘 팔린다고 합니다.

예전에 권투도장은 헝그리복서로서 불우 청소년들이 세계챔프를 꿈꾸며 훈련에 몰두했지만 요즘은 스트레스 해소와 다이어트 열풍을 타고 여성들의 발길이 잦아지고 있으며, 직장인, 아줌마들을 심심찮게 볼 수 있습니다. 권투를 통해 스트레스해소, 다이어트, 왕따 해결 세 마리 토끼를 한꺼번에 잡는 것입니다. 권투도장이 사람 때리는 기술을 배우는 곳에서 스트레스와 살을 동시에 날려 보내는 'KO 펀치'를 배우는 곳으로 바뀌고 있는 것입니다.

남자들도 몸 관리를 위해 이곳을 찾습니다. 권투는 체중감량에 상당히 도움이 되는 종목입니다. 보통 복싱을 시작하면 줄넘기와 스텝 밟기가 기본입니다. 이런 줄넘기와 스텝만으로도 5kg 정도의 체중감량을 할 수 있는 것이 일반적입니다. 권투는 무리하게 살을 빼는 것이 아니므로 다시 살이 찔 요요현상에 대한 걱정이 적습니다. 권투는 칼로리 소모가 농구, 수영, 테니스 보다 훨씬 높습니다. 학교에서 왕따 당하는 학생들도 권투를 배우면 자신감을 불어넣는데 아주 효과가 있습니다. 남을 때리지는 않더라도 최소한 어디 가서 맞지는 않게 되는 것입니다.

권투도장에서 일주일에 3-4일 정도 샌드백을 치고, 평소 식사는 잡곡밥, 산나물, 된장 등으로 된 채식위주로 하고, 주말에 등산을 한다면 금상첨화일 것입니다. 등산을 하면 맑은 공기도 마시고 스트레스 해소도 되며 무엇보다도 인생을 긍정적으로 보게 만들어 주며, 인내심과 건강을 가져다줍니다.

다음은 홍차마시기입니다. 규칙적으로 홍차를 마시면 스트레스에서 빨리 회복될 수 있습니다. 홍차를 꾸준히 복용하면 스트레스 호르몬인 코티졸의 감소 속도가 훨씬 빠르다고 합니다. 스트레스에서 빨리 회복되지 않을 경우 관상동맥위험 등 만성질환에 걸릴 가능성이 커지기 때문에 홍차를 복용함으로써 스트레스 호르몬을 급속하게 감소시키면 건강에 큰 도움이 된다는 이야기입니다.

저도 이전에는 녹차를 주로 마셔왔는데 몇 년전 우연히 홍차를 마셔보니 나름대로 풍미가 있었습니다. 그래서 영국의 여러 브랜드 특히 홍차의 샴페인이라 불리는 다즐링 종류의 홍차를 마셔보면서 '이래서 영국이 한때 전 세계를 지배했었구나' 하는 생각이 종종 들곤 했습니다. 여러분도 각자 취향에 맞는 브랜드를 골라 홍차를 마시면 인생의 낙(樂)을 하나 더하는 셈이 됩니다. 다즐링 홍차에도 아마드, 첼시, 웨지우드 등 다양한 브랜드가 있습니다. 저는 개인적으로 웨지우드 다즐링 홍차가 좋았고 홍차의 색깔도 환상적이었습니다.

세 번째는 아로마 테라피입니다. 아로마 테라피는 자연의 온갖 꽃과 과실 나무에서 추출한 천연향을 이용해 신체적, 정신적 스트레스를 치유하는 방법입니다. 좋은 향기는 인체에 긍정적인 효과를 줍니다. 후각신경을 통해 유입된 정보는 시각신경이나 미각신경으로 들어오는 정보와 마찬가지로 정신적, 신체적으로 자극을 주기 때문입니다. 아로마 테라피는 각 향기가 가진 독특한 향과 특성으로 신경을 진정시켜주거나 자극을 주어 질병을 치료하는 효과가 있습니다.

네 번째로 스파는 물을 이용해서 피로를 풀고 활력을 찾기 위한 것입니다. 미국 할리우드 스타들도 스파를 자주 즐기는 것을

TV에서 본 적이 있습니다. 넓은 개념의 스파는 대중화된 찜질방까지 포함하지만 한국에서는 아직 스파라고 하면 고급스런 이미지의 스파를 떠올립니다. 스파에서는 온천수를 이용한 입욕과 맛사지, 보디케어가 진행됩니다. 동남아의 방콕, 싱가폴 등의 해외 여행상품에도 스파는 옵션이나 필수로 등장하고 있습니다. 한국에서도 스파에 대한 인식이 높아져 본격적인 런칭(launching)중에 있으며, 이제 점점 대중화되고 있습니다.

마지막으로 요가와 명상입니다. 최근에 많은 사람들에게 널리 보급되고 있는 요가 역시 탈스트레스에 효과적입니다. 직장인들을 중심으로 심신의 피로와 스트레스를 풀기 위해 요가학원을 다니는 사람이 많습니다. 요가는 스트레스 해소, 유연성 증대, 날씬한 몸매를 만드는데 효과가 있습니다. 요가라는 말의 본래적인 의미는 산스크리스트어로 '말을 마차에 매다'라는 뜻입니다. 사람의 육체와 영혼에 비유하자면 '몸과 마음이 조화롭게 연결되어 아름다운 삶을 산다.'는 의미를 담고 있습니다. 이런 요가의 특성은 지나친 경쟁과 스트레스 속에서 심신의 부조화로 고통받는 현대인에게 몸과 마음의 평화를 가져다 줄 것입니다.

소금물에 스트레스 깨끗이 씻기

병원을 찾는 사람의 약 70% 이상이 스트레스가 원인이 되어 병이 발생한 것이라는 이야기가 있습니다. 마음의 수양을 통해 허심(虛心), 즉 마음을 비울 수 있는 경지에 도달하지 못한 일반사람으로서는 복잡한 현대사회에서 여러 가지 고민과 스트레스가 없을 수가 없는 것입니다.

그런데 스트레스의 원인이 대부분 본인 스스로가 만들어낸 내부적인 원인이기 때문에 스트레스를 극복하기 위해서는 스트레스의 원인을 이해하고 자기 스스로 변화해야만 합니다. 만약 당신이 스트레스를 해소하려면 스트레스를 다스리는 방법을 이해해야만 합니다. 스트레스를 극복하기 위해서 변해야 할 것은 먼저 생각을 바꾸고, 다음에 행동과 습관을 바꾸고, 마지막으로 자기가 처한 환경을 바꾸는 것입니다.

만약 당신이 다른 사람과 다투어 화가 났다면 당신이 받는 스트레스는 다른 사람의 행동 때문이 아니라 당신의 관점에서만 상황을 보았기 때문인 경우가 많다고 깨달을 수 있어야 합니다. 따라서 만약 당신이 마음을 바꾼다면, 당신의 생각을 바꾼다면,

당신의 가치 기준을 바꾼다면 다른 사람들의 행동이 당신을 더 이상 괴롭히지 않는다는 것을 깨닫게 될 것입니다.

다음은 스트레스를 줄이기 위해 식습관과 생활습관, 관점을 바꾸는 방법을 알아보겠습니다.

첫째, 카페인을 줄이거나 끊는 것입니다.

많은 사람들은 카페인이 많이 든 음식인 커피, 초콜릿, 콜라가 신체에 스트레스 반응을 일으킬 수 있는 강력한 자극제라는 것을 깨닫지 못하고 있습니다.

카페인의 효과가 자기 몸에 어떠한 영향을 미치는가를 알기 위해서 약 한 달간 카페인을 끊은 후에 카페인을 끊기 전과 끊은 후에 차이가 없으면 먹어도 되지만 만일 카페인을 끊고 나서 본인의 컨디션이 훨씬 좋아졌다면 카페인을 끊어야 할 것입니다.

카페인 섭취를 줄이면 신경이 덜 예민해지고 덜 불안해지고 잠을 잘 잘 수 있게 됩니다. 잠을 잘 자면 활력적이 되고 의욕에 넘칩니다. 카페인은 강력한 충동물질입니다. 그러므로 카페인 섭취량을 서서히 줄여나가는 것이 필요합니다.

두 번째는 규칙적인 운동을 하는 것입니다.

스트레스를 발산시킬 수 있는 방법은 운동에 있습니다. 사람들은 흔히 스트레스의 예로 직장에서의 압박감, 상사의 지시, 교통체증 등이라고 생각합니다. 그러나 이것은 스트레스를 일으키는 유발인자이며 스트레스란 위험시기에 그것을 방어하기 위해 각성이 증가되어 있는 고(高) 에너지 상태입니다. 즉 스트레스 반응은 밖에 있는 것이 아니고, 우리 몸 안에서 일어나므로 운동을 통해 이 과도한 에너지를 분산시키는 것이 좋은 방법인 것입니다.

만약 여러분이 시간과 여유가 있다면 가까운 바다로 가서, 바닷물이 찰랑거리는 해변에서 맨발로 발목이 잠길 정도로 모래나 자갈 위를 10분내지 20분 정도 걸어 다니면 몸의 독소가 빠져나가고 자기도 모르는 사이에 스트레스가 어느덧 해소된 것을 알 수 있습니다.

만약 바다에 나갈 만큼 시간적 여유가 없다면 히노키 나무로 된 족욕통에 40℃ 정도의 더운물을 넣고 천일염을 풀어 10분정도 발은 담갔다 5분정도 휴식 후 다시 10분정도 발을 담그면 같은 효과를 누릴 수 있습니다.

규칙적인 운동은 스트레스를 발산시켜 주고 신체조절을 가능하게 해줍니다. 특히 흙길을 조용히 산책하는 것, 조깅, 자전거 타기, 수영, 테니스, 스키 등이 스트레스 해소에 좋으며 자기가 좋아하고 자기 체력수준에 가장 적합한 운동을 선택하면 됩니다.

세 번째는 이완반응 및 명상입니다.

스트레스 반응은 즉각적인 반응을 느끼지만 우리는 우리의 의지에 의해서 스트레스 반응의 효과를 바꿀 수 있습니다. 이를 이완반응이라고 하는데, 맥박을 느리게 하고 혈압을 떨어뜨리며 호흡감소 및 근육을 이완시킵니다. 조용한 호숫가에 앉아 있거나, 애완동물을 가볍게 쓰다듬는다든지 또는 자기만의 공간에서 조용히 휴식을 취하는 등 이완하는 방법은 얼마든지 있습니다.

또한 특별한 방법으로 명상이나 자기 최면을 통해 깊은 이완상태(relaxation)로 갈 수 있습니다. 운동을 하면 스트레스를 발산(blow off steam)시키고 명상은 스트레스를 정화(cleansing)시킵니다.

네 번째는 수면입니다.

수면은 스트레스 해소에 아주 중요하며, 우울증 치료에도 중요한 역할을 합니다. 만성 스트레스 환자는 대부분 스트레스로 인한 불면증을 겪고 있습니다. 이는 악순환을 일으킵니다. 만일 스트레스환자가 숙면을 취할 수 있다면 스트레스에서 벗어날 수 있을 것입니다.

대부분의 현대인들은 적절한 수면량인 하루 8시간보다 적게 자며, 이로 인해 만성적으로 수면 부족증에 시달리고 있습니다. 그렇다고 잠을 너무 많이 자도 좋지 않습니다. 낮잠은 짧고 적당한 시간이어야 하며, 낮잠을 너무 오래자면 몸의 상태를 난조에 빠트려 불면증을 초래합니다.

다섯 번째는 휴식입니다.

일을 할 때는 일과 휴식의 밸런스가 중요합니다. 자기 자신의 스트레스 레벨을 잘 인식하고 이에 따라 일과 휴식의 비율을 잘 조절합니다. 스트레스가 증가하면 처음에는 성과가 증가합니다. 그러나 어느 시점에 도달하면 더 이상의 스트레스는 일의 성과가 줄어들게 합니다. 이 시점부터는 비생산적이 된다는 뜻입니다. 이때는 휴식이 좋은 방법입니다. 따라서 두 시간 일하고 30분정도의 휴식이 필요합니다. 여가와 스트레스는 반비례입니다. 여가가 적으면 스트레스가 올라갑니다.

우리들의 생활은 잠을 제외하면 일과 가족, 직장, 자기개발의 각 부분에 시간과 에너지를 적절하게 배분해야 합니다. 우리는 우리자신에 대한 자기개발이 필요합니다. 그리고 자기 자신을 위해 레크레이션, 사교활동, 취미활동이 필요합니다. 자기만의 한가로운 여가를 가지는 것은 가장 좋은 스트레스 해소 방안의 하나입니다.

여섯 번째는 자기의 생각을 바꾸는 것입니다.

사람이 항상 중요시하는 것이 무었일까요? 바로 자기 자신입니다. 자기 자신을 세상의 중심에 놓고 있는 것입니다.

어떤 사람이 다른 사람과 싸우는 이유를 옆에서 차분히 들어보면 그 이유 중에는 '너가 나를 우습게 보고, 너가 나를 깔보고, 너가 나를 무시하고'라는 내용이 거의 빠짐없이 들어있습니다. 이것은 자기가 스스로 설정한 자기 자신에 대한 하나의 이미지, 하나의 상(像), 하나의 기대표준을 설정해 놓고 다른 사람이 그 기대수준에 부응해 주지 못했을 때 화내고 싸우게 된다는 것을 의미합니다.

그런데 사람마다 인식, 관점이 다 다르기 때문에 자기가 스스로 설정한 자기 자신의 기대표준, 이미지에 다른 사람이 부응하기가 어렵다는 것입니다. 자기가 스스로 만든 기대표준에 다른 사람이 부응하지 않았을 때, 자기의 에고에 큰 상처를 입었을 때 싸우게 된다는 메커니즘을 확실히 이해한다면, 이제 앞으로는 다른 사람이 자기를 이해해 주지 않거나 자기를 오해할 때에도 화를 내거나 싸우는 빈도가 점점 줄어들 것이고, 따라서 세월이 흐를수록 스트레스를 점점 더 적게 받게 될 것입니다.

인생을 행복하게 사는 법

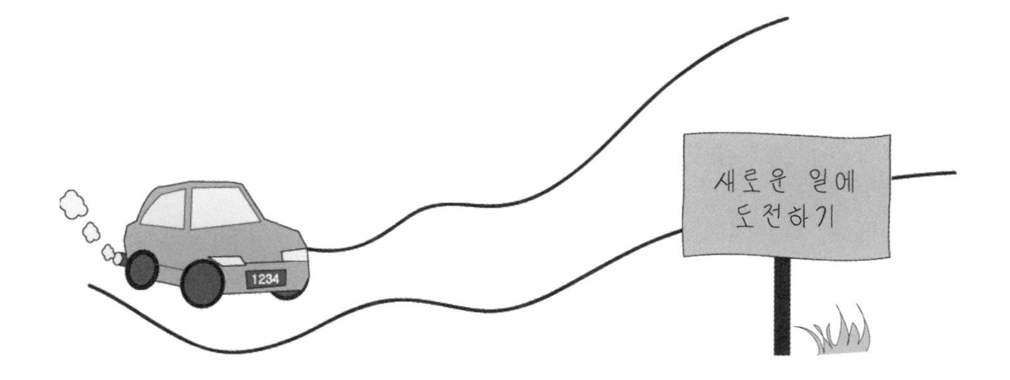

완벽주의 관념 탈피하기

혹시 여러분 주변에 완벽주의자(perfectionist)가 있지 않습니까?

완벽주의는 모든 일을 다 완벽하게 잘 해내야 한다는 생각입니다. 이것은 업무를 성취한다는 측면에 있어서는 좋은 성격중의 하나입니다. 그러나 그것이 지나치면 자기 자신을 피곤하게 할 뿐만 아니라 주위사람마저 피곤하게 합니다. 그러나 정작 본인은 자신이 주위사람을 얼마나 피곤하게 만드는지를 잘 모릅니다.

이 완벽주의가 일중독과 결합될 때는 아주 심각해집니다. 알코올중독을 알코홀릭(alcoholic)이라고 하는데, 일중독은 워커홀릭(workaholic)이라고 합니다. 일중독은 알코올 중독 못지않게 해(害)가 될 수 있습니다.

일중독자들은 새벽에 사무실에 가장 먼저 출근해서 밤샘근무를 밥 먹듯이 하며, 아주 늦게 퇴근합니다. 일에서 오는 자기 성취감에 빠져 건강을 도외시 하고 휴가도 가지 않은 채 일에만 몰두하며, 매일 과다한 일정에 시달리는 완벽주의자와 일중독자들은 동료와 친해지는 것을 피하고, 무력감과 자괴감을 극복하며, 일에서 오는 스트레스로 인한 높은 아드레날린 수치를 유지하려 하기 때문에 항상 일에 대한 강박관념에 시달립니다. 일중독자는 보통 건강도 돌보지 않고 일에 매달림으로써 나중에는 건강과 인생을 파괴하는 결과를 가져옵니다. 완벽주의, 일중독, 강박관념은 세 개의 순환 고리를 형성하고 있습니다.

일에 열정적이며, 성공지향적인 사람들이 쉽게 간과하는 점이 있습니다. 자신의 체력과 건강이 언제까지나 계속될 수 있다고 생각하는 것입니다. 그러나 건강이야말로 성공을 지향하는 사람들이 가장 중요하게 생각해야 하는 것입니다. 일중독자들은 성공을 거머쥔 다음에야 건강을 챙기겠다고 말합니다.

그러나 세상은 자기 생각대로 되는 것이 아닙니다. 몸을 돌보지 않고 자기를 혹사하는 사람들에게 건강은 절대로 느긋하게 기다려 주지 않습니다. 혼신의 힘을 다해 일하다가 건강을 해쳐 중도에 뜻이 꺾인 사람들을 주위에서 종종 볼 수 있었습니다. 이점을 알아야 됩니다.

"돈을 잃는 것은 조금 잃는 것이요, 명예를 잃는 것은 많은 것을 잃는 것이요, 건강을 잃는 것은 모든 것을 잃는 것이다."

우리의 인생은 의사결정의 연속입니다. 합리적이고 지혜로운 결정은 마음이 여유롭고 고요할 때 영감(intuition)같이 솟아오르는 경우가 많습니다. 너무 일에 치이고 마음의 여유가 없을 때에는 올바른 의사결정이 나오기가 어렵습니다. 합리적인 의사결정은 경제원칙이 적용됩니다. 최소의 비용으로 최대의 효과를 얻는 것 입니다.

리더로서 똑똑하고 부지런한 사람, 똑똑하고 게으른 사람 중 어느 편이 좋을까요? 정답은 똑똑하고 게으른 사람이 리더로서 적합하다고 합니다. 모든 일을 자기 자신이 해치워야 안심이 되는 사람, 자기가 직접 하지 않으면 불안한 사람들은 밑의 부하를 건전하게 육성하지 못합니다. 훌륭한 리더는 큰 물줄기, 큰 정책방향만 설정해 주고 나머지는 부하 직원에게 위임하는 것이 훨씬 효율적이라고 합니다.

저자가 최전방에서 군복무를 할 때의 이야기입니다. 전방부대에 배치 받았을 때 처음 중대장은 훈련을 할 때는 본인이 솔선수범해서 화끈하게 훈련을 하지만 평소에는 병사들을 진정으로 아끼고 편안하게 쉬게 해주었으며, 야간 훈련시 독도법, 즉 지도판독을 잘해서 목표로 한 고지를 금방 찾아내서 고지를 점령하고 전중대원이 편안한 곳에서 가수면(假睡眠)을 취했습니다. 그런데 그 다음에 새로 바뀐 중대장은 중대원을 평소 들들 볶고 괴롭힐 뿐만 아니라 독도법에 능숙하지 않아 밤이 새도록 이 고지 저 고지를 열심히 쫓아다녔으나 목표로 한 고지가 아니었습니다. 그래서 밤새도록 거의 눈 한번 붙여보지 못하고 고생만 잔뜩 한 경험이 있습니다.

좋은 조직인가 아니면 좋지 않은 조직인가를 분류하는 기준은 여러 가지가 있겠지만 저자 기준으로 볼 때는 인간을 존중하고 인간을 중시하면 좋은 조직이고, 인간을 소모품처럼 생각하고 사람을 소중하게 여기지 않으면 좋지 않은 조직이라고 생각합니다. 월급을 많이 주느냐 적게 주느냐 와는 크게 상관이 없습니다.

'강박관념'이라는 것은 어떤 생각이 본인의 의사를 무시하고 끈덕지게 되풀이하여 의식속으로 침입해 들어오는 것입니다. 가벼운 강박관념은 누구나 평소에 경험할 수 있는데, 예를 들면 외출했을 때 현관문을 잠갔는지 여부를 몇 번이나 확인하는 것입니다. 가스불을 제대로 껐는지를 확인하고 또 확인하는 겁니다. 강박관념에 빠지기 쉬운 사람은 성격이 매우 꼼꼼하고 소극적이고 소심한 사람입니다. 이러한 강박관념은 신경을 쓰지 않으려 하면 오히려 더 신경이 쓰입니다. 이 강박관념으로 인해 생활에 지장을 주게 됩니다.

강박관념에 대해서는 이렇게 발상의 전환을 해 보면 됩니다. 강박관념은 누구에게나 다 있습니다. 다만 정도의 차이일 뿐인 것입니다. 강박관념도 나의 일부분입니다. 이것을 받아들여야 합니다. 그러면서 이 강박관념을 차분히 분석하여 그 뿌리를 찾아보게 되면 인간의 잠재의식에 자리잡고 있는 불안 염려증 때문이며, 그것은 본래 실체가 없는 것임을 알게 된다면 시간이 지나면서 저절로 사라지게 되며, 마음의 평안이 찾아옵니다.

우리는 스트레스가 삶의 자연스러운 부분인 것을 거부하기 때문에 오히려 자신의 고통을 크게 합니다. 그것은 자신의 삶을 비참하게 합니다. 고통을 크게 합니다. 사람들은 자신의 스트레스를 마음속으로 반복하면서 그것에 집착하게 되고 그 결과 고통을 계속 키우고 고통속에 갇혀 살게 됩니다. 우리는 스트레스를 계속해서 기억속에 거듭 떠올림으로써 다른 건전한 방향으로 쓸 수 있는 에너지를 소모합니다. 그것은 현명하지 못합니다. 스트레스는 일정 부분 우리가 만든 것입니다. 스스로가 원인제공자입니다.

우리가 스트레스를 받는다는 생각에 몰두하기 때문에 스트레스를 살아있게 만들고 스트레스가 주는 고통을 악화시키는 것입니다. 우리가 스트레스에 대해 별로 신경을 쓰지 않는다면 스트레스는 점점 줄어들 것입니다. 그리고 스트레스의 본질이 무엇인가를 알게 된다면 우리의 마음이 만든 것으로 실체(substance)가 없다는 것을 알게 되고 시간이 지날수록 스트레스에 휘둘리지 않을 수 있습니다.

스트레스로 겪는 고통은 자신 스스로가 만들어낸 경우가 많습니다. 자기를 세상의 중심에 두고 자기만이 스트레스를 많이 받는다는 생각은 잘못된 것이며, 스트레스에 대한 과민반응을 자제하고 남이 자기를 비난하더라도 귓가를 스치는 한줄기 바람처럼 지나가게 내버려둔다면 그렇게 스트레스 받고 힘들게 고민할 필요도 없을 것입니다.

우리가 인생을 살면서 스트레스를 피할순 없다 하더라도 그 스트레스를 대하는 방법, 관점, 마음먹기, 인식에 따라서 스트레스가 주는 고통을 줄일 수는 있습니다. 자신의 스트레스에 갇혀있는 사람은 불행할 수 밖에 없습니다. 스트레스에 대한 지나친 과민반응은 우리의 마음을 소진시켜 보다 창조적인 일에 사용해야할 우리들의 정신적인 에너지를 빼앗아 갑니다.

우리가 보다 높은 차원에서 생각하면, 우리가 지나간 '인생에 대한 성찰(introspection)'을 통해 우리가 일상생활에서 부딪치는 이런 스트레스들이 한바탕 봄꿈과 같아 마음이 만들어낸 허상(虛像)이며, 실체가 없다는 사실을 깨닫게 됩니다.

우리의 육체와 정신이 건강하고 행복해지기 위해서는 스트레스의 본질을 이해하고 마음을 수양하는 것이 상당히 도움이 됩니다. 이를 통해 스트레스를 덜 받고 우리의 사소한 일상생활에서도 큰 기쁨과 행복을 발견해 낼 수 있습니다. 평범한 우리 일상생활에서 새로운 가치를 찾아내고, 새로운 의미를 부여할 수 있다면 행복은 우리 곁에 있습니다.

"인생의 지혜" 로부터 배우기

인생을 행복하게 사는 10가지 방법

01 자신감을 가져라

자신의 약점보다 장점을 바라보고, 자기비판보다는 자신의 성공과 행복을 스스로에게 확신하게 하는 사람이 성공한다.

02 남과 비교하지 말라

세상엔 당신보다 잘난 사람도 있고 못난 사람도 있게 마련이다.

03 행복해지겠다고 작정하라

사람은 자신이 작정한 만큼 행복해 질 수 있다. 자신의 태도가 주위여건보다 훨씬 중요하다.

04 자신에 대한 불행감이나 삶에 대한 허무감을 버려라

그런 느낌은 인생의 의미를 통찰하지 못한데서 나오는 것이다.

05 긍정적이고 낙관적인 사람과 교제하라

가까이 지내는 사람의 기분과 행동은 우리의 기분과 행동에

전염성이 있다.

06 지나친 죄의식을 갖지 말라

지나친 죄의식을 가질 필요가 전혀 없다.

07 모든 일을 개선하라

성공한 사람들은 항상 작은 일도 향상시킬 방법을 찾는다.

08 완벽주의자가 되지 말라

실수하는 것은 인간이고 용서하는 것은 신이다. 최선을 다하되 결과는 하늘에 맡겨라.

09 어린아이처럼 하루를 시작하라

어린아이들은 매일매일 호기심과 새로운 기대 속에서 새날을 시작한다.

10 당신을 구속하는 것은 바로 당신의 생각이다

자기가 스스로 만든 마음의 감옥을 완전히 벗어나 행동의 변화와 운명의 변화를 꾀하라.

좋은 아버지가 되는 10가지 방법

01 자녀를 칭찬해주는 아버지가 되자

'칭찬은 고래도 춤추게 한다' 라는 책을 매일 조금씩이라도 읽자. 자녀의 단점보다는 장점을 보도록 하자. 사람이란 장점보다 단점이 눈에 띄기 쉽다는 점을 인식하자. 자녀의 장점을 인정해주고 격려해 주면 장차 사회에 필요한 인물로 성장할 것이다.

02 용서하고 포용해주는 아버지가 되자

사람은 완벽하지 않다. 많은 실수와 시행착오를 하는 것이 사람이다. 자녀가 실수했을 때 용서하고 포용하고 인내심을 가지고 묵묵히 기다려주는 아버지가 되자.

03 자녀와 함께 한달에 한번은 서점에 가보자

'책속에 길이 있다' 는 말이 있다. 자녀와 손잡고 서점에 가보자. 자녀가 어떤 책을 좋아하는지 어떤 성향인지 알 수 있다. 책 선물은 선물 중에서 가장 좋은 선물이다.

04 자녀를 신뢰하고, 가능하면 간섭하지 말자

자녀가 작은 결정이라도 스스로 하게 하고 믿어주자. 자녀를 신뢰하면 그 믿음에 보답한다. 아버지가 자녀가 성장해 나가는데 도움을 주는 조력자로서 역할에 충실하다면 그들은 혼자서 스스로 잘 자라날 것이다.

05 자녀가 가정의 따뜻함을 느끼게 하자

가정은 자녀의 보금자리이다. 자녀뿐 아니라 가족구성원 모두가 하루를 힘들게 보내고 돌아올 때 반갑게 맞아주자. 따뜻하게 안아주자.

06 부모님의 고향, 선산을 함께 찾아보자

효와 도덕은 우리 사회를 지금까지 지켜준 아름다운 덕목이다. 자녀의 손을 잡고 멀리계신 부모님을 찾아 뵙고 선산도 찾아 성묘를 해보자.

07 자녀와 여행을 함께 하는 아버지가 되자

자녀와 좋은 관계를 만들자면 좋은 추억이 있어야 한다. 자녀와 늘 좋은 관계만을 유지할 수는 없다. 갈등이 있을 때 떠올릴 수 있는 좋은 추억을 만들어두자. 여행, 등산, 운동 등을 같이 하는 특별한 시간을 만들자.

08 일주일에 한번은 '가족의 날'로 만들자

바쁜 생활 중이라도 일주일에 한번은 가족과 외식을 하거나 영화를 보거나 여행을 하는 시간을 가지자. 가족을 사랑할 수 있고 아버지를 이해할 수 있는 좋은 시간이 될 것이다.

09 약속을 지키는 아버지가 되자

우리는 가족과의 약속, 사회와의 약속, 자신과의 약속 등 약속 속에서 살고 있다. 아버지가 스스로 약속을 지키는 모습을 보여준다면 자녀는 그것을 보고 배우게 될 것이다.

10 가족에게 편지를 써보자

좋은 아버지가 되려면 아내의 도움이 절대적이다. 가끔 아내에게 감사의 편지를, 자녀에게는 사랑의 편지를 써보자. 백 마디 말보다 단 한 줄의 글이 더 효과적일 때가 있다.

장수비법 32가지

01 밝은 마음으로 살아라

마음이 밝아지면 몸에 병이 발붙이지 못한다.

02 병을 두려워 말라

병 때문에 죽는 것이 아니라 두려움 때문에 죽는다.

03 불평을 하지 말라

불평을 자주하면 불행해지기 쉽다.

04 손발을 부지런히 움직여라

손발이 건강해지면 온몸이 건강해진다.

05 열심히 웃어라

웃다보면 즐겁고 즐거우면 활력이 넘친다.

06 열받지 마라

열 잘 받는 사람은 빨리 죽는다.

07 음식을 적게 먹어라

소식하는 사람이 오래 산다.

08 일을 즐겁게 하라

즐겁게 일하면 인생이 천국이 된다.

09 오래 살려면 담배를 끊어라

담배처럼 백해무익한 것도 없다.

10 마음을 안정시켜라

정신적인 충격처럼 위험한 것도 없다.

11 호기심을 가져라

호기심은 사람을 항상 젊게 만든다.

12 항상 독서를 하라

책은 인생의 새로운 길을 열어준다.

13 술은 절제하라

술은 조금만 먹으면 보약이다.

14 신앙을 가져라

자신을 가다듬는데 도움이 된다.

15 마음을 느긋하게 먹어라

마음에 여유가 있어야 행복해진다.

16 부부사랑에 힘써라

서로 아껴주고 사랑하면 10년은 더 산다.

17 고민해서 해결될 문제가 아니면 고민하지 말라

고민은 생명을 좀먹는다.

18 사람을 미워하지 말라

남을 미워하면 자기 자신만 몸이 상한다.

19 일찍 자고 일찍 일어나라

일찍 일어나는 새가 모이를 많이 찾는다.

20 틈만 있으면 흙을 밟아라

자연처럼 위대한 의사도 없다.

21 잠을 잘자라

잠을 잘자는 사람이 건강하다.

22 무리를 하지마라

무리를 하면 병이 생긴다.

23 좋은 친구를 사귀어라

좋은 친구는 내 인생을 밝혀준다.

24 음식을 감사하는 마음으로 먹어라

피가 되고 살이 된다.

25 일이 뜻대로 되지 않는다고 괴로워하지 말라

세상사가 본래 자기 뜻대로 되는 것이 아닌 법이다.

26 봉사하는데 앞장서라

봉사하는 마음이 축복이다.

27 노래를 자주 불러라

살아있는 기가 온몸에 생겨난다

28 화내지 말고 이해하라

이해하는 사람에게 지혜가 쌓인다.

29 편식하지 마라

편식은 단명의 원인이다.

30 그날 있었던 좋은 일만 기억하라

항상 밝은 면만 보면 장수한다.

31 좋은 취미를 길러라

즐거움이 살맛나는 세상을 만들어준다.

32 항상 꿈을 가져라

희망대로 이루어진다.

인생찬가 30

01 Carpe Diem(카르페 디엠), 지금 현재를 즐겨라.

지금 느낄 수 있는 기쁨을 뒤로 미루지 않는다.

02 내일, 미래에 대해 쓸데없는 걱정을 하지 않는다.

03 내일 죽어도 후회가 없을 만큼 열정적으로 재미있게 산다.

04 느긋하게 인생을 산다.

05 성공의 척도를 자신이 현재 느끼는 마음의 평화, 건강, 그리고 사랑에 둔다.

06 인생이 공평할 것을 기대하지 않는다.

07 행복은 권력, 부, 명예와 무관하다는 사실을 깨닫는다.

08 남을 전혀 부러워하지 않는다.

09 마음에 드는 일이 있으면 즉시 행동에 옮긴다.

10 지나간 일에서 교훈과 개선점은 찾되, 과거를 0.1%도 후회하지 않는다.

11 자주 웃는다.

12 자기만의 취미를 개발한다.

13 봄이 되면 꽃을 심는다.

14 나이는 숫자에 불과함을 진정으로 깨닫는다.

15 만화책을 읽는다.

16 통유리로 된 커피숍에 앉아 지나가는 행인을 지켜본다.

17 '안녕하세요', '감사합니다'를 자주 쓴다.

18 한 달에 한 번 이상은 여행을, 일년에 한 번 이상은 해외 여행을 간다.

19 화가 치밀면 시간의 여유를 갖고 화를 식힌 후 한 템포 늦춰 상대를 대한다.

20 사소한 것에도 진정으로 고마움을 느낀다.

21 부정적인 사고를 하는 사람을 피한다.

22 어려운 상황에서는 자기 격려, 자기 포상을 한다.

23 수입의 일정액을 남을 돕는데 쓴다.

24 전화를 받을 때는 항상 활기찬 목소리로 받는다.

25 항상 새로운 시작을 할 수 있는 마인드를 가진다.

26 잘못한 일이 있으면 솔직하게 사과한다.

27 문제가 생기면 최악에 대비하고 최선을 바란다.

28 나를 위해 작은 투자를 한다.

29 잠은 충분히 자고, 식도락을 즐기고, 운동은 꾸준히 한다.

30 좋은 친구를 사귄다.

만성피로 벗어나기

출근시 지하철을 타고 주위를 둘러보면, 많은 사람들이 졸고 있는 것을 볼 수 있습니다. 피부가 팽팽해야 할 한창 나이의 젊은 아가씨가 얼굴 피부도 푸석푸석하고 몹시 피곤한 얼굴로 졸고 있는 모습을 보면 안타깝기까지 합니다.

바쁘고 복잡한 현대를 살아가면서 피로감을 느끼지 못하는 사람은 없습니다. 경중을 막론하고 모든 사람들이 피로감을 느끼는 건 자명한 사실이지만 여기서 중요한 것은 가벼운 피로감이더라도 방치하게 되면 만성피로 증후군이 될 수 있습니다.

CFS(chronic fatigue syndrome : 만성피로증후군)는 어떤 증상을 보이는 것일까요?

만성피로증후군은 쉽게 피곤하고 지치며 몸이 나른해지는 등의 피로 증세가 6개월 이상 만성적으로 지속하는 증세이며, 다음과 같은 증상을 보입니다.

- 눈이 피로하고 무기력해진다.
- 오전이나 오후에 항상 나른하거나 오후 3시 넘어서 더 피곤하다.
- 업무 중 짜증나고 싫증이 나며, 아무 말도 하기 싫어진다.
- 집중력이 떨어져 일의 능률이나 학업의 진전이 없다.
- 몸이 무겁고 아프다. 입안이 잘 헐고 붓는다.
- 아침에 눈이 잘 떠지지 않고 잠을 자도 잔 것 같지가 않다.
- 머리가 띵하고 맑지가 않으며, 건망증이 생긴다.

만성피로 증후군은 원인을 알 수 없는 심한 피로감이 수개월 동안 계속되어 사고력 저하·우울증 등을 일으키는 만성적 피로 증후군을 말합니다. 미국에서 1980년대 중반부터 주목되기 시작했습니다. 미국방역센터의 진단기준에 따르면 심한 피로, 미열, 목의 통증, 관절통, 근력저하, 두통, 착란·기억상실·시각장애 등의 신경계 증상, 수면장애 등 11개 항목 중 8항목 이상이 6개월 이상 계속되거나 반복적으로 나타나는 경우 만성피로증후군으로 의심될 수 있습니다.

만성피로증후군의 확실한 원인은 밝혀져 있지 않고, 바이러스 감염이 그 원인의 하나로 추정됩니다. 피로를 느끼게 하는 이유가 만성피로증후군 때문인지 다른 질병이 그 원인인지 여부를 확인하는 것도 중요합니다. 특히 스트레스, 우울증, 불안장애 등과 같은 정신적 문제가 약 50%를 차지하며, 신체적 질환으로는 당뇨병, 갑상선질환, 만성호흡기질환, 빈혈, 결핵, 간염, 신장질환(腎臟疾患)이나 암 등에 의해서도 만성적 피로감을 느낄 수 있습니다. 이와 같은 질환이 없는 것이 판명되면 만성피로증후군(CFS)으로 진단할 수 있습니다.

만성피로증후군을 앓게 되면 일반적으로 기억력과 집중력이 떨어지고 이유 없이 목 안이 자주 아프거나 목과 겨드랑이 주위 임파선이 아프며 심한 피로감을 느끼는 증상 등이 나타나게 됩니다. 또한 심한 사람은 우울증, 불안감, 불면증 등 신경계의 이상이 나타나는 비율도 높습니다. 그냥 피로한 것뿐이야! 라고 넘길 수 있는 만성피로증후군은 작은 병이 아니고, 꼭 집고 넘어가야 할 병이며 치료를 해야만 합니다.

'만성피로증후군(CFS)'은 기본적으로 크게 급성적인 초기발병단계와 만성단계 그리고 회복단계의 3단계로 나누어 볼 수 있습니다. CFS는 급성적인 발병이후 만성기에 접어들면서 여러 증상들이 주기성을 띠면서 호전과 악화를 반복적으로 거듭하는 양태를 보입니다.

만성피로증후군이 재발하는 경우는 피로를 느끼는 증상이 호전됨에 따라 사람들이 그 동안 하지 못했던 일을 만회하기 위해 무리를 하거나, 물리적 혹은 정신적인 스트레스를 유발하는 사건을 겪은 후에 촉발되는 수가 많습니다. 가정불화나 교통사고, 경제적인 타격과 같은 부정적 경험뿐 아니라 결혼이나 휴가 등 긍정적인 경험도 스트레스로 작용하여 증상의 재발을 유발 시킬 수 있습니다.

이러한 만성피로증후군(CFS)을 극복하는 과정에서 가장 중요한 것은 환자 자신이 회복에 대한 자신감을 잃지 않는 것입니다. CFS에서 나타나는 증상의 호전과 악화의 패턴을 파악하고 이에 적절하게 대처해 나간다면 극복할 수 있습니다.

만성피로증후군을 앓으면서 자신의 신체가 어떤 신호나 경고를 보내는지 알게 되면 그 상황에 어떻게 대처해야 하는지 깨닫게 됩니다. 다양한 시행착오를 통해서 식생활과 스트레스에 보다 세심한 관심을 가지고 삶에 대해서도 보다 긍정적인 자세를 갖게 되며, 증상이 호전된다 하더라도 신체의 피로에 대해 경계하게 됩니다. 이런 과정을 통해 점차적으로 적절한 휴식이 가미된 균형 있는 새로운 삶의 방식을 세우게 되며, 자신의 신체에 대해서도 보다 세심한 관심을 기울일 줄 아는 사람이 되는 것입니다.

만성피로증후군의 치료를 위해서는 스트레스 대처요법, 식이요법, 운동요법을 비롯한 일반적인 치료와 침구치료, 약물치료 등 다양한 방법들이 응용되고 있지만, 대부분 효용성에는 어느 정도 제한이 있으며, 치료기간은 기본적으로 3개월, 보통 1~2년 정도 소요되는데, 초기에 적절한 치료를 하는 것이 중요합니다. 만성피로 환자의 치료를 위해서는 환자의 신체적, 감정적, 사회적 측면 모두를 고려하는 포괄적인 치료가 필요합니다.

만성피로증후군을 보일 경우 알코올, 카페인, 설탕 등은 가급적 삼가야 하며 어떤 음식에 대하여서는 더욱 예민하기 때문에 그 음식은 피합니다. 식이요법은 침구 치료나 약물치료에 선행되는 기본적인 관리사항이자 만성피로증후군을 효과적으로 대처해나가는 적극적인 치료법이라 할 수 있습니다.

현재 피로한 자신의 상태를 자신의 본모습으로 생각하여 자신을 학대하면 절대로 안된다는 것을 최면요법으로 치유할 필요가 있습니다. 이 병은 치료될 수 있으며, 예전의 왕성하던 모습으로 돌아갈 수 있다는 자신감을 심어주어야 합니다.

체질감별을 통한 체질침의 시술과 등 부위에 위치하고 있는 방광경락상의 배수혈 부위에 부항요법을 시술함으로 노폐물의 배출과 면역력의 증진을 돕습니다.

증상의 경중에 따라서 산삼, 녹용 등의 약침을 사용해서 떨어진 인체의 자연면역력을 높여 주어 피로에 저항할 수 있는 능력을 길러줍니다.

CFS의 극복은 자기최면요법을 이용, 자신의 건강상태가 양호하고, 무한한 에너지가 끊임없이 솟아나오며, 자기 자신의 행복한 모습을 심상으로 떠올리며, 자신감을 가지는 것이 필요합니다.

그리고 인삼, 대추, 구기자, 홍삼, 마테차 등 자기체질에 맞는 한약재, 건강식품, 한방차, 허브차를 잘 골라 꾸준히 복용하면 만성피로를 극복하는데 도움이 됩니다.

감정치유

분노 걱정, 우울 등의 해로운 감정들은 우리에게 치명적인 영향을 주며 심한 경우 우리의 건강을 악화시키고 생명을 단축시킵니다. 그러한 파괴력을 지닌 해로운 감정들이 왜 나타나는 것일까요? 우리는 이러한 감정의 매커니즘을 이해하고 포용, 기쁨, 마음의 평화를 얻는 방법을 배워야 합니다. 이러한 배움을 통해 해로운 감정들을 건강한 감정으로 바꿀 수 있습니다. 몸과 마음과 영혼이 함께 건강해야 진정한 건강입니다.

우리의 감정 상태는 신체에 바로 영향을 미칩니다. 부정적인 감정이 심화될 경우 심각한 질병으로 이어집니다. 우리는 분노, 걱정, 우울, 공포, 원한 등의 부정적인 감정을 극복할 수 있어야 합니다. 우리가 인식의 차원을 높이고 포용과 용서 그리고 기쁨과 웃음이 큰 치료적 가치를 가지고 있다는 것을 알아야 합니다. 마음이 평화로우면 우리 혈관에 건강을 강물처럼 흐르게 할 수 있습니다.

저는 이런 상상을 해보았습니다. 미래에는 분노, 걱정, 우울, 공포 등의 부정적인 감정이 떠오를 때 그 상황에 맞는 알약을 복용만 하면 평화로운 마음으로 돌아오는 시대가 올 것이라고 말입니다. 알약이나 아니면 반창고처럼 몸에 붙이는 패치, 조그마한 병에 들어있는 드링크제, 아니면 향수와 같이 코로 흡입만 해도 이런 부정적인 감정을 치유될 날이 미래에는 올 것입니다.

그러나 여기서 하나 알아야 할 것이 있습니다. 우리가 어떤 노력없이 이런 결과를 쉽게 얻는다면 그것은 결코 바람직하지 않다는 것입니다. 우리가 복권당첨과 같이 땀과 노력에 의한 기반없이 일확천금을 했을 경우 긍정적인 결과보다는 부정적인 결과가 많았음을 많이 들어 잘 알고 있을 것입니다. 그러므로 꾸준하게 마음을 수양하고 자기성찰을 통해 자기감정을 다스릴 수 있는 방법을 차근차근 배워 나가는 것이 더 좋습니다.

물론 마음수련을 통해 분노, 걱정, 우울, 공포 등의 부정적인 감정들이 본래 그 실체가 없으며 우리 잠재의식 깊은 곳에 잠재되어 있던 수많은 기억, 감정의 씨앗들이 외부환경에 의한 자극 등으로 발현된 것임을 이해하고 감정에 휘둘리지 않으면 좋겠지만 그것은 평범한 일반 사람들에게는 결코 쉽지 않은 경지입니다.

그러나 우리가 어렵다고 해서 포기할 수는 없습니다. 소처럼 한 걸음 한 걸음 천천히 걸어 나가야 합니다. 우리에게 부정적인 감정이 떠오를 때, 위파사나 수행처럼, 그것을 바로 인식하고 그것이 실체가 없음을 마음깊이 깨달으면서 그 감정에 휘둘리지 않게 된다면 **'작지만 확실한 행복'** 에 바짝 다가서게 될 것입니다.

다른 사람 마음 사로잡는 '말' 8가지 원칙

여러분은 다른 사람과 대화할 때 주로 자기 이야기를 많이 하는 편입니까, 아니면 다른 사람이 하는 이야기를 차분히 잘 들어주는 편입니까?

우리 속담에 '말 한 마디로 천냥 빚을 갚는다.' 는 말이 있습니다. 이는 말이란 것이 사람에게 미치는 영향이 얼마나 큰 것인지를 잘 나타내는 것이며, 한 마디의 말이라도 그 자체가 천냥이란 적지 않은 빚을 갚을 만큼 사람의 마음을 움직일 수 있게 만드는 어떤 큰 힘을 가졌다는 뜻으로 말의 중요성을 일깨워주는 속담입니다.

'가는 말이 고와야 오는 말이 곱다' 라는 말도 어휘의 선택이 얼마나 중요한가를 보여줍니다. '말' 이라는 것은 우리의 생각을 표현할 수 있는 가장 중요한 수단이며, 사람의 됨됨이도 그 사람이 하는 '말' 로써 평가하게 되고, 그만큼 '말' 이란 것은 중요하기 때문에 말을 할 때에는 상대방을 배려하고 어휘선택에도 신중해야 하는 법입니다.

진정한 대화를 가능케 하려면 먼저 경청(傾聽), 즉 귀담아 들기를 해야 합니다. 사람과 사람 사이의 관계를 조화롭게 유지하기 위해서는 상대방의 말에 귀 기울이기를 잘 해야 하며, 이것은 남녀관계, 가족관계, 동료관계, 친구관계 등에도 적용됩니다. 대화는 인간관계의 기본적인 해법이며, 비즈니스 현장에서 상대의 마음을 열고 목표를 성취하려면 진정한 대화를 나눌 수 있어야 합니다.

상대방의 말을 잘 들어주고 싶은 마음이 있어도 너무 바빠 시간이 없다면,

"지금은 너무 바빠 당신 말에 집중하기가 힘듭니다. 한 시간 정도 후에 제가 찾아가서 얘기를 들으면 어떨까요?"

라고 말해주면 상대방을 기분 나쁘지 않게 배려하면서도 좋은 정보를 들을 수 있는 기회도 살리는 셈이 됩니다.

인간관계는 대화에서, 대화는 경청에서, 경청은 배려에서 나옵니다. 우리는 급변하는 시대에 살면서 세대간에

"도대체 말이 통해야지. 대화가 안돼!"

라는 말을 자주 듣게 됩니다. 사람들은 자기 입장에서, 자기 이야기만 하고 상대방의 말을 경청하지 않는 습관이 있습니다.

대화가 그토록 큰 힘을 발휘하는 이유는 말에는 서로의 경험을 공유, 부인, 왜곡 할 수 있는 힘이 있기 때문입니다. 현대인들은 대부분 남에게 관심이 없습니다. 그래서 부모, 형제, 배우자, 자녀의 말에 귀를 기울이지 않습니다. 현대인들은 군중속의 고독을 느끼며, 점점 외로운 섬과 같은 존재로 전락(轉落)하고

있습니다.

사람과 사람 간의 커뮤니케이션에서 다른 사람에게 좋은 감정을 가져다 주는 말이 있는 반면, 다른 사람을 불쾌하게 하는 말이 있습니다. 만나서 얘기하고 나면 호감을 주는 사람이 있습니다. 그런 사람은 다음에 또 만나서 얘기해 보고 싶어집니다. 사람의 마음을 끄는 말은 말재주가 아니라 진솔함과 유머, 상대의 마음을 만족시키는 말을 하는 것입니다.

같은 말이라도 '아' 다르고 '어' 다릅니다. 사람의 마음을 사로잡는 대화를 할 줄 아는 사람은 받은 것 없이 고맙게 느껴지고 그렇지 못한 사람은 준 것 없이 밉게 느껴집니다. 말 한마디라도 상대방을 아주 기분 좋게 하는 사람이 있고, 단지 말 한마디 뿐인데 참 얄밉게 하는 사람도 있습니다.

사람과 사람 사이의 커뮤니케이션에서 마음을 움직이는 말은 정말 사소한 것에서 비롯됩니다. 사람의 마음을 감동시키는 것은 말재주에 있는 것이 아니라 상대방에 대한 배려와 진심에서 나오는 것입니다. 상대가 나를 진심으로 존중해주고 배려하고 있구나를 느끼는 순간 감동하게 됩니다. 상대의 마음은 사소한 말 한마디에 열릴 수도 있고, 닫혀질 수도 있습니다.

다른 사람의 마음에 어필(appeal)할 수 있는 말을 하기 위해서 다음 원칙을 지키면 효과적입니다.

첫째, 상대방의 말을 경청하는 것입니다.

귀가 두개고 입이 하나인 것은 상대방의 말을 많이 듣고 나의 말은 적게 하라는 의미가 아닐까요? 먼저 상대의 얘기를 잘 들어주고 내가 상대방에게 이야기를 할 때에는 상대방의 입장이 돼서, 상대방을 배려하는 대화가 필요합니다.

둘째, 미리 나의 결론을 정해놓고 대화해서는 안 됩니다.

대화는 서로가 한발씩 양보해서 접점을 찾는 것입니다. 내가 이미 결론을 내려놓고 상대가 양보하기만을 바란다면 대화가 아닙니다. 대화는 백지상태에서 채색해 나가야 합니다.

셋째, 심각한 문제라도 미소로 대화를 끌고 나가면 의외로 쉽게 문제가 해결되는 수가 많습니다.

늘 미소를 짓는 사람과 함께 있으면 자기도 모르게 기분이 좋아져 심각한 문제를 수월하게 풀 수 있습니다.

넷째, 대화하는 상대방을 칭찬해주면 좋은 결과를 얻게 되기 쉽습니다.

상대방의 조그마한 장점이라도 발견하여 크게 칭찬해주고 상대를 배려하는 말을 해주는 마인드가 필요합니다.

다섯째, 상대의 말에 일단 관심을 가져주는 것이 좋습니다.

관심을 표명하면 상대방은 대화에 더욱 흥미를 가지게 되고, 깊이 있는 내용까지 들어갈 수 있는 것입니다.

여섯째, 대화에 적절한 분위기를 조성하면 좋습니다.

편안한 분위기에서 차나 식사를 하면서 대화를 나누면 긴장감도 풀어지며 상대의 마음이 부드러운 상태에서는 쉽게 공감을 이끌어 낼 수 있습니다.

일곱째, 상대의 눈을 보고 대화하는 것입니다.

진실성을 보여주는데 좋으며, 상대의 눈을 똑바로 쳐다보기가 불편하면 상대의 코 부위를 보고 있어도 상대방에게는 시선을 마주쳐 보고 있는 것으로 보입니다.

여덟째, 상대방의 자존심을 건드리는 말은 하지 않는 것이 좋습니다.

상대방의 프라이버시에 해당되는 질문은 피해야 하며, 대화에서도 기본적인 예의를 갖추는 것은 필수입니다.

높은 곳에서 세상 내려다 보기

지금으로부터 약 15년 전의 일입니다. 회사에서 추계 체육대회행사로 단체로 북한산에 등산을 갔습니다. 그때 산 정상에서 휴식을 취하고 있다가 근처에 있던 한 50대 초반의 등산객으로부터 들은 이야기입니다.

"내가 중소기업을 경영하다 부도가 나자 평소 취직 부탁하고 금전적 도움을 받았던 친척들, 굽신 거리던 많은 사람들, 친하게 지내던 사람들마저 하나같이 내가 '돈 빌려달라 보증 서 달라' 고 할까봐 전화해도 전화도 안받고 모두 외면하여, 나는 인간에 환멸을 느끼고 깜깜한 절망에 빠져 자살을 생각하고 약국을 돌아다니며 수면제를 한 50알 정도 사 모았습니다. 그러나 마음이 모질지 못하여 차마 자살은 하지 못하고 북한산에 올라 서울 시내를 내려다보니 그렇게 높고 큰 빌딩들이 새끼 손가락보다도 더 작고 아득하게 보이고 사람은 아예 보이지도 않았습니다. 산 정상에서 세상 사람들이 사는 그곳을 내려다 보면서 내가 그동안 저렇게 좁디 좁은 곳에서 아웅다웅 하면서 지지고 볶고 살았구나, 저렇게 사소하고 하찮은 것 때문에 내가 절망하고 실의에 빠져 인생을 포기하고 자살할 이유가 있겠는가 하는 마음이 들어, 그 뒤부터 틈만 있으면 등산을 다니면서 커피를 좋아하기에 집사람에게 이야기해 보온병에 커피를 넣어 와서 다른 사람에게 커피를 나눠주고, 다른 등산객으로부터 김밥이나 과일 등을 얻어먹으며 등산을 벗 삼아 살아온 지 한 10년쯤 조금 더 됩니다."

우리가 인생을 살면서 하루하루는 골치아픈 일과 고민에 휩싸여 살지만 지나간 인생을 생각해 보면, 지나간 10년 20년을 회고해 보면 남가일몽(南柯一夢), 즉 한바탕 꿈과 같습니다. 지혜로운 분은 벌써 깨달으셨겠지만, 이것으로 미루어 생각해 보면 우리가 인생 80까지 산다고 해도 그때 느끼는 회한(悔恨)과 무언가 아쉬움이 남는 심정은 지금 우리가 지나간 과거 인생을 회고시 느끼는 심정과 별반 다르지 않을 것입니다.

지금 우리가 비록 고난에 빠지고, 역경에 처하고, 위기에 부딪쳤다고 하더라도 그 순간을 인내하고 극복하고 나면, 나중에 하나의 추억으로서 고통이 오히려 좋은 경험이 될 수 있는 것입니다.

우리 환경이 전혀 바뀌지 않았는데도 관점만 바꾸어도 세상이 달라 보이고 새로 시작할 수 있는 법입니다. 지옥과 극락은 어디 있을까요? 지옥과 극락은 3차원적으로 따로 어떤 공간을 점유하고 있는 것이 아닙니다. 바로 마음 안에 있는 것입니다. 마음은 어디에 있을까요? 우리 뇌 속에만 있다고 생각해서는 안됩니다. 우리 심장에도 마음이 있고 우리 모든 세포 하나하나에도, 그리고 우리 몸밖에도 마음이 있습니다. 우리가 사랑하고 용서하고 포용하면 마음은 그 순간 극락에 있는 것입니다. 그러나 우리가 마음이 불안하고, 화를 내고, 다른 사람을 미워하고 원망하면 그 순간 마음은 지옥에 있는 것입니다.

요즘 한국사회에서는 부모의 유산을 조금이라도 더 많이 상속받으려고 형제간에, 친척간에 다투고 소송으로까지 가는 경우도 꽤 있습니다. 돈에 너무 집착하여 인간의 기본적인 심성마저 잃어버린 것처럼 느껴질 정도의 엽기적인 사건들도 종종 발생합니다. 시어머니와 며느리간의 갈등, 부부간의 갈등, 부모와 자식간의 갈등, 세대간의 갈등, 사회양극화 심화에 따른 사회계층간의 갈등으로 요즘 한국사회는 '갈등의 시대'로 불러야 할 정도입니다.

지금 현대사회가, 특히 한국사회가 이러한 갈등을 심하게 겪고 있는 시기이기에 우리들은 물질적인 부에도 불구하고 정신적으로 불행하게 느끼며, 매일 매일의 일상에서 정신적인 고통과 스트레스를 많이 느끼며 살아갑니다. 그런데 현대인의 이러한 정신적인 고통과 스트레스에 대해 우리가 어떻게 받아들이고, 어떻게 해야만 극복할 수 있을까요

여기서 고통의 본질에 대한 인류의 지혜, 통찰을 배워볼 필요가 있습니다.

인생을 살아가다보면 누구나 어려움을 반드시 겪기 마련인데, 이러한 고난이 닥쳤을 때 우리는 고통이라는 것이 삶에 필연적인 것이며, 자연스러운 것으로 받아들이기를 거부하는 태도를 가지고 있습니다. 자기만 고통을 받고 있다고, 자기만 손해보고 있다고, 자기만이 억울한 희생자라고 여기고 자신에게 고통이 발생한 원인을 남의 탓으로 돌리는 경향이 있음을 알 수 있습니다.

그것은 자신의 삶을 비참하게 만드는 방법이며, 스스로 고통을 키우는 셈입니다. 사람들은 자신이 받은 상처를 마음속에서 반복하면서 자신이 부당한 대우를 받았음을 표현하고 그 결과

고통을 계속 살아있게 만듭니다. 우리는 과거에 다른 결정, 다른 선택, 다른 행동을 할 수도 있었다는 생각을 종종함으로써 고통스런 기억을 거듭 떠올립니다. 그럼으로써 다른 사람으로부터 관심과 동정을 이끌어낼 수는 있습니다. 하지만 그것은 현명하지 못한 방법이며, 끊임없이 불행을 느끼게 만드는 것입니다.

우리는 일정부분 자신이 자신의 불안이나 고통을 스스로 만든 것입니다. 스스로가 원인제공자입니다. 그리고 우리자신이 부정적인 감정에 빠짐으로써 그런 고통을 악화시키는 것입니다. 누군가에게 분노와 미움을 느낄 때 그 일에 별로 신경을 쓰지 않는다면 증오심이 커질 가능성은 줄어듭니다.

자신이 부당하고 불공평한 대우를 받았다고 생각하면서 그 일을 끊임없이 떠올린다면 증오심은 나날이 커져갈 것이고 그런 생각은 증오심을 활활 불타오르게 할 것입니다. 지나칠 정도로 민감하게 느끼고 사소한 일을 침소봉대하여 크게 느끼고 그런 일을 자기 자신만 겪고 있다고 생각하는 것은 스스로 고통을 키우는 것입니다.

사람들은 자기 자신과 관련된 일에 있어서는 작은 일이라도 너무 심각하게 받아들이고 턱없이 부풀리는 경향이 있습니다. 자신의 몸 안에 또는 자기의 머릿속에 갇혀있는 사람은 언제나 불행할 수 밖에 없습니다. 우리는 우리 스스로가 만든 마음의 감옥에서 벗어나야 합니다.

자신에게 문제가 생긴 것이 불공평하다는 느낌을 갖고 있다면 그것은 자기 자신에게 불안감과 고통스런 감정을 일으키게 됩니다. 그 불공평한 느낌이 우리의 정신을 혼란스럽게 만들고 우리의 내적인 에너지를 소진시켜 본래 다른 중요한 문제를 해결하는데 사용해야할 우리들의 내면적인 힘을 빼앗아갑니다.

고통을 겪는 순간에는 우리의 모든 에너지가 고통을 벗어나는 데 집중합니다. 따라서 심각한 위기와 비극적인 일을 겪는 동안에는 고통 뒤에 숨겨진 의미를 생각할 틈이 없습니다. 자신이 겪는 고통이 그저 무의미하고 불공평하며, '왜 나에게만 이런 불행한 일이 발생하는가? 왜 나만 이런 고통을 겪어야 하는가?' 하고 생각합니다.

그러나 시간이 흐르고 나서 고통에 대해서 생각하면 그 의미를 이해할 수 있습니다. 우리가 고통의 의미를 찾으면서 보낸 시간과 노력은 실제로 장래에 어려운 일이 닥쳤을 때 우리에게 큰 도움을 주는 것으로 우리에게 보답합니다.

우리의 뇌는 새로운 정보가 들어오면 그것에 반응해 새로운 행동양식을 설계하고 새로운 신경세포와 신경전달장치의 결합을 만들어 냅니다. 우리의 뇌는 놀라운 적응력이 있어 계속 변화하고 새로운 생각과 경험에 따라 자기의 배선(配線)을 바꿉니다. 새로운 정보를 학습하는 신경의 역할의 변화가 생기고 이렇게 변화된 신경은 생체전기신호를 더욱 쉽게 전달합니다 뇌가 선천적으로 갖고 있는 이 변화의 능력이 적응성입니다. 우리가 많은 인생경험을 하고 성찰(省察)을 통해 지혜를 쌓으면 역경에 처했을 때, 우리가 당황하지 않고 차분하게 대응할 수 있게끔 새로운 뇌 회로가 형성되어 있기에, 장래 어려운 일이 닥치더라도 우리에게 과거의 경험에서 우러나온 합리적인 해법을 제시해 줌으로써 우리에게 보답합니다.

어려운 상황에 봉착(逢着)하게 되더라도 그 어려운 상황의 배경에는 우리가 의식하지 못하는 중대한 의미가 있을 수 있습니다. 즉 영적(靈的)인 성장을 위한 배려, 영적인 성장의 기회, 계기가 될 수 있다는 것입니다.

그리고 우리가 주어진 상황을 편견없이 정직하게 제3자의 입장에서, 제3자의 눈으로 살펴보면 그런 일이 일어난 데에는 자기 자신에게 일정 부분 책임이 있음을 깨닫게 됩니다. 당신이 이것을 깨달으면 어떤 한가지 요소가 유일한 원인이라는 과거의 좁은 생각은 사라지고 전체적인 상황의 진실을 통찰하게 될 것입니다. 이런 방법은 사물을 전체적인 시각으로 보는 것입니다. 그것은 어떤 사건이든 그 사건의 원인을 제공하는 수많은 요인들이 있다는 깨달음입니다.

우리는 자기합리화를 위한 심리적 자기방어기회로 자기 문제의 원인을 다른 사람과 외부로 돌리는 경향(傾向)이 있습니다. 게다가 어떤 원인을 찾아내어 자신은 책임을 면제받으려 합니다.

그리고 우리가 지혜의 눈으로 보면 결과보다도 동기가 더 중요하다는 것을 알 수 있습니다. 어떤 마음가짐으로, 어떤 동기(motive)로 했느냐 그것을 결과보다 더 중요하게 보는 것입니다.

우리 모두는 신이 아닌 불완전한 존재입니다. 우리 모두는 과거 무수한 시행착오를 해왔고 많은 잘못을 저지른 적도 있었고, 지금도 저지르고 있는 중이고, 앞으로도 저지를 것입니다. 우리는 무엇인가 후회할 것이 있습니다. 진정으로 뉘우치고 자기잘못을 인정하는 것은 우리를 올바른 길로 인도하고, 올바른 궤도(orbit)에 올려놓고, 기회가 있을 때 잘못을 바로잡도록 용기를 줍니다.

하지만 후회가 지나쳐 죄의식으로 발전하고 끊임없이 자신을 책망하며 과거의 죄만 반추한다면 그것은 옳지 못한 일입니다. 우리는 지나친 죄의식(consciousness of sinfulness)이나 자기모멸(self-contempt)에 사로잡히지 않은 채 삶의 비극을 정면으로 마주보고 정정당당하게 대응해야 합니다.

인간은 자신의 잘못을 인정하고 그리고 자기의 잘못을 진정으로 후회해야 하지만, 위엄(dignity)과 품위(grace)를 잃지 않으면서 후회를 해야 합니다. 스스로를 파괴하는 죄의식에 빠지지 않고 살 수 있는 능력이 필요합니다. 우리는 쓸데없는 고통을 일으키는 죄의식을 극복해야 합니다.

이 세상에서 제일 부자인 빌게이츠가 자신은 별로 행복하지 못하고 조금은 불행하게 느낀다는 언론보도가 있었습니다. 반면에 홍콩에 가정부, 파출부로 일하러온 필리핀 여자들의 만족도, 행복도가 더 높다는 연구결과도 있었습니다. 우리나라 영자(英字)신문 광고란에서 필리핀 여자(Filipina)가 가정부, 아기 돌봐주는 일(babysitter)을 구하는 것을 종종 본 적이 있었습니다.

우리가 스트레스를 극복하려면, 먼저 똑같은 상황이 발생하더라도 고통을 겪는가 안겪는가 하는 것이 당신의 마음먹기, 당신의 인식, 당신의 관점에 많은 부분이 달려 있다는 사실을 인식하는 것으로부터 출발해야 합니다.

외부적인 스트레스 자극과 그에 대한 우리의 대응사이에는 짧지만 간극(interval)이 있습니다. 이 간극에는 수많은 길이 있는데, 여러분은 어떤 길을 선택하시겠습니까?

당신이 만일 행복을 원한다면 행복을 가져오는 원인을 만들어내야 합니다. 그리고 고통을 원하지 않는다면 고통을 일으키는 원인과 조건이 더 이상 생기지 않도록 해야 합니다.

우리는 살아가면서 어떤 대응을 하기 전에 스스로에게 이렇게 물어 보아야 합니다. 이것이 나에게 진정한 행복을 가져다 줄 것인가? 이 단순한 질문이 우리가 삶을 살면서 여러 상황에 마주칠 때마다 지혜롭게 행동하는데 큰 도움을 줄 수 있습니다. 지혜로운 사람이 추구하는 행복은 순간적이 쾌락이 아니라 영원하고 지속적인 행복입니다.

우리가 배움을 통해서 긍정적인 생각을 키우고 부정적인 생각을 물리쳐야 합니다. 이러한 과정을 통해 진정한 내면의 변화와 행복이 찾아옵니다. 지금 이 순간 우리는 마음이라는 도구 하나만으로 완전한 행복에 이를 수 있습니다.

우리가 겪는 고통은 자기 스스로가 만들어낸 경우가 많습니다. 여러분이 부정적인 반응을 자제하고 여러분을 비난하는 말을 귓가를 스치는 한줄기 바람처럼 지나가게 놔둔다면, 한쪽 귀로 듣고 다른 한쪽 귀로 흘려보낸다면 마음의 상처를 받지도 않고 힘들게 고민할 필요도 없을 것입니다.

따라서 인생을 살면서 고통스런 상황을 피할 수는 없다고 하더라도 그 상황에 대응하는 방법, 마음먹기에 따라 자신이 받는 고통을 줄일 수는 있습니다. 우리가 불행하다고 느끼는 이유는 스스로를 세상의 중심(中心)에 놓고 자기 자신만 참을 수 없는 고통을 겪는다고 생각하기 때문입니다.

저자가 주위사람들을 차분히 둘러보니 잘난 사람은 잘난 사람대로, 못난 사람은 못난 사람대로, 부자는 부자대로, 가난한 사람은 가난한 사람대로 모두 제 나름대로의 고민과 번뇌를 안고 살아가고 있었습니다. 겉으로 화려해보여도 우환이 없는 집이 없었습니다.

이것을 깨달으니, 모든 인류는, 더 나아가 일체의 생명체는 모두 보편적으로(universal, omnipresent, ubiquitous) 고통과 스트레스를 받고 있다는 것을 알게 되었습니다.

이 사실을 깨닫게 된 순간, 가슴에는 말로 형언못할 심오한 느낌이 거센 밀물처럼 밀려오는 것을 느낍니다. 저자를 포함해 모든 인류에 대해 한없이 측은한 생각이 들고, 연민과 자비심이 느껴졌습니다. 모든 인류가 누구나 예외없이 다 고통의 바다, 상심의 바다에 빠져 있는 것 같습니다.

우리 지구상의 한 사람 한 사람 모두는 누구나 예외없이 다같이 고통을 받고 있는 존재이고, 고통으로 서로 연결되어 있고, 하나의 공동운명체이며, 하나의 형제, 하나의 가족, 하나의 우주의식 이었던 것입니다. 저자는 이때 인간성(humanity)과 인류애, 인간중심, 인본주의(人本主義 ; humanism)를 떠올리며, 가슴이 뭉클해지면서 가슴이 뜨거워짐을 느낍니다.

우리가 단지 고통을 고통으로만 느낄 것이 아니라, 인생에 있어서 좋은 보약으로 그리고 쇠가 단금질을 통해 더욱 좋은 쇠로 연마(鍊磨)되듯이 고통을 단순히 고통으로만 끝내는 것이 아니라 내 자신을 영적으로 한단계 진화(level up) 시키는 기회로 삼는 것이 필요합니다.

아픔을 겪어본 사람만이 다른 사람의 아픔에도 공감할 수 있는 법입니다. 우리는 모든 인류가 예외없이 다같이 나름대로의 고민, 스트레스, 고통을 겪고 있다는 진실을 직시하고 진정한 사랑을 가슴에 품어야 합니다.

기독교, 불교, 이슬람교 등 종파(religious sect), 종교의 장르(genre)는 아무런 의미가 없습니다. '따뜻한 마음' 만이 오직 하나의 진정한 종교입니다.

고통과 스트레스는 보편적인 것입니다. 자기 혼자만이 고통을 겪는다는 것은 착각(錯覺 ; illusion)입니다. 우리 생명체 모두는 다같이 고통을 겪고, 고통을 공유하는 하나의 온 생명체이며, 하나의 우주의식이므로 모든 인류, 더 나아가 모든 생명체에 대해 따뜻한 마음으로 대해야 하는 것입니다.

로맨틱 영화

현대인들은 많은 스트레스에 노출이 되어있습니다. 우리는 이러한 스트레스를 풀기위해 여가시간을 활용하여 영화감상, 음악감상을 하기도 하며 친구들을 만나서 대화로 풀기도 하고 맛있는 음식을 먹음으로써 자신의 스트레스를 풀기도 합니다.

영화는 자기 자신에게 삶의 의미를 부여하며, 실존성을 가지고 정서적인 통찰을 하는데 있어서 도움이 됩니다. 많은 사람들이 영화를 감상함으로써 스트레스 해소를 합니다. 중국에서는 드라마와 영화를 시청하면서 슬픈 장면을 보고 눈물을 흘림으로써 스트레스를 극복하는 방법도 유행하고 있다고 합니다. 슬픈 영화를 보면서 눈물을 흘리면 심리적인 초조함이 사라집니다. 일종의 카타르시스(catharsis) 역할입니다.

우리 가슴에 잔잔히 젖어드는 낭만적인 영화를 소개하겠습니다.

봄날은 간다

자연속에 묻혀 있는 남자가 있다. 언젠가 사라져버릴지도 모르는 소리를 담는 일을 하는 상호는 치매에 걸린 할머니와 젊은 시절 상처한 아버지, 고모와 함께 살고 있다.

어느 겨울 그는 강릉라디오방송국에서 아나운서와 프로듀서로 일하는 은수와 그녀의 프로그램을 위한 녹음여행을 하게 된다.

풍경소리를 담으러 간 산사에 밤이 찾아오고 눈이 내린다. 야심한 밤에 상호를 깨워서 그 순간을 담는 은수. 하얗고 포근하게 내리는 눈과 함께 그들 속에 있던 감정들이 소복히 쌓인다...

그러나 계절이 변하고 한적한 해변에서 파도소리를 담는 그들의 사랑에 조금씩 변화가 생기기 시작한다. 열병같은 사랑에 빠진 상호와 달리 사랑이라는 감정에 거리를 두고 있던 은수는 시간이 갈수록 상호를 부담스러워한다.

은수. '*미안해.*'

상우. '*어떻게 사랑이 변하니? 너 나 사랑한다고 했었지. 근데 어떻게 지금 사랑하지 않는다고 하지. 어떻게 사랑이 변하니 말이 돼? 난 그런 거 이해할 수가 없어.*'

공기중에 사라져버리는 소리는 녹음기에 담아두면 되지만 사랑은 녹음기에 담아둘 수도 없고 변할 것 같지 않던 사랑은 변하고 그들은 이별하고 재회하면서 점점 사랑하던 시간은 멀어져만 간다.

러브 레터(Love Letter)

히로코의 연인 이츠키가 등반 사고로 죽은지 2년이 지난 추모식. 이츠키를 잊지 못하고 있는 히로코는 이츠키의 집에서 그의 옛 주소를 발견하고 그곳으로 편지를 보낸다. 그리고 며칠 뒤 히로코는 예기치 못한 이츠키의 답장을 받게 된다. 히로코는 이츠키와 편지를 주고 받으면서 이츠키가 자신의 죽은 연인과 이름이 같은 여자임을 알게 된다.

히로코는 죽은 연인을 잊을 수 없는 간절한 마음으로 그의 어린 시절에 대한 추억들을 이츠키에게 적어 보내 줄 것을 부탁하고...

이츠키는 잊고 지냈던 어린 시절을 추억들을 하나 하나 떠올리기 시작한다. 이름이 같다는 이유로 아이들의 놀림거리가 되었던 유쾌하지 못한 기억에서 시작된 과거로의 시간 여행은 점차 아쉽고 소중한 추억에 대한 진한 그리움으로 변해가게 된다.

히로코는 이츠키가 숨을 거둔 산에 올라 자신이 잡아두려 했던 이츠키를 마음으로부터 떠나보내게 된다. 그리고 이츠키는 그동안 알지 못했던 사실을 알게 된다.

접 속

갑자기 떠난 옛 사랑 영혜에 대한 그리움으로 폐쇄적인 삶을 살고 있는 남자 동현. 어느 날 옛 사랑인 영혜로부터 받은 음반으로 동현의 일상이 흔들리기 시작한다.

한편, 친구 희진의 애인을 짝사랑하는 CATV 홈쇼핑 가이드 수현은 외로움이 깊어지면 심야 드라이브를 한다. 어느날 수현은 드라이브 도중 자동차 사고를 목격하는데, 그때 라디오에서 흘러나오는 음악에 매료된 그녀는 통신으로 음악을 신청한다. 동현은 영혜로부터 받은 음반의 음악을 방송으로 내보냈고, 공교롭게도 수현은 사고를 목격하면서 그 음악을 들은 것이다.

수현이 음악을 신청하자, 동현은 영혜일지 모른다고 생각하며 PC통신에 접속하지만, 그녀가 다른 사람이라는 걸 알고 실망한다. 하지만 동현은 수현이 외로운 사람이며 대답없는 사랑에 가슴앓이를 한다는 것을 알고는 동질감을 느낀다. 서로의 아픔을 이야기하던 두 사람은 만남이 빈번해지면서 어느덧 서로에게 빠져들기 시작한다.

당신이 사랑하는 동안에(While You Were Falling in Love)

2년 전 시카고. 사진작가를 꿈꾸던 '매튜'는 모던댄서 '리사'를 만나 사랑에 빠진다. 어느 날, 뉴욕에서의 일자리 제의를 받은 매튜는 리사에게 함께 떠날 것을 권유하지만 다음 날, 리사는 아무런 말 없이 사라져 버린다.

2년 후, 투자회사의 광고책임자로 성공한 매튜는 아름다운 약혼녀와 함께 시카고로 돌아 온다. 그리고 한 카페에서 옛 연인이었던 리사의 목소리를 듣는다. 우연히 스쳐간 그녀의 흔적에 혼란을 느끼는 매튜. 그녀는 정말 '리사'였을까? 그녀는 2년 전, 왜 아무 말도 없이 떠났을까?

가을, 잃어버린 사랑을 찾기 위해 모든 것을 뒤로하고 '리사'의 흔적을 따라 도시를 헤매는 매튜!

그해 여름

모두가 동경하는 '**윤석영**' 교수의 첫사랑 '**서정인**'을 찾아 나선 TV교양프로그램의 덜렁이 작가 수진. 낭만이라고는 약에 쓸래도 없는 앙숙 김PD와 취재길에 나선다. 윤석영 교수가 대학시절 농촌봉사활동을 위해 내려왔다는 시골마을 수내리. 그들은 거기서 상상조차 하지 못한 아련한 사랑의 이야기를 듣게 되는데...

1969년 여름, 서울에서 농촌봉사활동을 내려 온 대학생들. 풋풋하고 싱그러운 그 젊음 속에 가장 빛나는 얼굴 '석영'이 있다. 아버지를 피해 마지못해 도망치듯 내려온 농활이라 그는 번번이 농땡이고 매사 시큰둥이다. 그러나 그의 마음을 첫 눈에 사로잡은 그녀 '**정인**'. 가족도 없이 외롭게 살아가지만, 씩씩하고 순수한 시골 도서관 사서 '**정인**'에게 '**석영**'은 점점 끌리게 되고, '**정인**' 역시 그에게 빠져든다. 그러나 두 사람이 마음이 깊어갈수록, 계절은 흘러가고 농활의 끝은 다가오는데...

하지만 그들의 이별은 전혀 예상 못한 곳에서 오고 있었다.

오만과 편견

아름답고 매력적인 '**엘리자베스**'는 사랑하는 사람과의 결혼을 믿는 자존심 강하고 영리한 소녀. 좋은 신랑감에게 다섯 딸들을 시집 보내는 것을 남은 인생의 목표로 생각하는 극성스러운 어머니와 자식들을 극진히 사랑하는 너그러운 아버지와 함께 화기애애한 '베넷가(家)'의 다섯 자매 중 둘째이다.

조용한 시골에 부유하고 명망있는 가문의 신사 '빙리'와 그의 친구 '다아시'가 여름 동안 대저택에 머물게 되고, 대저택에서 열리는 댄스 파티에서 처음 만난 '엘리자베스'와 '다아시'는 서로에게 눈을 떼지 못한다.

하지만 자존심 강한 '엘리자베스'와 무뚝뚝한 '다아시'는 만날 때 마다 서로에게 속마음을 드러내지 않고 사랑의 줄다리기를 하는데, '다아시'는 아름답고 지적인 그녀의 매력에 점점 빠져들고 폭우가 쏟아지는 날, 비바람이 몰아치는 언덕에서 가슴 속 깊은 곳에 담아둔 뜨거운 사랑을 그녀에게 고백한다.

결혼의 조건은 오직 진정한 사랑이라고 믿는 '엘리자베스'는, '다아시'가 자신의 친구 '빙리'와 그녀의 언니 '제인'의 결혼을 '제인'이 명망있는 가문 출신이 아니라는 이유로 반대한 것을 알게 되자, 그를 오만하고 편견에 가득 찬 속물로 여기며 외면하게 된다.

가을로

사법고시에 합격하여 마침내 고대하던 검사가 된 현우. 세상 누구보다 사랑하는 여인 민주를 낯선 아파트로 초대한다. 장미꽃 한 다발과 함께한 수줍은 고백.

"사랑해. 나랑.. 결혼해줄래?"

1995년 6월 29일. 결혼준비를 위해 함께 쇼핑을 하기로 약속을 한 현우와 민주. 현우가 일하는 곳에 찾아온 민주에게 현우는 일이 남았다며, 혼자 가기 싫다고 기다리겠다던 그녀의 등을 떠밀어 억지로 백화점을 보낸다.

"민주야, 금방 갈게! 커피숍에서 기다리고 있어! 알았지?"

일을 끝낸 현우가 급한 걸음으로 그녀가 기다리고 있는 백화점 앞에 도착한 순간.

민주가 지금 현우를 기다리고 있는, 그 백화점이 처절한 굉음과 함께 그의 눈앞에서 처참하게 무너지고 만다.

그리고 십년 후, 지금.

누구보다 소중했던 민주를 잃어버린 지울 수 없는 아픔. 그리고 그녀를 죽음으로 내몬 것이 자신이라는 자책감으로 현우는 지난 십 년을 보냈다. 항상 웃는 얼굴의 해맑은 청년이었던 현우는, 이젠 그 웃음을 잃어버린 차갑고 냉정한 검사가 되어버렸다.

그리고, 여론과 압력에 밀려 휴직처분을 받고 상실감에 젖어 있던 현우에게 한 권의 다이어리가 배달된다.

"민주와 현우의 신혼여행"

이란 글이 쓰여 있는 다이어리. 민주가 죽기 전 현우를 위해 준비한 선물이었다. 현우는 민주가 준비한 마지막 선물, 다이어리의 지도를 따라, 가을로, 여행을 떠난다.

민주가 현우에게 꼭 보여주고 싶었다는 그 길을 따라 걷는 현우의 여행길에 가는 곳마다 마주치는 세진이 있다. 자꾸 마주치는 우연으로 동행을 하게 된 그들은 서로가 누구인지를 알게 된다. 현우가 민주가 사랑하는 그 '**현우**'라는 것을. 그리고 세진은 백화점이 무너진 그때, 민주와 같은 곳에 매몰되었던 사람이었다는 것을.

지금, 만나러갑니다

아내 미오를 먼저 떠나 보낸 아이오 타쿠미와 그의 6살난 아들 유우지는 미오가 죽기전 남긴

"1년 후 비의 계절에 돌아올게"

라는 약속을 마음에 품으며 어설프지만 행복한 하루하루를 살아간다.

그러던 비오는 어느 날, 늘 놀러 가던 숲에서 산보를 하던 타쿠미와 유우지 앞에 세상을 떠났던 미오가 거짓말처럼 나타난다. 하지만 그녀는 생전의 모든 기억을 잃은 상태. 그러나 타쿠미와 유우지는 그런 미오를 따뜻하게 맞아들이고, 조금은 이상한 세 사람의 생활은 다시 시작된다.

기억이 없는 미오에게, 자신들이 만나게 된 사랑의 과정을 들려주는 타쿠미. 그리고 두 사람은 자연스럽게 두번째의 사랑을 맺어가고, 유우지 역시 두번째의 엄마를 만나게 된 사실에 너무나 큰 기쁨과 행복을 느낀다.

그렇게 꿈 같은 시간을 보내던 미오는 유우지가 보관하던 타임 캡슐에서 자신이 고등학교 시절부터 써왔던 일기를 발견하고, 한없이 눈물을 흘린다. 그 이유는 자신이 6주 후, 비의 계절이 끝남과 것과 동시에 타쿠미와 유우지를 떠나게 되어 있기 때문인데...

한 템포 늦추기

여러분은 화(火)가 났을 때, 바로 화를 내는 스타일 입니까?

스트레스 받을 상황에 부딪쳤을 때 바로 맞대응(react directly)을 하지 말고, 한 템포 늦춘 후 대응하는 것이 삶의 지혜입니다.

인생을 살다가 상대방이 나에게 몹시 화가 나는 말이나 행동을 했을 때, 바로 맞대응하면 서로가 싸우기 쉽습니다. 이때 잠깐 냉각기(cooling off period)를 두면 뒤에 후유증(後遺症)을 남기는 충돌 없이도 문제가 해결되는 경우가 많습니다. 옛말에 '한번 참으면(忍耐)하면 백일(百日)이 편하다.'는 말이 있습니다. 참으로 옳은 말입니다.

우리가 화가 나는 것은 뇌속의 생체전기가 급격하게 반응을 일으키는 것이라고 볼 수 있습니다. 뇌(腦)속의 이러한 급격한 생체전기 화학반응은 시간상 오래 지속되지 않으므로 반응을 한 템포 늦추고 시간의 여유를 두고 생각해 보면 대부분의 경우 스스로 사라져 버리는 것을 경험상 알 수 있을 것입니다.

화가 났을 때 바로 맞대응하거나 행동으로 옮기지 말고, 한

템포 늦춰서 시간의 여유를 두고 천천히 대응하면 충돌은 훨씬 줄어들고 장기적으로 볼 때 스트레스 발생요인을 현저히 줄이는 셈이 됩니다.

우리가 사용하는 컴퓨터에는 쿨링팬(cooling fan)이 있습니다. 컴퓨터 중앙처리장치(CPU)가 너무 열이 나면 식혀 주어야 합니다. 마찬가지로 우리 인간의 중앙처리장치인 뇌(腦)도 열이 나면 식혀주어야 합니다.

그래서 저는 종종 이런 상상을 해봅니다. 미래에는, 너무 화가 났을 때 알약을 먹으면 그것이 뇌의 신경전달물질을 변화시켜 화를 바로 풀어주고, 더 나아가서는 향수같이 향기만 맡아도 화를 풀어주고, 또 기분이 우울하거나 외로울 때에도 마찬가지로 알약, 향기로 감정, 마음까지도 어느 정도 컨트롤 할 수 있는 시대가 올 것이라고 말입니다.

이제 화가 나는 상황에 처했을 때 한 템포 늦춰서 생각하고, 잠깐 냉각기를 두도록 하는 것을 사회적 제도 차원에서 알아보도록 하겠습니다.

우리나라에서는 일년에 30만 쌍 이상이 결혼을 하고 일년에 10만쌍 이상이 이혼을 한다고 합니다. 최근 지역에 따라 이혼신청 이후 3주 정도의 숙려기간(熟廬期間)을 두고 있는 법원도 있습니다.

숙려기간을 두는 것은 처음에 욱하는 성질에 이혼을 결심했다가도 자식이 눈에 밟히고 두 사람이 어려움을 헤쳐 나왔던 과정을 생각하면 이혼신청을 취소하고 다시 재결합하는 경우가 많은 것을 고려하여 이혼을 줄이기 위한 좋은 제도인 것입니다. 그들은 일주일 또는 한달의 숙려기간중 상담위원을 만나 컨설팅을 받고 이혼 결심을 접은 경우가 많다고 합니다. 이처럼 법원에서

운영중인 숙려기간이 이혼을 막는데 크게 기여를 하고 있습니다.

미국같이 이혼을 서너번하고 자유분방한 사회에서도 이혼을 하면 자녀에게 큰 충격을 준다고 합니다. 제가 임사체험을 한 어느 미국 청년의 글을 읽어본 적이 있는데 평소 모범학생이었던 그가 부모 이혼의 충격으로 비행(非行) 청소년이 되어 다른 학생에게 폭력을 휘둘렀고, 임사체험을 한 후 자기의 지난 행동을 진정으로 뉘우치게 되었다는 내용이었습니다. 한국에서도 제 주위의 어느 학생은 아주 영특하고 똑똑했는데도, 부모가 화목(和睦)하지 못하고 심각한 부부갈등이 지속되어 이 학생이 공부에 전념하지 못하고 반항, 방황하여 원했던 학교로 진학하지 못한 이야기를 직접 들은 적이 있습니다.

화가 날 경우에는 그 즉시 화를 내거나 행동에 옮기지 말고 잠깐 차 한잔을 마시고 나서 대응하거나, 한 시간 후 그리고 가장 좋은 방법은 하룻밤 자고 나서 그 다음날 대응하는 것이 좋습니다. 하룻밤 지나고 나서 생각해도 화가 날만한 충분한 이유가 있다는 생각이 든다면 화를 내는 이유가 충동적이지 않고 어느 정도 일리가 있는 것입니다.

사랑하는 연인사이에서도 사소한 것으로 사이가 틀어져서 헤어지는 경우가 종종 있습니다. 이것은 지혜롭지 못한 것입니다. 그 순간의 갈등만 극복하면 좋은 인연이 될 수도 있는 법입니다.

남녀 사이는 처음 만났을 때에는 서로에게 좋은 모습만 보이려 하고 보이는 모든 것이 아름답게 느껴집니다. 상대를 배려하고 꼼꼼하게 챙겨주려고 합니다. 그러나 교제시간이 길어지면서 상대에 익숙해지면 상대에게 간섭이 많아집니다. 이에 따라 트러블이 생기게 되고 마음고생을 하게 됩니다. 때로는 아주 사소한 싸움이 빌미가 되어 헤어지기도 합니다.

데이트를 하다보면 여성의 심리는 매우 변화가 심해서 남녀사이에 많은 갈등을 초래하기도 하고 사소한 문제로 마음의 상처를 받는 경우가 있습니다. '화성에서 온 남자, 금성에서 온 여자' 와 같이 남성과 여성 사이에는 생각의 차이가 엄연히 존재하는 것입니다. 이 차이를 이해해야 합니다. 여자가 화가 났으면 어느 정도 냉각기간을 가진 후 남자측에서 자존심을 버리고 넓은 아량으로 화를 풀어주는 것이 좋은 방법입니다.

전화를 이용해서 대화를 하면 서로의 감정을 악화시킬 수 있으므로 편지, 또는 이메일로 하거나 만나서 대화로 푸는 것이 좋습니다. 이때는 상대방의 입장에서, 상대방의 관점에서 생각하도록 합니다.

만약 상대방이 인생의 좋은 파트너라고 생각한다면 갈등을 풀고 화해를 하는 것이 좋습니다. 분위기 좋은 레스토랑에서 차 한잔을 하며 갈등을 풀 수도 있고, 멋진 드라이브 코스를 차창을 열고 드라이브하면서 사소한 갈등을 바람에 날려버릴 수도 있습니다. 확 트인 야외에서 멋진 경치를 보면서 드라이브하면 둘 사이의 마음은 풀어지고 따라서 갈등은 씻은 듯이 사라집니다.

감성지능 높이기

여러분 감성지능 EQ가 IQ와 어떻게 다른지 아시나요? 그리고 EQ는 IQ와 달리 자신의 노력에 의해서 높일 수 있을까요?

감성지능(EQ ; Emotional Quotient)는 심리학자 피터 샐로비가 1991년에 만들어낸 개념입니다. 감성지능은 자기 자신과 타인의 감정을 잘 읽고 이해하며, 충동적이지 않고 실패했을 때 좌절하지 않는 인내력까지도 포함합니다. 감성지능이 높으면 주위사람들과 잘 어울리면서 자신의 능력을 충분히 잘 발휘합니다.

IQ(Intelligence Quotient)는 한번 본 것을 좀처럼 잊지 않는 기억력, 수와 셈에 뛰어난 수리력, 자기의사 표현을 논리적으로 구사할 줄 아는 언어력, 사물에 대한 깊은 관찰과 탐구정신에서 오는 추리력을 일컫는 것입니다.

IQ와 EQ의 차이점은 어디에 있을까요? 그것은 EQ는 자신의 노력에 따라 얼마든지 개발이 가능하다는 것입니다.

감성지능은 자기 자신을 잘 인식하고 자신이 가지고 있는 감정을 잘 인지하는 것입니다. 감성지능은 자기의 기분과 감정을 잘 파악하고 조절하는 능력으로서 스트레스를 받더라도 과민해지지 않고 차분해지며 불안한 감정으로부터 자신을 효과적으로 방어하고, 기분이 나쁠 때에는 신속하게 다른 생각을 머리에 떠올려 좋은 기분으로 바꿀 수 있는 능력을 말합니다.

감성지능의 요소에는 어떤 일이 잘못되었을 때에도 용기를 잃지 않고 새롭게 시작할 수 있는 능력과, 타인의 입장의 되어서 어떤 상황에 대해서 생각해 보고, 느낄 수 있는 공감(共感)적 이해력과 감정이입능력, 즉 타인에 대해서도 자기 자신과 같이, 자기 일처럼 공감하고 이해하며, 다른 사람을 바라보는 것에 그치지 않고 그들과 함께 적극적으로 참여하고 더불어 살아가는 능력, 다른 사람과의 관계를 통해 삶의 기쁨을 느끼고 다른 사람들과 함께 살아가는 능력을 포함하고 있습니다.

우리들은 하루에도 수백 개의 감정을 경험합니다. 이렇게 많은 감정을 잘 이해하고 조절할 수 있는 사람이 그렇지 않은 사람보다 인생을 더 즐겁고 행복하게 살 수 있을 것입니다. 최근에는 회사에서 신입사원을 뽑을 때 노래도 잘하고 춤도 잘 추고 술도 잘 마시고 대인관계도 좋은 사람을 뽑는 경향이 높아지고 있습니다. 이것은 감성지능에 대한 인식을 반영하는 것입니다.

감성지능의 예를 하나 들어보겠습니다. 회사에서 당신이 지금 긴급하게 해야 할 일이 생겨 한창 바쁘게 일하고 있는데 친구로부터 전화가 왔습니다. 그 친구는 당신에게 도움을 주기 위해 전화를 한 것이었습니다. 그러나 업무가 너무 바빠서 통화하기가 곤란할 때, 별 설명없이 전화를 끊는 사람과,

"미안해 지금 바쁜 일을 하고 있는데 이 일이 끝나고 나면 바로 전화해 줄게."

하고 전화를 끊는 사람이 있습니다. 이 작은 말 하나 하나가 나중에 큰 차이를 가져올 수 있습니다.

인생에 있어서 큰 기회는 작은 계기로부터 오는 경우가 많습니다. 감성지능은 상대방에 대한 배려가 밑바탕에 깔려 있습니다. 감성지능을 제대로 이해하고 개발하면 인간관계나 직장생활의 질을 향상시키는데 큰 도움이 됩니다.

동양에서는 하루를 '자축인묘진사오미신유술해'로 12가지 시각으로 구분하는데, 우주의 기운이 바뀌고 그에 따라 사람의 감정도 바뀐다고 보았습니다. 그러니까 하루에 마음이 12번도 더 변한다는 의미입니다. 불교에서는 우리가 한번 숨 쉴 동안에 8만 4천가지의 생각이 일어난다고 합니다. 현대 과학자들의 연구에 의하면, 사람은 한 시간에 평균 20개 정도의 감정을 경험한다고 합니다. 그러면 하루 중 잠자는 시간을 빼고 약 300개의 감정을 경험하는 셈이 됩니다.

위파사나 수행에 대해서 들어본 적이 있는 분도 있을 것입니다. 위파사나 수행의 핵심은 이렇게 많은 감정이 일어나고 사라지는 것을 생각이 일어나는 즉시 감지(aware instantly)하고, 그 실체(substance)가 없음을 통찰(洞察)하는 것입니다. 이러한 수행을 오래 계속하면 순간순간 일어나는 감정에 휘둘리지 않게 되고 '깨달음(enlightenment)'을 얻음으로써 고민과 스트레스에서 벗어나, 인생을 더 즐겁고 행복하게 살 수 있습니다.

감성지능은 자기 자신을 잘 인식하고, 자신의 감정을 적절히 통제하며, 어려움이 닥쳤을 때에도 스스로 새롭게 동기부여를 할 수 있는 능력입니다. 실패했을 때에도,

"괜찮아 다시 시작할 수 있어."

하고 '자기격려(self encouragement)'를 하고 오뚜기처럼 7전 8기(七顚八起)로 다시 일어서는 능력입니다.

감성지능은 타인의 입장이 되어서 생각하고 이해하는 능력과 더불어 다른 사람들과 좋은 관계를 유지하며 이러한 관계를 통해 삶의 기쁨을 느끼고 다른 사람들과 더불어 살아가는 능력입니다. 이러한 감성지능은 IQ와 달리 자신의 노력에 따라 얼마든지 개발이 가능하기 때문에 감성지능에 대해 정확히 이해하고 감성지능을 높일 수 있도록 꾸준히 노력하면 자신의 능력을 충분히 발휘할 기회가 많아지며, 성공적인 인생을 사는데 도움이 될 것입니다.

칭찬은 고래도 춤추게 한다

사람들로 하여금 최선을 다하게 하는 방법은 무엇일까요? 물질적인 보상보다 칭찬과 긍정적인 말을 해주는 것이 더 중요합니다. 칭찬과 격려를 통해 신바람이 나면 에너지가 발생하고 생산성이 올라갑니다.

켄 블랜차드의 '칭찬은 고래도 춤추게 한다'(원제 Whale Done!)는 세계적인 베스트셀러가 되었습니다. 그것은 켄 블랜차드가 조직, 더 나아가 가정, 많은 인간관계에 긍정적인 효과를 가져오는 '칭찬'을 조직에 어떻게 적용할 수 있는지 구체적으로 사례를 들어 제시했기 때문일 것입니다. 이 책의 내용을 간단히 소개하면,

『웨스 킹슬리는 회사의 중역으로 회사와 가정에서의 인간관계로 많은 고민을 하는 사람이다. 그는 플로리다에 출장을 가 있는 동안 우연한 기회에 씨월드 해양관에서 범고래의 멋진 쇼를 보게 된다. 크게 기대하지 않았던 그 쇼에서 무게 3톤이 넘는 범고래들의 멋진 쇼를 보고 웨스는 어떻게 범고래로 하여금

그렇게 멋진 쇼를 하게 만들었는지 알고 싶어진다.

범고래 조련사인 데이브는 웨스에게 범고래와의 관계는 인간 사이의 관계와 다르지 않으며, 멋진 쇼를 하게 만드는 비결은 상대방에 대한 긍정적인 관심과 칭찬, 그리고 격려라고 말해준다. 그리고 구체적으로 어떻게 긍정적으로 바라보고 칭찬과 격려를 해야 하는지에 대해서는 데이브의 친구이자 세계적인 컨설턴트인 앤 마리가 '고래 반응'이라는 용어를 통해 자세하게 설명해준다.

데이브와 앤 마리의 도움으로 웨스는 가정에서는 두 아이와 아내로부터 사랑받는 가장이 되고, 직장에서는 보다 높은 성과를 올려 동료들과 부하직원들로부터 존경받는 직장 상사가 된다.』

여기서 실생활에 바로 적용할 수 있는 '칭찬 10계명'을 소개하겠습니다.

하나	칭찬할 일이 생겼을 때 즉시 칭찬하라.
둘	잘한 점을 구체적으로 칭찬하라.
셋	가능한 한 공개적으로 칭찬하라.
넷	결과보다는 과정을 칭찬하라.
다섯	사랑하는 사람을 대하듯 칭찬하라.
여섯	거짓없이 진실한 마음으로 칭찬하라.
일곱	긍정적인 눈으로 칭찬할 일을 찾아보라
여덟	일이 잘 풀리지 않을 때 더욱 격려하라.
아홉	잘못된 일이 생기면 관심을 다른 방향으로 유도하라.
열	가끔씩 자기 자신을 칭찬하라.

회사와 가정에서 직원이 어떤 일을 하고 있을 때 잘한 일에 관심을 갖는 일은 드뭅니다. 상사나 부모가 부하 직원이나 자녀에게 관심을 갖는 순간은 잘못되거나 문제가 생겼을 때입니다. 문제가 없거나 잘하고 있을 때 대부분의 사람은 무관심합니다.

이렇듯 우리가 실제 살아가는 현실은 긍정적인 것에 대한 관심과는 너무 거리가 멉니다. 긍정적인 일에 관심을 갖고 부정적인 일이 생겼을 때 긍정적인 방향으로 유도하는 행동방식이 필요합니다. 항상 칭찬하고 긍정적인 관계로 이끄는 것이 중요합니다. 사람도 잘한 일을 칭찬해 주었을 때 더욱 잘하려고 합니다.

평소에는 무관심하다가 잘못했을 때 갑자기 화를 내고 닦달하는 것보다는 평소 잘했을 때 칭찬해 주는 습관을 기르도록 합시다. 누구나 칭찬의 긍정적인 효과에 대해 알고 있습니다. 그러나 우리의 삶은 칭찬과 격려보다는 질책과 부정적인 반응, 무관심에 둘러 쌓여 있습니다. 우리는 칭찬하기와 칭찬받기에 익숙하지 않습니다. 칭찬과 격려의 긍정적인 효과는 생산성 향상에 아주 중요합니다. 사람들을 생산적이고 편안하게 만들기 위해서는 그들이 잘할 수 있는 일을 발견하도록 도와주어야 합니다.

하지만 실제로 대부분의 회사와 가정에서는 정반대의 일들이 벌어지며 그에 따라 사람들의 사기는 저하됩니다. 벌을 주는 것은 잘못되고 위험한 행동입니다. 사람들이 실수 했을 때 그 관심을 다른 곳으로 유도해야 합니다.

모든 일을 긍정적으로 봐야한다는 것은 누구나 동의하는 원칙입니다. 하지만 주변의 사람이 부정적인 행동을 했을 때 어떻게 해야 할까요? 대부분의 사람들이 잘못된 일에 관심을 집중하는 것과는 달리 현명한 사람들의 **'칭찬하는 습관'** 을 모델로 삼아 잘못된 일에 대한 질책에 에너지를 낭비하는 것이 아니라 긍정적인 것에 대해 관심을 가지도록 방향을 유도하고, 긍정적인 결과를 얻을 수 있는 것에 에너지를 쏟을 수 있도록 전환시킨다면 회사와 가정에 신바람이 나고 획기적으로 생산성이 올라갈 것입니다.

11 결혼생활 행복하게 만들기

행복한 결혼은 사람을 더 건강하고 젊게 만듭니다. 기혼남녀의 평균수명은 77세, 미혼자의 경우 66세, 배우자와 사별한 경우에는 60세를 넘기기가 쉽지 않다고 합니다. 배우자가 있으면 우울, 불안, 스트레스 등이 심할 때 같이 상의할 수 있어 기혼자는 큰 도움을 받습니다. 최근의 연구에 의하면 부부 사이에서 배우자가 먼저 세상을 떠나면 받는 충격이 남자가 더 크다고 하며, 이는 아내 생존시 남편이 건강상 이익을 더 많이 누려왔다는 의미입니다. 또한 노후에 남성이 여성에게 부담이 된다는 연구결과도 나온 바 있습니다.

행복한 결혼생활은 고혈압을 예방한다는 연구결과가 있습니다. 그러나 부부 사이가 나쁜 경우 배우자가 옆에 있는 것만으로도 혈압이 오른다고 합니다.

여러분은 최민수, 심혜진이 주연으로 나왔던 영화 '결혼 이야기'를 보신 적이 있습니까?

『라디오 방송국의 PD 김태규와 단역 성우인 최지혜가 우연한 만남 끝에 결혼에 성공한다. 무엇보다도 서로에 대한 정열 때문에 빨래는 쌓이고 청소는 뒷전이어도 두 사람의 결혼 생활은 즐겁기만 하다. 하지만 달콤한 신혼이 지나고 나자, 이른 아침에 헤어드라이기 소리에 허무하게 깨어나 시작되는 아침부터 바쁜 밤까지 이어지는 일들로 그들의 대화는 이제 채 1분도 넘기지 못하게 되고, 무엇보다 그들이 미혼시절에 가졌던 성(性)에 관한 환상에서 깨어나게 되면서 두 사람의 결혼생활은 위기를 맞이한다.』

그렇습니다. 사람이 연애할 때와 같이 잠깐 같이 만나는 것이 아니라 결혼을 하여 24시간 같이 있으면 사소한 일상사로 다투기 마련이며, 평생을 같이 살다보면 사소한 것으로 감정대립을 하는 경우도 종종 있게 마련입니다. 그러나 일상사의 사소한 갈등은 병가지상사(兵家之常事)이며, 인생을 같이 살다보면 사람마다 관점의 차이, 인식의 차이, 의견의 차이가 있으므로 사소한 갈등, 감정대립이 있는 것이 오히려 당연하다는 깨달음을 통해 이것을 초월하고, 배우자와 평생친구 관계를 형성하면 아주 좋습니다. 이렇게 하면 평생 든든한 우군(友軍)을 얻는 셈이 됩니다.

배우자와 자주 대화하며 같은 취미를 갖는 것이 좋습니다. 배우자의 요청을 될 수 있으면 받아들이고 서로 자주 칭찬하는 것도 부부사이를 좋게 하는 비결입니다. 배우자의 성격, 습관에 대해서 서로의 차이를 인정해 주고 잘못된 부분이 있을 때에는 직접적인 비난보다는 편지, 이메일, 또는 간접적인 방법으로 부드럽게 충고해 주며, 몹시 화가 날 경우 즉시 이야기 하지 말고 한템포 늦춰서 1시간 후 또는 그 다음날 격앙된 마음을 식힌 후 차분히 이야기로 풀어나가는 것이 삶의 지혜입니다.

남자는 결혼을 해야 돈이 모인다는 말이 있습니다. 수입은 일정하고 결혼을 해서 아내가 전업주부일 경우, 두 사람의 생활비가 드는데도 남자 혼자 생활할 때보다 오히려 돈이 더 모인다는 역설(paradox : 패러독스)같은 이야기입니다. 이렇게 눈에 보이지 않는 내조(內助)의 힘은 큰 것입니다.

한국사회와 같이 복잡한 사회에서 직장에서 일하는 사람도 고생이지만 안에서 가사와 육아를 담당하는 집안 일을 하는 사람도 힘이 듭니다. 서로 하나의 가정을 잘 꾸려가기 위해 책임을 분담하고 있지만 두 가지 일 사이에는 차이점이 있습니다.

직장 일에는 정해진 근무시간이 있습니다. 물론 야근을 할 때도 있지만 퇴근시간 이후에는 스스로 하고 싶은 일들을 할 수 있습니다. 친구들과 만나 술집에서 술 한잔하기도 하고, 회식도 종종합니다. 그러나 가사노동에는 일하는 시간, 쉬는 시간의 구별이 없어 항상 스탠바이(stand by) 상태입니다. 아이 돌보는데 한사람이 따라붙어야 하고, 해도 해도 끝이 없는 일이 집안일입니다.

회사일은 눈에 보이는 가시적인 결과가 나옵니다. 다른 사람의 인정을 받기도 하고 연봉으로 보상받기도 하며 성취감을 느낍니다. 그러나 가사노동은 눈에 보이는 결과물을 내놓기가 쉽지 않습니다. 물론 가족이 건강하고 집안이 깨끗하면 가사를 잘 돌본 것이지만 당연히 그러려니 하고 지나쳐버리기 쉽습니다.

회사에 가면 물론 많은 스트레스를 받고 다투기도 하고 어려운 일에 부딪히기도 하지만 실력과 경험을 쌓고 대인관계를 넓힐 수 있습니다. 그러나 집에서는 대인관계가 제한적이고 시야가 좁아집니다. 그리고 집안에만 있으면 시대 흐름에 뒤쳐지는 듯한 심정을 느낍니다.

우리나라에서는 직장 노동은 돈을 벌어오기 때문에 우월한 입장에 서고, 가사노동은 돈을 지출하기 때문에 낮게 평가받습니다. 그러나 그 돈은 생활비와 자식 교육비 등을 위해 지출하는 것이며, 대부분의 여성은 알뜰하게 가계를 꾸려나갑니다.

IMF이후 한국에서는 상시적인 구조조정 및 조기퇴직으로 직장에 다니기가 쉽지 않은 것이 현실이 되었습니다. 따라서 직장을 다니는 남편은 목에 힘을 주는 시대가 되었습니다. 반면 한국사회는 아직 주부의 가사노동을 돈으로 환산하는 것에 대한 인식이 낮은 관계로 직장 노동과 가사노동을 차별적으로 보는 시각이 여전합니다.

직장에 다니는 것은 물론 쉽지 않습니다. 코드가 맞지 않는 사람, 전혀 대화가 되지 않는 막무가내 사람들을 다 상대해야 되고, 또 답답하고 갑갑하고 억울한 경우도 다 참아야 되고 아주 어려운 업무가 주어졌을 때 그 일을 해결하기 위해서 야근도 하고 골머리를 끙끙 앓는 등 여러 가지 어려움이 많이 있습니다. 그러기 때문에 퇴근하고 나서 집에서는 당연히 편하게 쉬고 싶을 것입니다.

남편이 직장에서 퇴근 후 피곤한 몸과 마음으로 아파트에 들어섰을 때 집이 깨끗하게 청소가 되어있지 않거나, 자녀 보살피기 식사준비 빨래 등이 제대로 되어있지 않으면 아내에게 잔소리를 하거나 화가 날 수도 있을 것입니다. 그러나 하루종일 단조롭고 지루한 가사노동에 짜증이 나있던 주부 입장에서는 남편의 그 말이 도화선이 되어 크게 부부싸움이 날 수 있고 이는 자녀에게 좋지 않은 영향을 끼칩니다.

우리가 매일매일 마시는 산소의 중요함을 모르고 지나듯 깨끗하게 청소된 집, 맛있게 차려진 저녁밥상, 아이들이 건강하게 자라고 열심히 공부하는 모습, 깨끗하게 다려진 옷 등을 너무 당연하게 받아들이고 있는 것은 가사노동의 중요성을 잘 인식하지 못한 것입니다.

'홀로그램 우주'에 나오는 이야기입니다. 전생(前生)을 믿지 않는 사람도 있겠지만 최면을 걸어 전생을 떠올리게 하면 보통 사람들은 10번 이상의 전생을 기억하는데 남자들도 최소한 1번 이상 여자였던 적이 있고, 여자들도 최소 1번 이상은 남자였던 적이 있다고 합니다. 역지사지(易地思之)라는 말이 있습니다. 자기입장, 자기관점에서만 생각하지 말고, 남편 입장, 아내입장에서 생각해 본다면 상대방의 입장을 보다 잘 이해하고 화목(和睦)한 가정이 될 것입니다.

부부는 서로 마주보는 사이가 아닙니다. 행복한 가정을 꾸리기 위한 동일한 목적을 추구하는 두 사람은 같은 방향을 쳐다보는 것입니다. 부부의 행복도는 부부 두사람이 버는 연봉 총액이 아니라 서로의 내면을 얼마나 잘 알고 있는지 서로의 존재를 얼마나 즐거워하는지 일상의 자잘한 욕구에 대해 서로 어떻게 표현하고 받아들이는가에 의해 결정된다고 합니다.

미국의 부부관계전문가에 의하면 가계수입의 대부분을 아내가 번다해도 이혼과는 무관하게 나타났다고 합니다. 누가 얼마를 버는가가 중요한 것이 아니라 이 문제를 부부가 어떻게 보느냐가 중요하다고 합니다.

맞벌이 부부가 늘어나는 시대에 아내의 수입이 남편보다 더 많은 경우 특히 한국과 같이 유교문화의 전통이 남아있고 밥벌이는 남자가 해야한다는 가부장적 의식이 남아있어 가정문제로 되고 있다고 합니다. 센스있는 여성이라면 남편보다 연봉이 많더라도 시댁 어른들에게 용돈을 드릴 때도 남편의 이름으로, 남편의 손을 통해 전달하는 요령이 필요합니다. 연봉이 많다고 해서 내가 벌었으니 내가 쓴다는 사고방식은 두 사람의 관계를 더욱 멀어지게 합니다.

집에서도 둘이 동시에 일에 치중하는 상황은 피하는 것이 좋습니다. 한쪽이 일에 열중할 때에는 다른 쪽이 자녀와 보내는 시간을 가지면서 양보와 타협의 분위기를 조성하는 것이 중요합니다.

한국에서도 생각이 많이 바뀌어지고 있습니다. 아내를 자신의 부양해야할 식솔로 생각하는 것, 그래서 남자가 경제적으로 더 많이 벌어야 하고 사회적 지위도 더 높아야 한다는 생각을 벗어던져야 하는 것입니다. 내가 부족한 부분을 파트너가 채워준다는 생각으로 산다면 마음이 편합니다.

그리고 한국과 같이 모든 일의 좋고 나쁨을 연봉의 많고 적음으로 판단하는 사고방식이 문제입니다. 일은 단지 돈 때문에 하는 것이 아니라 자기완성의 길이기도 합니다. 그 일을 얼마나 잘하는지 보람은 있는지에 대해 의미를 부여한다면 연봉이 많고 적은 것이 그렇게 큰 문제가 되는 것은 아닙니다.

그리고 부부사이에도 유머감각이 필요합니다. 남편 또는 아내에게 해줄 유머를 알아두는 것이 좋습니다. 싸움은 지나치게 진지한데서 출발합니다. 맞벌이 부부의 경우 스트레스를 배우자에게 풀기 쉬운데 이를 유머로 주고받으면 분위기가 한결 부드러워 집니다. '샬위댄스' 가 춤으로써 중년의 무료함을 풀고 인생의 활력소를 주는 것이라면 유머는 인생을 너무 심각하게 봄으로써 오는 갈등과 고민을 풀어주는 명약입니다.

슬로우 라이프(slow life) & 인문학적 상상력

현대 문명이 발달하면서 사람의 노동력을 절약시켜 주는 문명의 이기가 많아졌음에도 불구하고 오히려 시간이 부족하고 시간에 쫓기는 아이러니한 현상이 벌어지고 있습니다.

대부분의 직장인이 아침 식사도 제대로 못하고 인스턴트 음식으로 때웁니다. 몇 초를 아끼려고 지하철 계단을 뛰어 올라가고 맛을 음미하기도 전에 커피를 꿀꺽 삼켜버리기도 합니다. 운전 중에 휴대전화로 대화를 하고 음악을 듣습니다. 지하철을 타면서 PMP로 TV를 봅니다. 이러한 현상이 점점 더 가속화 되고 있습니다.

이런 삶과는 행복과는 본질적으로 어울리지 않습니다. 우리의 행복이라는 것은 본질적으로 여유에서 나오는 것입니다. 현대 사회는 인간이 시간에 쫓기면서 스트레스가 증가하고 있습니다. 대기업의 근로자 중 과반수가 넘는 사람이 만성피로를 호소하고 있습니다. 기업은 점점 더 생산성 향상과 효율성을 추구하기 때문에 업무량을 늘리고, 따라서 개인이 받는 스트레스도 증가합니다.

현대인은 과중한 업무 부담과 스트레스로부터 탈출하기 위해 레저에도 효율성을 추구하려고 합니다. 원래 제대로 여행을 하려면 배낭여행과 같이 천천히 풍경을 음미하며, 마음에 여유를 가지고 해야 하는데, 최소 비용으로 최대 효과를 추구하는 경제 원칙과 마찬가지로 단시간에 많은 것을 경험하려는 팩키지투어가 인기를 끌고 있으며, 시간이 오래 소요되는 명상, 요가, 철학 같은 것보다는 스트레스를 원샷에 날리기 위한 드라이브, 쇼핑에 대한 선호도도 높아가고 있습니다. 시간이 아까워 보다 많은 시간이 소요되는 것을 멀리하고, 단시간에 한번에 스트레스를 날리는 것을 선호하면서 오히려 스트레스와 피로가 더 쌓이는 결과를 초래합니다.

인간은 얼굴과 얼굴을 마주치는 오프라인에서의 대면접촉이 중요합니다. 간접체험에서 얻는 정보의 양에는 한계가 있기 때문에 직접체험으로 보충해야 합니다. 인터넷으로 전세계 문화유적을 찾아볼 수는 있지만, 유적자체에서 풍기는 고유의 분위기는 실제 현장에서 밖에 느낄 수 없는 것입니다.

기술발전이 인간관계에 있어 오히려 소외(疏外)를 심화시키고 있습니다. 사람들은 인터넷 모니터 앞에 앉은 고독한 섬이 되어 점점 더 외로워지고 소외감을 느끼고 있습니다. 인터넷은 많은 정보를 담고 있지만 불필요한 정보도 많으며, 가상현실속에서 인간적인 정을 쌓기는 힘든 공간입니다. 인터넷에서 블로그를 만들고 카페를 만들고 동호회를 결성하는 등 많은 커뮤니티를 만들고 있습니다. 그러나 직접 대면에 의한 따뜻한 정(情)의 교류가 점점 힘들어집니다. 인터넷에서의 가상공간은 기본적으로 황량한 공간입니다.

인터넷은 쌍방향 수평적 대화의 통로의 역할을 함으로써 최고경영자와 직원이 직접메신저로 대화하고, 소비자가 거대기업을 상대로 즉시 제품에 대한 불만과 만족을 표현하고, 선진국과 후진국사이의 문화 정보격차를 줄이는 긍정적인 측면도 있습니다.

그러나 사람들은 하루종일 컴퓨터에 중독되어 사람과 사람이 직접 찾아가 만나고 인간적인 정을 주고받는 기회가 점점 줄어들고 있습니다.

디지털세상은 이제 거대한 트렌드이자 대세입니다. 누구도 이 흐름을 거스를 수는 없습니다. 컴퓨터에 인문학적 상상력을 불어넣고, 디지털세상과 휴머니즘, 인본주의의 결합을 다양한 방법으로 모색하는 것, 그것은 바로 우리 모두의 몫입니다.

자신감 키우기

여러분은 여러 사람 앞에서 발표할 때나 남들과 대화할 때, 모르는 사람들과 식사할 때 얼굴이 붉어지거나 손이나 몸이 떨리고, 목소리가 떨리고, 경직된 표정, 시선을 어디다 두어야 할 지 몰라 어색해 하거나 직장에서 회식모임 참석도 부담스러워 하지 않습니까?

누구나 어느 정도는 그런 점이 있지만 그 정도가 심한 것이 사회불안증입니다. 사회불안증을 느끼면 대인관계에서 자신의 시선을 어디에 두어야 할 지 몰라 하고, 표정이 어색하고 때로는 자신의 외모, 옷차림, 말투가 이상하다는 쓸데없는 생각까지 하게 돼 우울증에 빠지기 쉽습니다.

사회불안증은 여러 사회적 상황 및 대인관계를 두려워하여 회피하려는 것을 말합니다. 그런 상황에서 자신이 혹 실수나 하지 않을까 염려하고 이런 일이 남에게 알려지는 것을 두려워하기 때문에 그런 상황을 회피하려 합니다. 그리고 어쩔 수 없이 그런 상황에 처하면 매우 불안해 합니다. 이러한 사회불안증은 한국, 일본, 중국 등 유교적 전통의 체면문화가 남아있는 사회에 특히 많습니다.

사회불안증의 원인을 사회적 심리적 측면에서 살펴보면 어린 시절 부모의 과잉보호 등으로 대인관계기술을 배울 기회가 부족했거나, 지나치게 내성적인 성격, 어린 시절 주변으로부터 놀림을 당한 경험이 큰 충격으로 남아있는 경우 등입니다. 사회불안증은 우울증, 공황장애, 강박장애와 같이 나타나기 쉽습니다.

이러한 사회불안증은 예민한 사춘기에 나타나기 쉬우며 공부를 방해하고 친구사귀기를 어렵게 하며 사회생활을 배울 기회를 놓치게 하는 등 정상적인 사회적응에 장애를 초래하기 쉽습니다. 따라서 결혼도 늦게 하거나 혼자 살게 되고 직업을 갖는데도 어려움을 겪는다고 합니다. 그러므로 인지행동치료, 최면요법, 심리치료를 통해 사회적응기능을 향상시켜야 합니다.

여기서 사회불안증을 확실히 극복할 수 있는 재미있는 이야기 한 가지를 소개하겠습니다.

지금은 미국에서 아주 유명한 강사가 된 사람의 이야기입니다. 그는 맨 처음 수많은 청중앞에서 강연을 해야 했을 때, 엄청난 긴장감, 불안, 초조에 시달렸다고 합니다.

자기만 빤히 쳐다보는 많은 청중 앞에 서자, 입이 얼어붙어 먼저 자기소개를 하는 간단한 멘트조차 제대로 하지 못했으니, 자기가 강연하고자 하는 내용을 제대로 전달하지 못한 것은 당연한 일이었습니다.

그래서 그는 이 참담한 실패를 딛고 어떻게 하면 강연을 자신감 있게 할 수 있을까 하고 그 해결책을 고민하다가 좋은 아이디어가 떠올랐다고 합니다. 그것은 자기 앞에 앉아있는 수많은 청중이 상의(上衣)는 그럴듯하게 정장(正裝)을 차려입고 앉아 있지만, 하의(下衣)는 달랑 팬티(panties ; 남자는 pants) 하나만 입고 앉아있다고 생각했다고 합니다. 그러니 청중들이 너무 코

믹해 보이고 웃음이 나와서 강의를 자신감 넘치게, 멋지게 끝냈다고 합니다.

앞의 사례를 잘 활용하면, 여러 사람 앞에서 연설하기, 대화하기, 남들과 식사하기, 직장에서 회식모임 참석에서도 얼굴이 붉어지거나 당황할 필요가 없이 자신감 있게 당당하게 행동할 수 있게 됩니다.

여기서 잠깐 생각해 볼 것이 있습니다.

앞의 이야기에서 상징적으로 비유했듯이 '수많은 청중이 상의(上衣)는 그럴듯하게 정장(正裝)을 차려입고 앉아 있지만, 하의(下衣)는 달랑 팬티(panties ; 남자는 pants) 하나만 입고 앉아있다.' 는 것이 우리 인간의 실재 모습입니다. 우리가 주변의 어느 가정을 보아도 우환이 없는 가정이 없고 겉으로 멀쩡해 보이는 사람도 속으로 수많은 약점을 가지고 있습니다.

우리가 신이 아닌 이상, 장점과 단점, 강점과 약점을 늘 함께 가지고 있는 것입니다. 겉으로 아무리 번지르르 하게 보이는 사람도 수많은 취약점을 가지고 있으며, 우리 인간은 누구나 예외없이 보편적으로 고통과 고민거리를 가지고 있으면서 이렇게들 살아가고 있는 것입니다.

자신과 마찬가지로 다른 모든 사람들도 자기 안에 수많은 모순, 불합리한 점, 감정기복, 취약점을 가지고 있는 존재인 것입니다. 이러한 '인간존재의 보편적인 상황에 대한 인식' 을 하게 되면 좀 더 자신감 있게, 좀 더 당당하게 사회생활을 할 수 있게 됩니다.

심상(心象) 치유

이미지를 머릿속에 떠올려 그 이미지의 힘으로 사람의 병(病)을 치유할 수 있을까요?

심상(心象)이란 감각기관에 대한 자극이 없이 마음속에 떠오르는 영상을 말합니다. 심상에는 과거에 경험했던 것을 상기시킨 것도 있고 지금까진 경험했던 일은 없으나 소설을 읽거나 남의 이야기를 듣고 떠오르는 심상도 있습니다.

스트레스를 치료하는데 심상치료가 효과적입니다. 심상치료는 깊은 마음 또는 체험적 깊은 마음까지 다루는 역동적인 심리치료입니다. 심상치료는 이미지 사이코써러피(image psychotherapy)라고 합니다.

심상치료의 핵심은 우리의 심리적, 정신적 문제, 마음문제, 신경증 및 정신장애의 원인들이 본질적으로 마음속 무의식까지 뿌리가 감춰져 있고 덮어져 있기 때문에 우리가 가진 문제점을 만족스럽게 해결하고 치유하기 위해서는 우리 깊은 마음속에 있는 무의식 세계까지 밝히고, 이를 토대로 부정적인 기억과 경험의 치유를 통해 건강한 마음을 가질 수 있도록 하는 것입니다.

스트레스를 심상으로 치료할 때의 전제(前提)는 마음이란 마음의 내용물을 담고 있는 것이라고 보고 있다는 것입니다. 여기서 마음의 내용물은 우리 무의식 세계의 내용물 및 유아기 시절부터 주관적으로 체험하여 각인되어온 내 마음의 내용물을 의미합니다.

심상치료에서 가장 중요한 치유개념은 현재 우리의 심리적, 정신적 문제를 해결하고 나아가 자아성장, 자기실현의 단계까지 나아간다는 점입니다.

티베트의 '명상을 통한 스트레스 자연치유'에 대해 알아봅시다. 티베트에서는 명상(瞑想)을 통해서 진정한 평화에 이르고, 그것을 지속적으로 누리고, 오랜 질병의 고통에서 치유되는 변화까지 이루어 낼 수 있다고 믿습니다. 참된 힘은 참된 마음의 평화 속에 있고 그것이 건강한 마음입니다. 우리의 마음속에 평화가 있다면 우리는 어떠한 상황도 견딜 수 있고, 언제나 행복을 누릴 수 있습니다.

명상은 부정적인 감정과 행동의 습관적 되풀이를 긍정적으로 바꾸는 데 목표를 두고 있습니다. 티베트에서는 병이 들었을 때 영적치유를 먼저 하고 나서 그 다음에 의사를 찾습니다. 명상과 기도에 치유하는 힘이 있다는 것을 전적으로 믿어야 효과를 거둘 수 있습니다.

우리가 세상을 살면서 아픔과 고통을 느끼고 슬픔과 좌절속에서도 우리가 온통 빛으로 가득찬 존재라는 사실, 한없이 빛을 내뿜는 존재라는 사실을 알아야 합니다. 우리가 지구라는 별에 이주해온 이래 거듭거듭 경험했던 수많은 고통의 긴 시간을 맛보며, 우리가 빛의 존재라는 사실을 잊어갈 때, 우리의 빛이 퇴색해 갈 때 우리는 명상을 통해 그 빛을 되찾을 수 있습니다.

몸의 흉터도 치료될 수 있듯이 마음의 흉터 또한 치유될 수 있습니다. 아무리 마음깊이 파묻힌 기억이라도 상처가 아물고 새살이 돋아나듯 잊혀질 수 있습니다. 문제는 기억의 끄트머리를 놓지 못하는 자기 자신의 집착에 있습니다. 우리가 무의식 깊은 곳에 있는 마음의 상처(trauma)를 심상으로 치료한다면, 그리고 컴퓨터를 다시 포맷하듯이 우리 마음을 새롭게 재구성한다면 우리는 스트레스 해소를 넘어서서 심리적, 정신적 문제도 해결하며, 나아가 자아성장, 자아실현에도 한걸음 더 가까이 갈 수 있습니다.

자원봉사하기

봉사하는 사람이 오래 삽니다. 인도 캘커타 빈민촌에서 봉사로 생을 마친 마더 테레사 수녀가 대표적인 인물입니다. 봉사와 선한 일을 생각하거나 보기만 해도 우리마음은 착해지고 몸 또한 영향을 받아 인체 내에서 바이러스와 싸우는 면역물질이 생깁니다. 남에게 도움을 주는 사람은 자신만 아끼고 남을 돕지 않는 사람에 비해 오래 산다고 합니다.

남에게 베푸는 삶이 건강한 것은 정신적인 이유입니다. 마음의 여유와 안정 때문에 심장병이나 뇌졸중 등 심혈관질환에서 벗어날 수 있습니다. 심장병이나 뇌졸중 등은 조급증, 분노심, 경쟁적인 성격을 가진 사람에게서 많이 나타납니다. 봉사활동을 하는 과정에서 생기는 삶의 보람과 기쁨은 만병의 근본인 스트레스를 이기는 최상의 보약입니다.

여러 가지 서러움 중에서 어떤 것이 가장 큰 서러움일까요? 그 답은 배고픈 서러움입니다. 봉사활동과 관련, 집 없이 거리를 헤매는 사람들에게 따뜻한 끼니를 대접하는 **'밥퍼나눔운동'** 을 소개합니다.

'밥퍼나눔운동' 1988년 최일도 목사가 전도사 시절 청량리역

앞에서 우연히 걸식노인을 만난 것이 계기가 되었습니다. 몇끼를 굶었다는 노인에게 설렁탕을 대접하면서 청량리 일대에 수백명의 행려자 노숙자가 있다는 것을 사실을 알게 된 후 버너와 코펠을 들고 이들에게 라면을 끓여주기 시작한 그가 목사가 되고 나서 첫 번째 사역지로 청량리를 선택한 것은 자연스런 일이었습니다.

그때부터 지금까지 줄곧 그가 춥고 배고픈 이들에게 제공한 것은 밥뿐이 아닌 그 이상의 따뜻한 사랑이었습니다. 밥퍼나눔운동은 비가 오나 눈이 오나 소외된 이웃들이 우리 사회의 온기를 느끼게 해주는 사랑 그 자체였습니다. 성경에는 소외되고 가난한 사람을 섬기는 것이 예수에게 한 것이라고 합니다. 예수님은 가난하고 소외되고 버림받은 사람과 함께 하기 때문입니다.

최일도 목사가 운영하고 있는 다일공동체는 서울 청량리 굴다리에서 점심 무료 밥집을 열고 있습니다. 성경에서 이름을 따 오병이어(五餠二魚)의 거리라고 불리는 이곳에서는 매일 굶주림에 고통 받는 노숙자들이 모여듭니다.

밥상공동체는 빈민지원, 선교활동과 함께 행려자를 위한 무료병원짓기를 추진하고 있습니다. 다일천사병원건립을 위한 후원회원 중에는 천주교신자, 불교신자, 해외교민이 다 포함되어 있습니다. 그야말로 종교를 초월한 사랑나눔운동입니다.

목사인 그가 하느님의 말씀을 전하는 방법으로 택한 것은 현란한 수사의 설교도 아니요 오직 말없이 보여주는 사랑의 실천이었던 것이었습니다. 청량리의 성자, 가난한 이들의 친구, 최일도 목사. 그가 꿈꾸는 공동체는 하느님과 이웃과 함께 하는 정신적 물질적 공동체 자체입니다. 지금도 그 바램을 위해 그는 하루도 빠짐없이 세상의 따뜻한 밥과 함께 사랑을 퍼주고 있습니다.

이러한 봉사활동은 다른 사람을 도와주는 것 뿐만 아니라, 봉사활동을 통해 자기를 발견하게 되는 계기도 됩니다. 사회구성원의 하나로서 사회에 참여하고 기여하는 방법을 찾아나감으로써 자신의 존재가치를 찾게 되는 것입니다.

장애인, 노인 등 다양한 사람을 도와줌으로써 맺어지는 인간관계는 공동체의 일원으로서의 자긍심과 소속감을 획득하게 합니다. 어려운 처지에 있는 이웃의 문제, 다양하게 발생하는 사회문제에 대하여 봉사활동을 함으로써 더불어 사는 삶을 배우게 됩니다.

다양한 자원봉사활동을 통해 자신이 갖고 있는 능력을 발휘하고 삶의 목표에 의미를 부여하며, 사회구성원으로서 책임감과 참여의식을 높일 수 있습니다. 봉사활동에 대한 기쁨과 의미를 본인 스스로가 느끼며, 활동영역을 넓혀나가야 합니다.

자원봉사활동은 자신 스스로 판단하여 참여하는 자유의지에 따라 이뤄지는 활동으로서 자신의 만족만을 위하여 서비스를 제공하는 것이 아니라, 이웃을 위해, 더 넓은 의미로 사회 전반적 필요를 충족시키는 다함께 사는 공동체 번영을 위한 활동입니다.

봉사활동을 함으로써 자기 자신에게 국한되었던 관심을 사회공동체 더 나아가 공동체 번영을 위한 의식에 눈을 뜨게 됩니다. 그리고 이 사회에 얼마나 장애인, 소외된 사람이 많은가에 대해 깨달음으로써 자기 자신이 지금까지 얼마나 사소한 일로 고민하고 있었는지, 그리고 자기가 얼마나 행복한 존재인지를 자각하는 계기가 되기도 하는 것입니다.

명상으로 건강하게 사는 법

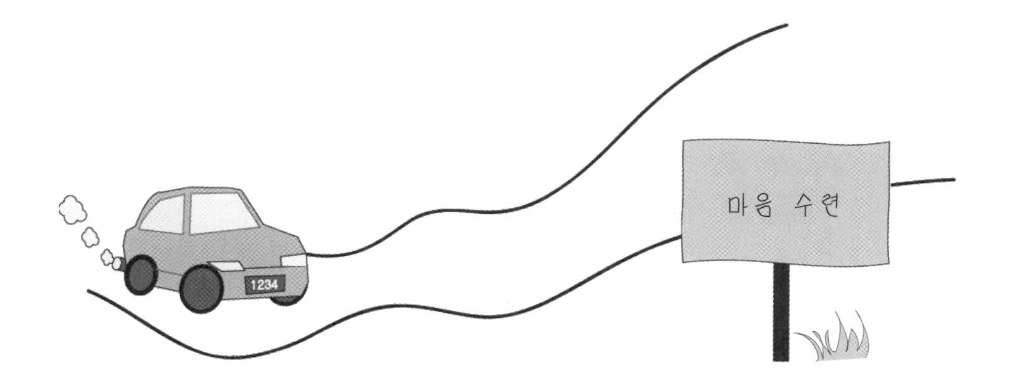

사소한 고민 바람에 날려 버리기

인생을 살다보면, 삶이 너무 피곤하고, 회의가 들며, 답답한 때가 있습니다. 이런 때는 한걸음 물러서서 내가 인생에서 추구하는 목적이 무엇인지 차분히 생각을 정리해 보는 것이 도움이 됩니다.

자신이 정체되어 있는 듯하고 스트레스를 해소할 수 없을 때 1시간, 오후 전체, 또는 며칠 시간을 내서 자신에게 진정으로 행복을 가져다 주는 것을 생각하고 그것을 종이에 적어봅시다. 나에게 행복을 가져다 주는 것 중에서 중요도가 높은 우선순위를 정해보는 것도 좋습니다.

그것을 통해 삶을 올바른 궤도(orbit)에 올려놓고 삶에 대해 새로운 시각을 가지고 앞으로 어떤 방향으로 나가야 할지를 재조정해 볼 수 있습니다.

우리들은 인생을 살면서 일상의 사소한 일에 사로잡혀 정작 인생에 있어서 우선순위가 높고 중요한 일을 놓쳐버리는 경우가 많습니다. 인생에 있어서 진정으로 중요한 것이 무엇인가를 다시 생각해 보고, 인생에 있어서 중요한 것에 대한 깊은 통찰(洞察)과 느낌을 다시 일깨워야 합니다.

우리는 사소한 일에 마음의 상처를 입고 평정심을 잃는 경우가 많습니다. 이미 지나간 과거와 아직 오지 않은 미래에 대한 걱정으로 오늘을 허비하는 현대인이 많습니다. 삶의 지혜는 '지금 이 순간의 삶을 즐겨라(carpe diem ; 카르페 디엠)'는 것입니다.

과거나 미래는 생각 속에서만 존재하는 것인데, 정작 사람들은 그러한 사실을 깨닫지 못해 현재의 삶을 즐기지 못하고 있습니다. 이런 불행감에서 벗어나기 위해 과거의 부정적이고 어두운 면에 집착하지 말고 지금 현재의 삶을 진정으로 즐겨야 합니다.

인간은 성공하고 싶고 또 당연히 행복해지고 싶은 욕망이 있습니다. 그러나 성공은 무엇이고 진정 행복한 것은 무엇일까요? 마음의 행복을 위해서는 사소한 일에 목숨을 걸지 말아야 합니다. 그러다 보면 행복은 저절로 따라붙게 됩니다. 성공하고 행복해지려면 사소한 일에 초연해져야 합니다.

인생을 살아가면서 자신 혹은 상대방으로 인해서 사소한 일에 민감해지는 경험을 누구나 한번쯤 해봤을 것입니다. 시간이 지나고 생각해 보면 아무 것도 아닌 상황들이 당시에는 왜 그렇게 화가 나고 목숨을 걸만큼 심각하게 만들었을까요? 사소한 일에 인내와 평정심을 발휘하지 못하면 결국 자기만 손해인 것입니다. 사소한 일에 목숨 걸지 않는 것을 연습할 필요가 있습니다.

우리는 인생에 있어서 사소한 일을 지나치게 민감하게 받아들여서 정작 중요한 것을 놓쳐버릴 수 있습니다. 두 사람의 사랑하는 연인 사이에서도 사소한 일로 토라져서 헤어지는 경우가 있습니다. 보다 큰 틀, 보다 높은 차원에서 통찰할 필요가 있습니다.

인간은 신이 아니기 때문에 완벽(完璧)할 수 없습니다. 상대방이 성실하고 건강하고 따뜻한 마음을 가진 사람이라면 일부 부족한 점이 있더라도 포용하고 이해해서 좋은 관계를 지속시켜야 합니다. 인생에 있어서 무엇이 더 중요하고 무엇이 덜 중요한가를 구별할 수 있는 지혜를 배우고, 인내와 포용심을 인생의 좌우명으로 삼는다면 어떤 어려움도 이겨낼 수 있습니다.

우리가 기억해 두어야 할 진리가 또 있습니다. 그것은 우리에게 하나의 기회가 사라지면 다른 기회가 기다리고 있다는 것입니다. 첫 번째 기회가 사라지고 두 번째 기회가 오는 것이 항상 동시에 이루어지지는 않지만 그렇게 된다는 사실을 알아둘 필요가 있습니다. 만약 이런 것을 이해한다면 인생을 살면서 겪게 되는 각종 변화, 잠깐의 전환기, 일시적 상실감 따위를 훨씬 수월하게 다스릴 수 있게 됩니다.

서양의 심리학자들이 연구한 바에 의하면, 일반사람들이 하는 고민의 80~90%는 본래 고민할 필요가 없는 것이라고 합니다. 사람들은 이미 지나가버린 일, 자기 힘으로 좌우할 수 없는 일, 발생할 가능성이 없는 일(杞憂 기우)을 심각하게 붙들고 고민합니다. 그것이 인간입니다. 대부분의 번뇌는 자기 마음이 만들어내는 허상(虛想)입니다. 이것만 마음 깊이 이해한다면 인생의 50%는 성공하고 들어가는 셈이 됩니다.

사람이 일상생활에서의 의견대립, 갈등, 스트레스, 이런 것들이 마음이 만들어낸 허상이라는 것을 절실히 이해하고 마음만 바꿔먹으면 가정생활에서, 직장생활에서, 친구사이에서 갈등이 줄어들고 시간이 갈수록 점점 더 평화로워질 수 있을 것입니다.

스트레스가 풀리면 인생도 풀립니다. 우리가 스트레스의 본질을 직시하면 우리가 스트레스로 인해 고민하거나 고통을 받을 일이 별로 많지 않다는 것을 알게 될 것입니다.

고통을 통해 성숙해지기

여러분은 고통과 스트레스가 인생에서 어떤 의미를 가지고 있는지 생각해 보신 적이 있으십니까?

우리가 세상을 살면서 스트레스가 전혀 없는 것, 스트레스가 적당히 있는 것, 스트레스가 아주 많은 것 이중에서 어느 것이 제일 좋을까요? 우리가 보통 생각하기에는 스트레스가 전혀 없는 것이 좋다고 생각하기 쉽습니다. 그러나 쥐를 이용한 실험에 의하면 적당하게 스트레스가 있는 것이 오히려 좋다고 합니다. 너무 스트레스가 없으면 몸의 저항력을 떨어뜨려 오히려 일찍 죽는다고 합니다.

'메기 이야기'가 있습니다. 옛날에 우리나라에서 변변한 공업제품을 별로 만들지 못하고 주로 농수산물을 외국에 수출했을 때의 이야기입니다. 우리나라에서 일본에 미꾸라지를 수출했을 때 현해탄을 건너는 동안에 미꾸라지가 많이 죽었다고 합니다. 그런데 메기 몇 마리를 넣어두니 미꾸라지들이 메기에게 잡아먹히지 않으려고 이리저리 도망 다니며 먹이도 잘 먹었기에, 일부 미꾸라지는 메기에게 잡아먹혔지만 대부분의 미꾸라지가 싱싱하게 살아남았다고 합니다. 이와 마찬가지로 기업에 있어서도 독점보다는 경쟁체제가 기업에게 끊임없는 혁신, 새로운 아이디어 창출을 자극하여 오히려 윈윈전략이 될 수 있습니다.

우리가 인생을 살면서 어려움을 겪기 마련입니다. 예를 들면 사주를 가지고 설명해보겠습니다. 비유를 들자면, 우리가 인생을 살다보면 10년마다 대운(大運)이 바뀝니다. 10년마다 인생의 큰 흐름이 바뀌게 되는 것입니다. 그러므로 인생을 살다보면 사고를 당하기도 하고 고통을 받기도 합니다. 그럴 때 '왜 나만 이 고통을 당하는 것일까?' 라고 생각하기 쉽습니다. 그러나 그것은 착각입니다. 부자는 부자대로, 가난한 사람은 가난한 사람대로, 잘난 사람은 잘난 사람대로, 못난 사람은 못난 사람대로 그 나름대로의 고통을 안고 있고, 우리 인간 모두가 고통 받는 존재인 것입니다. 우리에게 닥치는 고통을 인간 존재가 가진 자연스런 상황으로 받아들이는 것이 중요합니다. 이 세상에는 빛과 어둠, 양과 음이 있듯이 행복과 불행, 기쁨과 슬픔은 교대로 순환하여 나타나는 것입니다.

또한 우리는 다른 사람과 의견이 다를 때 스트레스를 받는 경우가 많습니다. 그러나 인간은 누구나 인식과 관점이 다르기 때문에 의견이 다른 것이 오히려 정상인 것입니다. 비슷한 가정환경, 비슷한 교육수준, 비슷한 문화환경에서 성장했다면 어느 정도 의견의 접근은 있을 수 있겠지만 그렇다고 해도 의견이 똑같을 수는 없습니다. 그러므로 '사람마다 의견이 다른 것이 오히려 정상적이며 당연하다.' 라는 것을 인식한다면 나와 의견이 같지 않은 것에 대해 속상해 하고 갈등을 일으킬 필요가 전혀 없는 것입니다.

사회학에 '갈등이론' 이 있습니다. 사회는 의견대립과 갈등이 있어 항상 변화하며 갈등은 오히려 사회발전에 기여한다는 견해입니다. 사회에는 무질서가 늘 존재하여 불안전하기 때문에 늘 갈등이 일어납니다. 이런 현상은 비정상적인 것이 아니라 보편적인 현상이라고 보는 것입니다.

만일 우리가 삶을 살면서 고통을 받지 않고 순탄하게 산다면 그때는 편하겠지만 진화하지 못하고 낮은 수준의 정신과 감정을 가지고 있을 뿐일 것입니다. 우리를 현재와 같이 강한 모습으로 만들어주는 것은 삶속에서 겪는 투쟁입니다. 따라서 우리를 시험하고 성장을 위해 필요한 장애물을 제공하는 고통이 바로 우리의 스승인 것입니다.

고통은 우리의 인생을 시험하고 우리를 더욱 강하게 만들고 또한 인생을 깊이 있게 경험하게 만듭니다. 고통 때문에 좌절하는 사람도 있지만 고통 때문에 오히려 우리를 더욱 강하게 만들고 반면에 더욱 부드럽고 민감하고 다정다감하게 만들기도 합니다.

고통을 겪으면서 자신의 약점을 절실히 인식하게 되면, 이를 통해 우리는 다른 사람에 대한 공감, 연민, 자비를 통해서 인간존재 전반(全般)에 대한 이해를 가지게 되고 다른 사람과 더 깊은 관계를 가질 수 있습니다.

우리가 육체의 통증(痛症)에 대한 두려움 때문에 우리가 몸에 닥친 위험과 상처에 대해서 경고를 받고 우리 몸을 보호할 수 있듯이 우리의 정신적인 통증, 즉 두려움, 공포, 죄책감, 외로움, 무력감을 통해서 우리의 정신적인 차원이 한 단계 높아지고 보다 높은 차원에서 상황에 대처할 수 있게끔 해줍니다.

육체의 통증이 우리의 몸과 마음이 연결되어 있다는 느낌을 주듯이 정신적인 고통이 다른 사람들과 우리를 연결시켜 주는 힘을 갖고 있습니다. 이것이 고통 뒤에 있는 궁극적인 의미입니다. 우리가 느끼는 고통은 인류전체가 공유하는 가장 기본적인 요소이며, 살아있는 모든 생물들과 우리를 하나로 연결시키는 요소입니다.

최근에 서양에서 성공한 사람들에 대해 연구를 해본 결과 아무런 어려움 없이 성공한 사람들이 우리 일반인들의 예상과는 달리 별로 크게 성취감을 느끼지 못하고 아주 행복하지는 않다는 연구결과가 있었습니다. 그러니까 사업을 하더라도 순탄하게 승승장구하고 돈을 많이 번 사람이 예상과는 달리 그렇게 큰 기쁨을 느끼지 못한다고 합니다. 오히려 중간에 부도가 나거나 엄청난 고통, 역경을 겪고 나서 성공한 사람이 더 큰 기쁨을 느낀다고 합니다. '젊어서 고생은 사서도 한다.' '아픔만큼 성숙해진다.' '눈물에 젖은 빵을 먹어보지 않은 사람과는 인생을 논하지 말라.' 라는 말은 깊은 인생경험에서 나온 진리입니다.

고통을 단지 고통으로만 느낄 것이 아니라 인생에 있어서 보약으로, 그리고 쇠가 담금질을 통해서 더욱 좋은 쇠로 연마가 되듯이 그렇게 단순히 고통으로 끝내지 말고 고통을 통해서 자기 자신을 한단계 진화, 레벨업시키는 것이 필요합니다. 아픔을 겪어본 사람만이 다른 사람의 아픔에도 공감을 할 수 있는 법입니다.

고통을 겪는 순간에는 우리의 모든 에너지가 그 고통을 벗어나는데 동원됩니다. 따라서 심각한 위기와 비극적인 일을 겪는 동안에는 고통 뒤에 숨겨진 의미를 생각할 여유가 없습니다. 자신이 겪는 고통이 그저 무의미하고 불공평하며, 왜 나만 이런 고통을 겪어야 하나 하고 생각합니다. 그러나 시간이 지나고 나서 지나간 인생을 회고해 보면 그 고통의 배후에 있었던 의미를 이해할 수 있을 것입니다. 우리가 고통을 극복하기 위해서 노력하며 보낸 시간이 그 후 인생을 살면서 나쁜 일이 닥쳤을 때 큰 도움을 주는 것으로 우리에게 보답할 것입니다.

과거의 역사에서 교훈을 배우지 못하면 미래에 똑같은 실수를 반복합니다. 우리가 과거의 경험에서 배운 교훈은 우리에게 인생의 지혜를 주고 우리를 정신적으로 한단계 성숙한 인간으로 만들어 줄 것입니다.

우리가 인생을 살면서 고통스러운 상황을 피할 수는 없습니다. 그렇지만 똑같은 외부상황에 대해서 그 외부상황을 변화시킬 수는 없다 하더라도 그 외부상황을 인식하고, 받아들이는 마음을 변화시킨다면 자신이 받는 고통, 자신이 받는 스트레스를 줄일 수 있습니다. 자신의 몸안에, 자신의 머릿속에 갇혀있는 사람은 불행하기 쉽습니다. 자기가 스스로 만든 눈에 보이지 않는 **'마음의 감옥'** 에 자기를 가두어 둔다면 그 누구도 꺼내줄 수 없습니다. 자기만이 억울하고 자기만이 불공평하고 부당한 대우를 받고 있다는 느낌을 갖는다면 그것은 자기가 자기 자신을 스스로 불행하게 만드는 것입니다. 그럴 경우 우리가 보다 창조적인 일에 쏟아야할 에너지를 그런 부정적인 생각을 하느라 우리 마음의 에너지를 소진(消盡)시켜 버립니다.

우리가 인생을 살면서 마음을 닦고 성찰, 명상을 통해 자아의식이라는 좁은 울타리를 벗어나기만 하면 우리 내부에 온 우주의 에너지와 우주의식을 가지고 있음을 깨닫게 될 것입니다.

마음수련

저자는 우연히 월간 우먼골프발행인이었던 김정희의 글을 읽게 되었습니다. 그렇게 해서 마음수련에 대해서 알게 되었고 마음수련에 관련된 권기헌의 책 등을 읽어 보았습니다. 그리고 충청도를 여행하다가 가야산에서 계룡산으로 본부를 옮긴 마음수련원을 직접 찾아가 보기도 했습니다. 마음수련에 대해서 반대하는 의견도 있지만, 단점을 버리고 그 장점만 취한다면 얻는 바가 없지 않을 것입니다. 마음수련은 현대인의 스트레스 해소에 도움이 되는 방법 중의 하나라고 생각합니다. 마음수련에 대한 체험기 두 가지를 간단히 소개하겠습니다.

먼저 월간 '**우먼 골프**' 발행인이었던 김정희 글입니다.

> 월간지를 발간하는 것은 매달 아기를 출산하는 것과 같은 고통이 따라 가뜩이나 힘들게 지내고 있었는데 믿었던 사람들한테 배신까지 당하자 도저히 몸과 마음을 추스릴 수 없었다. 모든 희망과 의욕이 사라지고 아픔과 고통만 남았다. 좌절, 분노, 증

오, 저주의 심정이 내 마음을 덮었고 몸도 망가지기 시작했다. 절망의 절벽 끝에서 조용히 지구에서 사라지고 싶었다. 차라리 죽는 게 낫다는 생각을 수없이 생각했다.

이런 나를 지켜본 지인이 당신이 살고 싶으면 마음 다스리는 공부를 하라고 단호히 말하더니 내가 생각할 겨를도 없이 마음 수련원으로 끌고 갔다. 며칠 전에 답답한 심정에 용하다는 점쟁이를 찾았으나 시원한 소리를 듣지 못한 나로서는 달리 대안도 없었기에 하자는 대로 따랐다.

수련원의 강사는 마음이 나를 이끌어가는 주인공이니 마음을 다스릴 줄 알아야 행복하게 살 수 있다고 하였다. **'이제껏 오직 살려고만 발버둥치며 가지려는 생각만 쌓아왔으니 그 생각들을 풀려면 우선 마음으로 자기를 죽이고 쌓인 생각들을 버려라'** 라는 강사의 말에는 반발심이 솟았지만, 일단 반발심을 억제하고 강사의 안내대로 독방에 가서 시키는 대로 한번 해보려고 했다. 가만히 있으려니 피곤이 누적된 몸에서 잠이 쏟아져서 다리뻗고 잠만 자고 나왔다. 이튿날도 그 다음날도 수련방에만 들어가면 졸음이 쏟아져 아예 방석을 여러 개 가져다가 깔고 코까지 골며 잤다.

얼마 후 가만히 생각해보니 한 달 수련비가 아까웠다. 기왕 돈을 냈으니 수련을 해보자는 생각이 들었다. 눈을 감고 마음으로 나를 죽여 봤다. 예전에 목격한 교통사고를 생각하며 내가 사고로 죽었다고 연상했다. 쉽지 않았다. 역시 죽는 게 싫었기 때문이다. 하지만 생각으로 죽는 것이지 진짜 죽는 것이 아니니 밑져봐야 본전이라며 반복해서 나를 죽여 봤다.

그 후에는 눈을 뜨고 지구로 상징되는 검은 점에다 어렸을 적부터 기억되는 생각들을 던져버리는 훈련을 했다. 젖먹이 때부터 10살까지, 10살부터 20살까지 10년 단위로 기억된 생각들을 전으로 던져버렸다. 40대까지의 내 인생의 기억들을 모두 버린 후 나는 누구인가를 물어보는 것이 수련방법이었다.

요약하면 마음을 버리고 죽이기 였다.

시간이 지나면서 수련에 재미가 붙었다. 죽이고 버리는 수련을 한 바퀴 하고나면 마음이 후련해졌기 때문이다. 점점 수련의 효과에 몰두했다. 마치 샤워를 하면 몸이 가뿐해지듯 한 바퀴 돌릴수록 마음이 시원해졌다. 수련회에서 밤새워 수련하던 어느 날 어릴 적부터 내 모습을 떠올리고 있으려니 설움이 복받쳐 올랐다. 그때부터 난 불쌍한 아이였다. 남한테 제대로 대접도 못 받고 남달리 고생하며 살아온 것이 억울했다. 한참을 흐느껴 울다가 겨우 진정하고, 슬프고 가엾어 하는 생각도 전에 버렸다.

그런데 며칠 후 정반대의 현상이 나타났다. 내가 얼마나 남에게 못되게 굴었는지 깨닫게 된 것이다. 어려서부터 고집 세고 자존심이 강한 성격 때문에 부모를 비롯해 주위 사람에게 계속 상처를 주어왔음을 비로소 알게 되었다. 그들이 얼마나 불쌍하고 미안한지 참회의 울음이 터져 나왔다. 며칠 전에 흐느낀은 비할 바가 아니었다. 한참을 통곡하고 나니 마음은 날아갈듯 가벼워졌다. '그래 모두 내 탓이야. 나를 내세우는 버릇과 가지려는 욕심 때문에 나뿐만 아니라 남도 불행하게 했구나.' 하는 탄식이 절로 나왔다. 이는 개체의식을 벗어나 전체의식으로 접어들었음을 의미한다고 한다. 마음은 한없이 평안하고 고요해지고 저 밑바닥에서 쏟아오는 알 수 없는 희열에 미소지었다. 이후 본격적으로 철야를 해가며 수련을 하였다.

수련 1개월째인 작년 11월 중순 마침내 나는 누구인가? 라는 의문을 풀 수 있었다. 나의 참모습이 우주임을 깨달을 수 있었다. 이는 이론이나 지식이 아닌 체험이었다. 삼라만상 모두가 바로 나였음을 확인하게 되었다. 나를 배신한 그 사람 또한 나였음을 알게 되었다.

이 순간 이후 내 삶은 예전과 180도 달라졌다. 하늘은 푸르고 아름다웠다. 하늘도 나였다. 바람에 흔들리는 꽃과도 대화를 나누었다. 하나이기에. 자세도 달라졌다. 처지를 바꾸어 생각하는 역지사지가 저절로 되었다. 나를 내세우고 살 때는 슬슬 피하던 사람들이 나를 죽이고 버린 다음에는 가까이 다가왔다. 뾰족한 이기심의 가시가 사라졌기 때문일 것이다. 덩달아 일도 잘 풀렸다.

다음은 김선철의 '사람들과 사이좋게 지내는 법' 이야기 입니다.

초등학교 2학년 때 집안사정이 어려워지면서 나는 어린나이에 신문을 팔게 되었다. 하지만 나는 터주대감 행세를 하던 무교동 뒷골목의 폭력배에게 시달려야 했고, 이러한 일들은 중학교 올라가서까지 계속되었다. 환경은 어려워도 그래도 열심히 바르게 살려고 노력했다. 인간은 왜 다투고 살아야 하는지가 늘 의문이었고 나도 넉넉하지는 않았지만 나누고 살고 싶었다.

생활은 점점 나아져 제조업체를 운영하게 되었고 안정된 가정도 이루었다. 내가 꿈꿨던 소원들도 하나씩 이루어지고 있었다. 하지만 생활이 안정될수록 언뜻언뜻 이렇게 사는 것이 무슨 의미가 있는 걸까? 하는 생각이 들었고 현실 삶이 무의미하게 느껴졌다.

그러던 중 마음수련을 하기 시작했다. 살아온 삶을 돌아보다 보니 떠올리기조차 괴로운 기억이 많았고 잠재의식 저 밑에 가라앉아 있던 오래된 기억들이 지금의 행동방식에 영향을 미치고 있었다. 나는 어두운 곳, 좁은 공간에 있기 싫어했다. 여러 사람과 어울리는 것도 상대적으로 싫어했다. 나중에 보니 폐쇄적인 공간을 극도로 싫어하고 있었다. 옴짝달싹 하지 못하는 상태에서 폭력배들에게 좁은 골목으로 끌려가 맞았던 기억들이 이렇게 만들었던 것 같다. 기억에 묻은 감정들을 정리해가면서 나는 서서히 변해갔다. 폐쇄공포를 넘어 열린 마음으로 어느 공간이던 어느 사람이던 대하게 된 것이다.

살면서 내가 가장 중요하게 여긴 건 원칙과 소신이었다. 눈이 오면 아무리 바빠도 직원들에게 골목부터 쓸고 오라고 했고 아이들은 아침 일찍 깨워서 이불 개는 일과 청소부터 시켰다. 원칙을 강요하다보니 주위와 부딪치는 일도 잦았지만 나는 내가 바르다고 생각했다. 그런데 나를 돌아보니 내가 원칙이라고 했던 것도 내 틀이었을 뿐이었다. 너무 빡빡하다, 완벽을 요구한다며 못 견디고 떠난 직원들의 마음이 이해가 되었다. 그리고 인스턴트음식은 안되고 TV도 보지 못하게 하고 밤10시가 되면 소등을 하는 등 가족들에게 내 틀을 강요했던 세월들이 반성되었다. 완고했던 내 틀을 깨면서 나는 삶이 주는 자유로움을 맛볼 수 있었다.

나는 현재 스포츠센터를 운영하고 있다. 1,000여명의 회원이 있는데 처음 시작한 것 치고는 잘되는 편이다. 전 같으면 이렇게 많은 사람을 상대하는 직업은 엄두도 못냈을 것이다. 부족함이 보이면 나를 먼저 점검하게 되고 매사에 최선을 다하다 보니 모든 것이 수월하게 풀린다.

지금은 또 하나의 꿈이 생겼다. 어린 시절부터 늘 꿈꾸어 오던 것. 하지만 불가능하다고 생각했던 일. 세상의 모든 사람들이 화해롭게 지내는 일에 일조를 하고 싶다는 것이다. 마음을 비우기 전에는 나 자신조차 진정으로 세상 사람들과 사이좋게 지내는 방법을 알지 못했다. 이제는 그것이 가능함을 안다.

마음수련원 본원은 처음에 가야산에 있다가 계룡산으로 옮겼습니다. 전국에 93개의 수련원이 있다고 합니다. 계룡산수련원은 신원사 가는 길목에 있었습니다. 마음수련에서는 마음이 무엇인지, 그리고 그 마음을 어떻게 닦을 수 있는지 분명한 방법을 제시합니다. 마음수련에서는 마음을 거짓마음과 참마음이 있다고 봅니다. 마음수련은 이 거짓마음을 닦아 참마음을 찾는 것입니다. 버려야 할 거짓마음은 살아왔던 삶과 그 삶의 모든 정보를 담고 있는 이 몸입니다. 그것은 기억의 뭉치이기도 합니다. 기억된 생각과 마음은 같은 말입니다.

사람마다 마음과 생김새가 다 다르듯이 그 살아온 삶도 서로 다릅니다. 사람은 그렇게 자신의 마음을 지은대로 몸을 움직여 살아갑니다. 사람은 마음 먹은대로 된다는 말이 있습니다. 이 말은 마음 먹은 대로 내가 하면 된다는 말이 아니고, 자기의 마음 지은 대로 된다는 말입니다. 내가 이런 마음 저런 마음으로 살아왔던 경험을 뇌속에 입력시켜 놓았고 우리는 그렇게 세상을 살아가고 있습니다. 예를 들어 부정적인 마음을 갖고 있는 사람은 그렇게 마음 지은 대로 부정적인 삶을 살고 학교 다니면서 특정분야에 공부를 열심히 한사람은 그 마음 대로 풀려 그 분야의 전문가가 되는 이치입니다. 산 삶의 기억된 생각과 살았던 삶 그 자체를 담은 이 몸이 버려야 할 거짓마음입니다.

참마음은 우주입니다. 우주는 원래 무한대 자체입니다. 하늘에 별이 나오면 이 우주에서 별이 나온 것입니다. 이 우주 허공에서 별이 나왔으면 사람의 입장에서 봤을 때는 각각이지만 우주의 입장에서 봤을 때는 이 우주와 별은 둘이 아니고 그냥 하나입니다. 우주에서 별이 나타났다가 없어지고 영원히 반복해도 이 우주 자체는 그대로 있습니다. 만고불변의 진리는 이 우주

자체입니다. 우주 이전의 우주, 우주 창조 이전의 우주가 만고불변의 진리인 것입니다. 이 우주자체를 우리 속에 넣으면 영원한 삶을 살 수 있습니다. 몸은 없어져도 참의 마음은 영원합니다. 하늘을 보면 아무 것도 없는 텅빈 그 자체가 우주의 몸입니다. 어떤 조건만 되면 형상을 나타낼 수 있는 그 텅빈 허공이 우주의 몸입니다.

세상 모든 일이 다 그러하듯 빛이 있으면 어둠이 있고, 양(陽)이 있으면 음(陰)이 있듯이, 팬(fan)이 있으면 안티팬(anti-fan)이 있습니다. 마음수련에 대해서도 좋게 말하는 사람, 부정적으로 이야기 하는 사람이 다 있습니다. 마음수련에서는 마음에 대해서 명확히 정의하고 구체적인 실천 방법을 제시해 주므로 그 장점을 취한다면, 현대인의 스트레스 해소에 도움이 되는 실천적인 방법의 하나입니다.

명상(瞑想)

명상은 본래 어떤 의미일까요?

명상(瞑想)은 마음을 가라앉혀 신에게 빌거나 마음을 하나로 집중시키는 사색(思索)을 말합니다. 라틴어로 '콘템플라티오'(contemplatio)·'메디타티오'(meditatio)에 해당하며, 묵상(默想)·관상(觀想)이라고도 합니다. 동양에서는 힌두교·불교 등의 수행법(修行法)으로 널리 사용되고 있습니다.

명상은 힌두교의 전통에서는 요가의 한 흐름으로서 라자 요가·쿤달리니 요가 등으로 불리며, 명상에는 다음 3단계가 있습니다.

● 다라나

응념(凝念), 즉 마음을 한 가지 일에 집중시켜 흩뜨리지 않는 것입니다.

● 디야나

정려(靜慮), 즉 마음이 가라앉아 무한히 맑은 상태가 됩니다.

● 사마디

삼매(三昧), 즉 자신의 의식이 쓰러지고 대상(對象)만이 휘황하게 빛나는 듯한 상태입니다. 종교적으로 말하면, 사마디는 깨달음 혹은 해탈(解脫)로 일컬어지는 상태입니다.

불교의 명상법은 요가의 영향을 받은 것이지만, 종파에 따라 여러 가지로 다릅니다. 천태종(天台宗)·진언종(眞言宗) 등에서는 관심(觀心)·관찰(觀察)이라 하며, 명상의 훈련으로 신불(神佛)세계를 보는 것으로 여기고 있고, 선종(禪宗)에서는 무념무상(無念無想)이라 하여, 일체의 잡념을 떨어버리고 공(空)·무심(無心)의 상태로 들어가는 것을 이상(理想)으로 합니다.

이제 명상(瞑想)의 현대적 의미와 활용에 대하여 알아보겠습니다.

모든 병의 주요한 원인의 하나가 바로 스트레스입니다. 이런 스트레스로 인한 몸과 마음의 고통, 질병을 다스리는 좋은 방법이 명상입니다. 외부자극에 의해 늘 긴장하는 의식을 현실세계로부터 잠시 떼어내 밖으로 향했던 마음을 자신의 고요한 내적인 세계로 향하게 만들기 때문입니다. 이 과정에서 심리적인 안정을 얻고 마음이 고요해지며, 정화되어지는 느낌을 받을 수 있습니다. 나아가 육체적으로도 휴식을 취해 몸이 좋아집니다.

명상을 하면 뇌파가 의식이 깨어있는 베타파에서 알파파로 안정이 되면서 자율신경계의 조화가 이루어지고 긴장된 근육이 이완되는 효과와 함께 면역력이 강해집니다. 명상상태에 있을 때 자신의 좋지 않은 성격과 행동을 암시를 통해 바꿀 수 있습니다. 나아가 기억력, 사고력, 추리력, 창의력 등도 증진시킬 수 있습니다.

명상은 타인의 방해를 받지 않는 조용하고 자기만의 공간에서 하는 것이 좋습니다. 명상을 하기 위해 조용하고 조명이 약간 어두운 자기만의 공간에서 해야 정신을 쉽게 집중 시킬 수 있습니다. 편안한 자세로 앉거나 누워서 몸과 마음을 편안히 이완시킵니다. 몸이 이완되면 온몸이 따뜻하고 부드러운 빛으로 감싸였다고 상상하면서 평안함과 행복감을 온몸으로 느껴봅니다. 명상을 시작하기 전에 옷은 가능하면 면으로 된 약간 헐렁한 편한 옷이 좋습니다. 매일 일정한 시간과 장소를 정해놓고 하면 명상 훈련에 도움이 됩니다.

명상의 자세로 가부좌나 반가부좌로 앉으며 허리는 곧게 펴야 합니다. 손바닥을 위로 향하게 하고 집게손가락과 엄지손가락을 마주 댑니다. 명상중에 찾아오는 생각이나 느낌 등 집중을 방해하는 것들에 빠져들지 않도록 주의하고 호흡을 계속하면서 자연스럽게 집중하는 것이 좋습니다. 처음에는 10분 정도 명상을 하고 조금씩 시간을 늘려나갑니다.

명상요법 중에 하나는 심상(心象) 명상법이 있습니다. 어떤 사물이나 심상은 자기만의 심상을 깨닫게 해주는 시각 자극을 제공해줍니다. 예를 들면 기독교를 믿는 사람의 경우 성모마리아나 예수, 불교를 믿는 경우 관세음보살의 심상을 마음으로 떠올립니다. 마음에 심상을 떠올렸다면 눈을 감고 편안해질 때까지 집중을 합니다.

명상효과를 높이기 위해서는 호흡법이 중요합니다. 호흡은 이완의 기본으로 가장 필수적인 요소입니다. 호흡 상태는 나의 감정과 마음을 반영하는데 사람들은 불안하거나 두려울 때 얇고 빠른 호흡을 하게 합니다. 이러한 호흡은 우리를 피곤하게 하는 반면 깊고 규칙적인 호흡은 자율신경계를 안정시킵니다. 자연스럽고 숨을 깊고 천천히 쉬면서 호흡을 해야 명상에 몰입할 수 있습니다. 위파사나 수행법에서도 수식관(數息觀)을 중요시합니다.

원래 사람의 생각이란 것이 엄청난 속도로 빠르게, 바쁘게 움직이며 생각이 꼬리에 꼬리를 물고 이어집니다. 명상을 하고 있으면 온갖 생각이 떠올라 정신집중을 방해하는데, 이것을 '망상'이라고 합니다.

명상을 할 때는 '하나의 대상'에 집중해야 되는데, 처음에는 정신집중이 잘 안되는 것이 당연합니다.

수식관은 언제 어디서나 할 수 있는 비교적 쉬운 수행법입니다. 익숙하기 전까지는 편안한 옷차림으로 가능한 한 조용한 장소에서 여러 좌법 가운데 하나의 자세로 앉아서 합니다. 우선 모든 생각을 떨쳐버리고 조용히 숨이 들어오고 나가는 것을 응시합니다. 결코 의식적으로 호흡을 해서는 안됩니다. 초보자는 집중이 되지 않고 잡념이 끊임없이 떠오르기 때문에, 하나부터 10까지 세고 다시 처음부터 10까지 세는 것을 반복합니다.

이러한 초보적인 방법은 호흡을 센다는 수식관(數息觀)의 의미로서 완전한 명상법은 아니며, 이것의 완전한 방법은 호흡에 마음이 집중되고 거기에 하나가 되어 자신의 존재를 잊어버리고 호흡이 되어 흐르는 수식관(隨息觀)입니다. 불교에서는 안반념법(安般念法)이라는 방법으로 더 잘 알려져 있으며, 부처님도 이것을 통해서 깨달았다고도 합니다. 이 방법은 누구나 하기 쉬우며 부작용이 없고 호흡에 이어서 수행하기가 편하기 때문입니다.

인간의 의식세계 중에서 겉으로 나타나서 작용하는 의식은 빙산의 일각에 불과하고, 대부분의 의식현상을 지배하는 것은 나타나지 않은 잠재의식입니다. 탐욕이나 분노와 같은 억제할 수 없는 번뇌의 불꽃이 끊임없이 타오르고 있는 것은 이러한 잠재의식이 원인입니다. 이것은 마치 하나의 불꽃이 또 다른 불꽃의 원인이 되어 이어지듯이 꺼버리기 어려운 것입니다. 그러나 이와 반대로 의식은 외부의 대상에서 차단하여 내부로 향하게 하면 번뇌의 불꽃은 또한 차례로 꺼지게 됩니다.

이렇게 변화하는 인간의 내면의식은 마치 맷돌과 같다고 할 수 있습니다. 맷돌에 밀을 넣으면 밀을 갈아서 쌓아 놓고, 아무것도 넣지 않으면 맷돌은 자신을 갈아서 스스로 소멸하는 것과 같습니다. 다시 말하면, 외부 대상에 대한 탐욕으로 번뇌가 일어나면, 그것은 또 다른 번뇌의 원인을 만듭니다. 그러나 의식을 외부로부터 차단하여 내부로 향하게 하면 내면에 남아있는 번뇌 등의 잠재의식을 갈아서 마음을 청정하게 합니다. 이렇게 외부로부터 의식을 차단하여 내부로 향할 때, 인간은 번뇌망상 등의 고뇌로부터 벗어날 수 있는 것입니다.

호흡에 의한 명상은 이처럼 집중이라는 단순한 결과만을 초래하는 것은 아닙니다. 수식관은 우주의 근원적 생명력인 기(프라나)와 나의 개체적인 생명 리듬을 하나로 맞출 수가 있습니다. 그래서 인위적인 숨을 쉬지 않고, 우주의 생명 리듬에 맡기고 나는 그것을 주시할 뿐입니다. 이 때 비로소 호흡이 육체와 정신의 매개체이고, 나와 우주의 매개체로서 내 생명의 본질이며 동시에 우주 생명의 본질이라는 것을 깨닫게 됩니다.

수식을 오랫동안 행하면 마음과 의식이 주의하지 않아도 호흡이 한결같이 행해지며, 몸과 마음과 호흡이 서로 어우러져서 벗어나지 않게 됩니다. 이에 호흡밖에는 마음도 없으며, 의식도 없으며, 느낌도 없는 상태가 됩니다. 주시할 것도 없으며 주시되어지지도 않는 상태이며, 이때부터는 호흡을 통한 에너지와 느낌, 기운의 각성보다는 자연과 우주에 관한 사물 자체의 전반적인 범주로 마음은 자연히 확장되어 가며, 경험되지 않던 무의식의 세계가 명료하게 보여집니다. 이때 수행자는 삼매와 선정에 관한 분명한 이해와 존재계 전체에 관한 순수한 각성이 일어나게 됩니다. 몸과 마음의 가장 근원적인 요소가 실질적으로 보여지거나 자각될 수 있으며, 자연계라든가 행성, 태양계, 내지는 전반적인 우주적 질서와 순환의 의미를 이해하게 되는 것입니다.

자성 깨닫기

자성(自性)이란 무엇일까요? 깊은 명상을 통해 깨달음을 얻으면 알게 되는 우리 인간의 본래 모습이 무엇인가 하는 것입니다.

불교에서는 중생의 마음속에 감춰져 있는 부처가 될 수 있는 본성을 불성(佛性)이라고 하여 마음을 잘 닦아 미혹에서 깨어나면 곧 부처가 된다고 합니다. 선종(禪宗)에서는 복잡한 수행단계의 과정에 얽메이기 보다는 마음이 곧 부처(心卽佛)이므로 곧바로 본성을 보아서 부처를 이루는 것, 즉 견성성불(見性成佛)을 위해 수행을 계속해나가며, 마음을 직관하여 마음의 본바탕을 보아내면 부처가 된다고 하였습니다.

명상을 통하여 수련을 계속하면 '나는 누구인가?' 라는 의문을 풀 수 있습니다. 소아(小我)의 나를 벗어나면 나의 참모습(大我)이 바로 '우주' 임을 깨달을 수 있는 것입니다. 온 우주가 바로 '나' 이며 모든 생명체는 하나의 우주의식임을 확인하게 됩니다. 우리의 분별의식이 나와 남으로 이분법적으로 구분하기 때문에 인간 세상의 모든 갈증과 고민, 스트레스가 싹트는 것입니다. 깨달음을 얻으면 나와 남의 구별이 없어지고 친구와 원수의 차이가 없어지고 똑같이 보게 됩니다. 나와 남이 하나, 나와 자연이 하나임을 알게 됩니다.

그러면 불성에 대해서 조금 더 자세하게 알아보겠습니다. 불성이라고 하는 것은 부처를 이룰 수 있는 근본 성품을 말합니다. 미혹에 의해 변하는 일이 없이 본래 중생에게 갖춰진 부처가 될 성품으로 일체 중생이 성불할 가능성을 말합니다.

해탈은 무엇을 의미할까요? 해탈은 번뇌의 속박으로부터 자유로운 상태를 말합니다. 인도에서는 해탈은 현세, 미망의 세계, 윤회 등의 괴로움에서 해방된 마음의 경지로 생각되어 인생의 목적으로 삼았습니다.

'해탈'이란 번뇌에서 해방된 마음의 상태이며, 이는 사성제(四聖諦), 팔정도(八正道), 중도(中道)의 수행으로 얻는다고 여깁니다. 이러한 수행으로 얻은 지혜로 번뇌를 극복하면 해탈에 이르며 이는 열반과 동일하다고 합니다. 대승불교에서는 공(空)을 이해하는 지혜 반야(般若)와 자비(慈悲)에 근거하여 일체중생을 구하는 방법이 결부한 반야바라밀이 해탈 열반이라고 합니다.

열반에 대하여 간단히 이야기 하고자 합니다. 열반은 수행에 의하여 진리를 체득하여 미혹과 집착을 끊고 일체의 속박에서 해탈한 최고의 경지를 일컫는 말입니다. 열반이란 산스크리스트어의 니르바나의 음역인데 멸도 적멸 등으로 번역하기도 합니다. 니르바나의 본뜻은 불어서 꺼지는 것, 불어서 꺼진 상태를 뜻하며 마치 타고 있는 불을 바람이 불어와 꺼 버리듯이 타오르는 번뇌의 불꽃을 지혜로 꺼서 일체의 번뇌, 고뇌가 소멸된 상태를 가르킵니다. 그때 비로소 적정한 최상의 안락이 시작되는 것입니다. 현대적인 의미로는 영원한 평화, 완전한 평화라고 할 수 있을 것입니다.

현대인의 스트레스는 자아의식으로부터 일어납니다. 이 자아의식에서 완전히 벗어나지 않는 이상 진정한 불법의 경계에 이를 수 없습니다. 이들 관념은 말하자면, 일반사람들에게 공통되는 것으로 여간해서 파괴하기 힘든 완고한 주관적 관념이라고 할 수 있을 것입니다. 자아의식만 벗어 던질 수 있다면 스트레스 해소는 문제도 없을 것입니다. 인간의 모든 번뇌는 자아의식에서 비롯됩니다. 내가 있기 때문에 타자와의 경쟁, 대립, 갈등이 발생하는 것입니다. 만일 자아가 없다면 타인도 없을 것이고 자기와 타인 사이에 발생하는 갈등과 대립, 그리고 그로부터 유래되는 번뇌 또한 없을 것이기 때문입니다.

그런데 과연 이 자아라는 것이 실체가 있을까요? 우리 인간은 태어났을 때는 자의식이 없습니다. 자기와 남의 구별이 없다는 것입니다. 그러나 성장하면서 생존하기 위해 일정한 생각, 일정한 행동 패턴으로 외부환경에 대응하면서 서서히 자아의식이 형성되어 나갑니다. 그러나 깊은 명상을 통해서 살펴보면, 이 자아의식이 본래 실체가 없다는 것을 깨달을 수 있습니다.

우리가 생존경쟁이 치열한 현대세계에서 자아의식이 없을 수는 없겠지만 우리가 보다 높은 차원에서 명상을 통해 깨달으면 우리 인류는, 더 나아가 지구에 있는 모든 생명체는 하나의 거대한 생명체의 일부라는 것을 깨닫게 됩니다. 그러면 우리는 소아의식, 이기주의, 개인주의를 벗어나게 되고 지구에 사는 모든 생명체가 하나의 온생명임을 깨닫게 되고, 사소한 스트레스는 초월하게 됩니다.

진정한 행복으로 가는 길

여러분, 지금 자신이 행복하다고 느끼세요?

현재 지구 인구가 65억 명이라면 65억 개의 세계가 있다고 할 수 있습니다. 왜냐하면 세계에 대한 인식의 메커니즘을 살펴보면, 우리는 외부의 세계를 직접 인식하는 것이 아니라 65억 명의 지구인이 외부 세계를 눈으로 받아들여 망막(網膜)에 영상을 맺고 이를 생체전기신호로 바꾸어 뇌에 보내면 뇌는 여러 부위가 종합해서 그 영상을 해석하고 비교, 분석, 분별해서 우리에게 시각적 인식 및 사물에 대한 이해를 하게 해주는데, 외부 사물을 직접적으로 보는 것이 아니라 뇌 속에서 구성한 제2차적 영상인 것입니다. 그리고 이 영상을 만드는 것도, 이 영상을 해석하는 것도 각 사람마다의 마음입니다. 그리고 사람마다 마음이 다 다르므로 각 사람마다 구성한 영상이 다르며, 그것에 대한 해석도 달라지게 되므로 지구 인구가 65억 명이라면 65억 개의 세계가 있는 셈이 되는 것입니다.

사람은 똑같은 말에 대해서도 그 의미는 받아들이는 사람마다 다양한 형태로 변질되어 받아들여지므로 똑같은 말을 듣고도 다르게 받아들이는 것이 인간이며, 인간의 감각은 불완전하다는 것을 알아야 합니다.

사람이 다른 사람과 싸우는 주요 원인 중의 하나가 자존심 때문입니다. 자존심은 자신을 높이는 것입니다. 사람이 매일 항상 중요시하는 것이 바로 자기 자신이며, 자기 자신을 세상의 중심에 놓고 있습니다. 어떤 사람이 다른 사람과 싸운 이유를 차분히 들어 보면, 싸운 이유 중의 하나가 '너가 나를 우습게보고, 사람을 깔보고, 나를 무시하고' 라는 내용이 거의 빠짐없이 들어 있음을 알 수 있습니다. 이것은 자기가 스스로 설정한 자기 자신에 대한 하나의 이미지, 하나의 상(像), 하나의 기대 표준을 상정해 놓고 다른 사람이 그에 부응하는 기대 수준의 대접을 못 해주었을 때 몹시 화내고 싸우게 된다는 것을 의미합니다.

그런데 사람마다 인식, 관점이 다 다르기 때문에 자기가 스스로 설정한 자기 자신만의 가상 이미지, 헛된 이미지에 다른 사람들이 부응하기가 어렵다는 것입니다. 자기가 스스로 만든 허상(虛像)에 다른 사람이 부응하지 않을 때, 자기의 에고(ego)에 큰 상처를 입었을 때, 화를 내고 싸우게 된다는 메커니즘을 철저히 이해하게 되면 말다툼, 싸움이 점점 줄어들게 되고 세상은 좀 더 평화로워질 것입니다.

우리의 몸은 물질원소가 인연(因緣)에 따라 일시적으로 화합한 것으로 영속성이 없으며, 또한 외부의 공기, 물, 음식이 없으면 몸을 지탱할 수가 없습니다. 즉 우리 몸은 영원히 변하지 않는 실체가 아니며, 여러 구성요소로 이루어져 있고, 그 존속에도 외부의 여러 물질에 의존하고 있다는 것입니다. 우리의 몸은 상주불변의 실체가 아니고, 일시적인 인연에 의해 뭉쳐 있는 것에 지나지 않는 것입니다. 몸은 실체가 아니고, 몸이 계속 존재하려면 여러 물질에 의존해야 하며(相依相關; 상의상관 interdependent)

하며, 일시적으로 존재하는 (假立; 가립 tempory existing) 것에 지나지 않는다는 것을 깨달아야 집착에서 벗어날 수 있습니다. 인연에 따라서 생겨난 것은 인연이 다하면 흩어집니다.

우리 인간은 장점도 있고 단점도 있고 완벽하지가 못합니다. 이런 부족한 사람끼리 만나서 가정을 이뤘을 때 만일 이혼을 한다면, 특히 자녀가 있을 경우에는 자녀에게 많은 정신적 충격을 주게 됩니다. 미국같이 자유분방한 사회, 즉 이혼을 서너 번씩 하는 경우가 많은 사회에서도 부모가 이혼을 하게 되면 자녀들에게 상당한 충격을 준다고 합니다.

우리가 인생의 성찰(introspection)을 통해서나, 마음을 닦으면 우리가 좋아하고 미워하고 이런 감정들이 마음이 만들어낸 허상이며 실체가 없다는 사실을 알게 됩니다. 우리가 화목한 가정을 이루기 위해서는 이런 마음의 본질을 이해하고 마음 수양을 하는 것이 진정한 도움이 됩니다.

우리 인간은 인생이라는 망망한 고해(苦海)의 바다에서 표류하고 있습니다. 어떻게 해야만 행복을 얻을 수 있을까요? 우리가 외부적으로 돈, 지위, 명예, 인기, 재산을 얻는다고 하더라도 이것이 결코 우리를 행복하게 해 주는 것은 아니며, 단지 우리를 일시적으로 만족하게 할 뿐입니다.

마음을 닦아야 합니다. 우리가 마음을 닦더라도, 구체적으로 실제 사회생활에서 매우 화(anger)가 나는 상황에 부딪쳤을 때 과연 마음을 다스리고 평정심을 유지할 수 있을까요? 예를 들어 보겠습니다. 우리가 직장을 다닐 때 다른 사람이 뚜렷한 이유도 없이 나를 미워하고, 괴롭히고, 계속 못살게 굴 경우 인내하면서 성냄(瞋)의 마음을 다스리고 화(火)의 실체가 공(空)임을 마음으로 받아들이기(受)가 쉽지 않을 것입니다.

또 받아들인다고 해서 다 된 것은 아닙니다. 그것을 계속 유지하면서(持) 마음을 닦을 수 있어야 합니다. 유지한다는 것은 계속 이어진다는 것입니다. 영어로 표현하면 'keep, continue, sustain' 해야 한다는 말입니다.

우리는 세상을 살면서 옳은 것과 틀린 것, 아름다운 것과 추한 것, 뚱뚱한 것과 야윈 것, 키가 큰 것과 키가 작은 것, 긴 것과 짧은 것 이렇게 이분법적인 구분을 하며 살고 있습니다. 이런 이분법을 모두 초월할 수 있다면, 깊은 깨달음(enlightenment)에 근접한 것입니다.

우리 사람의 마음이란 마음을 넓게 쓰면 온 우주가 다 마음속에 들어갈 수가 있고, 우리가 마음을 편협하게 쓰면 송곳하나 꽂을 데가 없는 것이 또한 우리의 마음인 것입니다.

우리를 구성하고 있는 육체와 정신 이것이 다 나의 것이 아닙니다. 우리가 남조류가 만들어낸 산소, 그리고 자연이 만들어 낸 물과 음식이 없다면 살 수 있을까요? 우리는 이런 모든 것들을 자연에 의존하고 있습니다. 우리가 살고 있는 아파트, 우리가 입고 있는 옷, 우리가 먹는 음식, 우리가 신고 있는 신발, 우리가 읽는 책, 영화, 우리 집에 있는 가구, 우리가 타고 있는 자동차 이 모두가 다른 사람이 만들어 낸 것입니다. 내가 만들 수 있는 것은 거의 없습니다. 이것만 봐도 우리는 거의 모든 것을 다른 사람에게 의존하고 있다는 것을 비로소 깨닫게 될 것입니다.

이렇게 볼 때 '나(我)'라고 할만한 '나'가 없다는 것을 알 수 있습니다. 자기 정체성(self-identity)이라는 것은 우리가 태어나고 나서 처음엔 자아관념이 없다가 다른 외부환경과 대응, 상호작용을 하면서 서서히 형성되어 나온 것으로 고정불변의 실체가 아니라는 사실입니다. 치매나 사고로 뇌가 손상되면 자기 정체성이 변하거나 없어집니다.

외계 일체의 사물도 영원히 변하지 않는 실체가 없으며, 끊임없이 변화하고(subject to change), 여러 가지 구성요소가 합해져서 이루어진 것입니다. 예를 들면 자동차도 아주 많은 여러 가지 부품으로 이루어져 있습니다. 이 자동차도 어느 정도 사용하면 폐차장으로 가서 용광로로 들어가든지 일부 자동차 부품은 중고품으로 재활용되든지 합니다. 이와 마찬가지로 인간도, 사물도 고유의 실체가 있는 것이 아니라 단지 인연에 따라(因緣和合) 일시적으로 존재하는 것입니다.

기독교, 불교, 이슬람교 등 종교의 장르를 가릴 필요는 전혀 없습니다. 자기에 맞는 가르침을 배워서 실천하는 것이 진정으로 중요합니다. 성인도 우리의 깨달음을 도울 수 없습니다. 자신이 스스로 깨달아야 합니다. 말(馬)을 물가로 끌고 갈 수는 있지만, 물을 강제로 먹일 수는 없습니다. 성인이 우리에게 진리를 가르쳐 주셨지만, 그 길을 가느냐 가지 않느냐는 우리한테 달려 있습니다(It's up to me). 성인이 우리를 대신해 닦아 줄 방법이 없습니다. 스스로 닦아 성공하면 스스로 구원(salvation)하는 것으로 자신이 스스로 닦고 스스로 구원해야 하는 법입니다.

우리 모두는 이 세상에 태어나서 살아가고 있습니다. 일체의 스트레스, 걱정, 번뇌, 일체의 고통과 쾌락은 자기 마음이 스스로 만들어내는 허상입니다. 이 허상이 우리의 번뇌, 갈등, 고통을 만들어 내고 우리를 웃고 울게 하는 것입니다. 이제 이러한 마음의 메커니즘을 알고 나면 마음이 편안해질 수 있습니다. 우리나라 헌법에 행복추구권이 명시되어 있듯이, 우리에게는 행복해져야 하는 의무만 있습니다.

이제 우리는 이 세상에서

살며,

사랑하며,

배우며,

즐겁게 살아갑시다.

현대인의 건강증진, 다이어트, 스트레스해소, 무병장수 **웰빙 건강법**

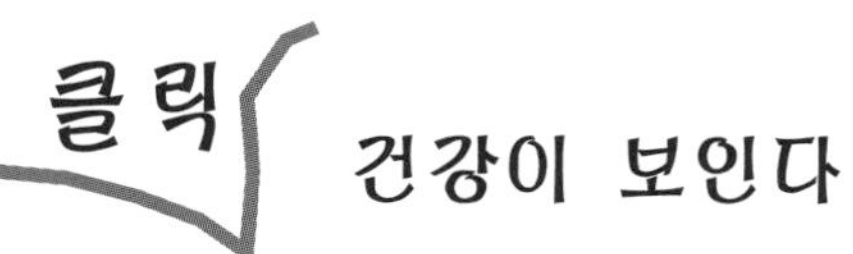

국선도

의학박사
월광선사 박월남

492쪽
15,000원

국선도는 단전행공(丹田行功)의 수련으로 몸의 저항력과 항병능력(抗病能力)을 강화시켜 질병을 예방하고 물에 지니고 있는 병을 퇴치하고 고도의 정신수양으로 잠재한 인간의 능력을 최대로 개발하고 마음의 안정과 감정의 순화로 무병하고 장수(장수)하여 행복한 삶을 누리게 하는 전인적(全人的) 양생(養生)의 수련방법일 뿐 아니라 생활선도의 극치를 제시해 주고 있다.

라이프스타일 혁명
건강하게 사는 63가지 비결

2007년 7월 15일 1판 1쇄 인쇄
2007년 7월 25일 1판 1쇄 발행

펴낸곳 / **책과사람들**
지은이 / 황의현
펴낸이 / 이동원
편집인 / 유영희
서울시 성북구 보문7가 100번지 화진빌딩
Tel / 926-0290~2 FAX / 926-0292
홈페이지 / www.Booksarang.co.kr
www.Booknpeople.com
등록 / 2003.10.1(제307-2003-000091호)

정가 12,000원

ISN 978-89-91516-46-5 03320